教海拾贝

李庆华 著

中国广播影视出版社

图书在版编目（CIP）数据

教海拾贝 / 李庆华著. —北京：中国广播影视出
版社，2023.10
ISBN 978-7-5043-9055-4

Ⅰ.①教… Ⅱ.①李… Ⅲ.①教育工作—文集 Ⅳ.
①G4-53

中国国家版本馆CIP数据核字（2023）第120131号

教海拾贝

李庆华　著

责任编辑：黄月蛟
装帧设计：中尚图
责任校对：龚　晨

出版发行：中国广播影视出版社
电　　话：010-86093580　　010-86093583
社　　址：北京市西城区真武庙二条9号
邮　　编：100045
网　　址：www.crtp.com.cn
微　　博：http：//weibo.com/crtp
电子信箱：crtp8@sina.com

经　　销：全国各地新华书店
印　　刷：天津中印联印务有限公司

开　　本：710毫米 ×1000毫米　 1/16
字　　数：270（千）字
印　　张：18.5
版　　次：2023年10月第1版　 2023年10月第1次印刷

书　　号：ISBN 978-7-5043-9055-4
定　　价：79.00元

目　录

第二章　阅读感悟

第三章　集会演讲

第一章
教坛交流

第一节　向宋江学习因材施教

电视剧《水浒传》里有这样一个情节：

宋江率众兄弟接受朝廷招安后，好汉们需要穿戴朝廷下发的兵服，刘唐与阮氏兄弟对此极不情愿，质问宋江为什么鲁智深和武松可以不换朝廷发的衣服？

宋江一愣之后，答道："鲁智深和武松都是受过戒的出家人，出家人当然可以不换朝廷发的官服，你们怎么能和出家人相比呢？"

刘唐与阮氏兄弟听完宋江的解释后，怏怏不乐地回去换服装了。

这个情节，表现出宋江根据实际情况区别对待，因材施教的务实作风。试想，如果宋江依据朝廷法令，让鲁智深和武松换穿统一的官兵服装，那么，也许不仅会被这两个刺头拒绝，还有可能会削弱自己在梁山好汉们中的威信。而刘唐与阮氏兄弟和大多数弟兄一样，需要遵从命令。若准许刘唐他们不穿朝廷服装，想必其他弟兄定不会心服，那这不乱套了？要知道，相对于上阵杀敌、服从大局来说，穿戴朝廷衣服属于小问题，完全可以包容待之。宋江在对待不同的人时，选用不同的方式，在不涉及核心问题的情况下，找到合适的解决方法，这才是真正的因势利导，因材施教。

作为教育者，在培育、管理学生的过程中，一方面，要对所有的孩子严格要求，一视同仁；另一方面，也要根据孩子的独特个性，采取适合他的教育方式。教育的根本目的，是促进学生更好地发展，而不是仅仅追求形式的一致与内容的同化。

钱学森之问言犹在耳："为什么我们的学校总是培养不出杰出的人才？"

面对这个问题，我不禁心想："我们的学校培养不出杰出的人才，有太多太多的原因。但如果能给个性多一点空间，给偏才多一点宽容，社会上的杰出人才一定会更多一些吧。"

在原著《水浒传》之后的情节中，鲁智深擒住了贼首方腊立下大功；改编后的《水浒传》电视剧里，独臂擒方腊的武松，更是将英雄豪气表现得荡气回肠。这两位英雄豪杰，就是在宋江因材施教的包容与引导下，焕发斗志，成其大功的。

及时雨宋江为我们如何贯彻因材施教的原则，已经给出了一点启示。

第二节　调换班级科任老师后的一次危机化解
——给A班学生及家长的一封信

2020年10月，学校由于工作需要，将A班的语文老师调往B班任教并担任班主任，B班的语文老师调到A班任教。决定做出后，A班的部分学生表示反对，学生家长多次联系学校，提出质疑。数天后，学校收到了一封由多位学生与家长签字的联名信。

对此，学校经过深思熟虑，给家长们写了一封回信，同时，对全班同学做出解释，希望学生与家长朋友们理解、支持、配合，以大局为重，共同努力，在新老师的带领下，充分调动同学们的学习热情，化解同学们的不满情绪。

数天后，这次因为调换语文老师而引起的情绪危机被成功化解。在此，感谢A班全体学生及家长朋友们的理解、宽容与支持！

A班的同学及家长朋友们：

大家好！

我是初中部校长李庆华。最近，学校根据实际情况，经过深思熟虑，决定调原A班的语文老师H老师教B班语文，同时担任B班的班主任；原B班的语文老师Y老师担任A班的语文老师。

这个工作变动，是学校综合考虑后，从学校、学部工作大局出发，做出的正常岗位变动。

近几天来，A班的同学很舍不得H老师，数次跟我反映，想要H老师再回来任教。这种想法我完全可以理解，也为A班同学对H老师的不舍与深情感到高兴。我们学校就是希望能培养出像A班同学这样善良、懂得感恩与珍惜的新时代中学生。

善良有小善良与大善良之分，感恩有小感恩与大感恩之别，珍惜有小珍惜与大珍惜之异。

小善良，只对自己认识的人善良；小感恩，只感恩自己喜爱的人；小珍惜，只珍惜蝇头小利。

大善良，则是对集体、社会、国家怀有悲天悯人的情怀；大感恩，则是对所有付出努力与汗水的人们，都怀有发自肺腑的感谢心态；大珍惜，则是珍惜身边的一草一木、一沙一石、一人一事。

H老师与Y老师都是优秀的语文老师，他们的个人素质、语文素养、认真态度，拼搏精神，和我校其他的语文老师一样，都是有目共睹、无可挑剔的。

同学们刚适应了H老师的语文教学模式，现在又要去适应另一位语文老师的课堂教学风格，说实在的，这确实是我校考虑不周。但是学生如果愿意稍微主动一点，稍微调整一下，稍微改变一些，我相信很快就可适应新老师的教学风格。更何况，Y老师也是一位非常优秀的语文老师。远山空自远，怜取眼前人。

我们生活的时代，充满着各种变化与挑战，当出现变化时，要主动地去适应，去调整，而不是沉湎于过去。只要心态积极，只要自己努力，多阅读、多思考、多感悟，不管是哪位老师来教，都可以把语文学好。因为语文功课里最重要的倾听、表达、阅读、写作等基本功，语文科组的老师们，都会统一要求，所有语文老师会不折不扣地去完成。信任与接纳，一定双赢；抱怨与质疑，必定都输。Y老师付出了努力，付出了汗水，付出了真心，部分同学和家长如果不接受，不支持，不配合，最后影响的只能是自己的成绩。那么，你的善良，只是一种伪善；你的感恩，只是一种忘恩；你的珍惜，只是一种抛弃。

从工作的角度来说，学校的所有老师都属于学校的资源，学校会根据实际情况，最大限度地对其进行分配、调用，让各位老师的优秀特质最大限度地影响每一位学生，每一个班级，并促进学校整体工作的推进和改善。在这个问题上，我们每一个人，每一个集体，需要一种大爱，而不是执着于计较私利。

我相信A班的所有学生与家长，都拥有大善良、大感恩、大珍惜的品质。唯有这样，我们每一个人，在学校这个温暖的大家庭里，才能充分施展自己的抱负，才能获得最大的成长，我们的学校，才会越办越好！所以，请您多理解，多支持。谢谢大家！

此致

祝同学们学业进步，开心快乐！祝各位家长朋友们身体健康，事业辉煌！

初中部校长：李庆华

2020年10月25日

第三节　如何维护自己的教育尊严

一次偶然，在微信朋友圈看到，多年前的一个非常优秀的同事吐槽了这样一件事：

上完课没有立即下课，L同学开始在班里走动。

我：还没下课不要离开位子。

L：铃声不是响了？

我：我还没说下课。

L：你耳朵是聋了吗？（这句带有脏话）

当时我就愣住了。

我：你不会尊重人吗？

他走开了。

看完后，为善良的老师义愤填膺，对嚣张的学生怒不可遏。联想自己的教育经历，以及近几年来的教育领悟，想跟我的这位前同事，还有现在众多的教育同仁们，谈谈遇到这种事情，如何处理较好。

一、热问题冷处理

这样的学生很可恨。下课铃响了，老师还没有说下课，他就离开了座位。这样的学生没有规则意识，或者只执行对自己有利的规则，对于对自己不利的规则视而不见。老师如果遇到这种情况，跟他说任何话、做任何事都是多余的。如果想要以暴制暴，更是不可以。

但老师要缓解现场尴尬的气氛，可以试试表现出很无辜的样子，看着其他有正义感的同学，做出震惊和无奈的表情。

二、摆事实讲道理

过一段时间（也许半小时，也许半天，也许两三天），在他心平气和后，把他找来，跟他讲道理：

"下课铃响了，你要立即下座位，那么，上课铃响时，你是否立即在座位上坐正了？学校规定，上课要认真听讲，难道你每节课都没有开过小差吗？作业要按时完成，难道你从来就没有未完成的情况吗？这次你一听到铃声就离开座位，还振振有词说下课铃响了，你只找对自己有利的理由，而不愿意遵守自己不喜欢的规章。你本身就是一个不能公平公正处事的人。

"当你不遵守规则时，老师并没有批评你，说明了老师的宽容、善良。但在你的身上，没有看到一丝宽容善良的影子。

"下课铃响了，只是说时间到了，但学生是否下课休息，要由当堂的老师说了算。任何一项规章制度在执行时，都要考虑现场的实际情况，都要由现场的决策者来决定。课堂上，老师就是现场的决策者。"

三、公开道歉挽回影响

讲完道理待他认识到错误后，再让他在全班同学面前道歉，让他把在全班同学面前犯的错，在全班同学面前改正，抚平老师在全班同学面前受的委屈。

四、深入分析问题产生的原因

学生出现这种情况，除了是其道德品质差，行为习惯不好之外，还可能是他对学校、对老师完全不信任、不钦佩、不理解、不配合。

如何让学生理解、钦佩老师呢？老师平时如有展示自己才能的机会，比如爱好特长，都可以展示给学生看。或者老师经常对学生做出真诚、理智的指导，启发学生，学生也会从心底里尊重老师，甚至成为老师的忠实粉丝。这种情况下，老师教育管理学生，学生会更容易接受。

五、杜绝不尊重老师的现象发生

要杜绝这种现象，在开学时，就要对学生严格要求，加强纪律教育。宣讲传达学校的规章制度、处罚条例。学校还可以搜集类似的案例，在学生大会上讲解分析，让品质差的学生警醒反思，防微杜渐。

在实际工作过程中，如果真的出现了这样的案例，要立即严肃处理。直接教育并上报给政教处，甚至直接上报给校长。一个学生学习成绩不好、领悟能力不强、贪玩纪律差都不是大问题，但个人品德差、性格暴戾，甚至严重侮辱老师或者同学，那就一定要从重处理，以儆效尤。因为学校的责任不仅是为孩子传授知识、为社会塑造精英，还是为家庭培养支柱、为国家培育栋梁。

这需要学校领导对学生提出严格要求，为老师提供实质性支持，团结一致教育管理好学生。

第四节　课堂上学生大声叫嚷的处理方法

上课铃响后，我在黑板上写好了课题，转过身，扫视全班同学是否集中注意力时，看见有一个女同学正侧着身子望着旁边的同学，好像是欲言又止，而且她的课桌上还没有准备好书本。

我对着她的方向说了一句："H同学，不要讲话了，集中注意力。"

谁知H同学大声喊道："我没有讲话！"

我一愣，对她说："现在已经上课了，要先准备好课本、文具和练习本，保持高效听课的状态，不要与其他同学讲话。"

这位女同学镇定自若地坐在座位上，昂起头看向我，更大声音地叫嚷："我就是没有讲话！"

全班同学有点蒙，看了看她，接着又看向了我。

望着这个孩子无惧而又挑衅的目光，我问她："上课铃响了，你的课本是不是还没拿出来？"

她回答："是的。"

我又问："马上就要上课了，你是不是还没有进入主动听课的学习状态？"

她回答："是的。"

我又问："已经上课了，同学们都坐端正了，你是不是还没有坐端正？"

她回答："是的。"

我接着用坚定有力的声音说："那你不用说了，拿着课本，站到教室后面去听讲。"

待她在教室后面站好后，我才带着全班同学开始进行课堂教学。

讲课到中途，我故意提了一个较难的数学问题，点这位女同学回答，她当然结结巴巴回答不上来。紧接着，从听讲认真文明守纪而又具有良好数学思维的同学里，找了一位同学来回答，思路清晰，答案准确，态度谦逊，文明有礼。

两相对比之后，我对站在教室后面的那位女同学说："继续站在后面认真听讲。"H同学只好老老实实站着，没有任何脾气。

下课后，我把H同学叫到讲台前。课堂上师生之间产生的小摩擦，是一定要当堂化解消讫的。离下一节课还有8分钟时间，足够进行交流了。

和H同学一起走到讲台边的，还有一群看热闹不嫌事大的同学。

我没有问H同学当时到底在干什么，也没有问她当时到底有没有讲话，因为我知道，这种问题，是问不出自己想要的答案的。而且这种问题和事情的缘由，不管学生如何回答，都不是对学生教育的重点。

我对H同学说："有错误，认识并改正了，就是好学生。老师扫视课堂上同学们的听讲状态时，刚好看到你侧着身子坐着，好像是与旁边的同学讲过闲话，当时对你说一句'不要讲话了'，其实是对你的一句提醒，提醒你要集中注意力。当时你有没有与旁边的同学讲话，说实话，我并没有看清。在上课前，为了高效率地组织课堂教学，用一句没有经过证实的语言提醒你，有可能冤枉你了。如果是这样，老师要向你道歉，是老师的话说得不够准确。如果真的要百分之百准确地去描述课堂上的每一件事情，那就只有在每个同学的身上装上监视器，并经过认真的查看分析，才能对大家进行提醒和教育了。"

说到这里，围观的同学笑了，H同学脸上的神色和缓了很多。

我接着又对H同学说："十几年前，我有一个学生，有生活老师反映他在宿舍里打同学，我就将他叫到教室外面的走廊了解情况，谁知他大声叫嚷：'我没有打人，就是没有打人！'而且还摆出一副受了莫大冤枉的委屈样子。几番言语之后，谈话没有什么进展。没办法，只好叫被他打的同学来详细了解情况。直到此时，这位打人的同学才说：'我没有打他，我是用脚踢的他。'"

围在讲台边看热闹不嫌事大的同学们发出一阵笑声，H同学也轻轻地笑了。此时，最好的教育契机来了。

我接着对周围的同学说："对于错误，有则改之，无则加勉。老师说得对，立即改正；老师批评得不合实际情况，先听讲不耽误大家上课，待到合适的时候，找合适的机会，跟老师说明情况，友好坦诚交流。我们要相信，每一位老师，都想把学生教育好，每一名学生，也都是想在老师的引导下，完善自己，取得进步，大家说对吗？"

围观同学纷纷点头。

我对H同学说："当时你有没有讲话，老师对事实的判断是否准确，这些并不重要，重要的是你要遵从课堂纪律，要在上课铃响后立即投入学习状态，要和其他同学一起，轻松愉悦、和谐高效地学习，你说对吗？"

H同学点了点头。我也就和同学们挥手告别了。

第五节　学生的投诉

下午两点，刚打开办公室的门，有一个男同学跑到我的面前："校长，我要投诉。"

我心里一惊，但表现得不动声色。请他进到办公室，坐在沙发上，关切地问："怎么了，出什么事了，要投诉谁呀？"

"我投诉A老师，今天中午，他在宿舍走廊打我，把我的肩膀打得好疼。"边说，边扒开衣服领子。

肩膀上是有一些红印。

"老师是因为什么打你的呢？"我尽量用最缓和的语气问道。

这个男同学回答："午休铃响后，我肚子不舒服，要上洗手间，找宿舍里的同学要纸巾，他们不给我，我就一个同学接着一个同学要，被中午巡查午休的A老师看见了，说我午休讲话，把我拉到走廊上，打我的肩膀。"

听到此处，我心里应该是明白了。学生午休没睡觉，又打扰别的同学休息，被值日老师叫到外面批评教育了一顿。可能是这个孩子不太服从管教，言语上有些冲突，惹得老师动手了。

我略做思考，这样对他说："老师打你，肯定是不对，我今天要找A老师，批评教育他。"

略顿了顿，我接着又说："老师打了你的肩膀，我刚才看了下，没有什么大问题。你的肩膀现在还很疼吗？"

男同学告诉我："不是很疼，但还是有一点儿疼。"

我接着继续开导他："老师看见你不休息，还影响了别的同学睡觉，有点着急，把你拉到走廊来教育，这说明巡查午休的老师是有责任感的，而且他还很顾及你的面子呢。"我继续对他说："你在走廊上，是不是还与老师顶嘴了？"

"我没有顶嘴，只是声音有点大。"

"你的声音，影响了更多的同学休息，值日老师肯定会很生气。A老师在很生气的情况下，选择推你的肩膀，还是很注意分寸的，他只是想通过这种方式，提醒你不要影响别的同学午休。你说对吗？"

这位男同学不太情愿地点了点头。

我用手摸了摸他的肩膀，问："现在还疼吗？"

"不太疼了。"男同学回答。

"老师也许是一时着急，想要保持午休安静，只是制止你大声说话的方式有点激动了。我们要理解，老师始终是疼爱、关心学生的。以后，在午休时想上洗手间，直接轻声和值日老师说，不要影响其他同学休息。你能做到吗？"

见男同学不再出声，我又问他："你在宿舍里与同学们相处得怎么样，经常与同学们一起玩吗？"

男同学说："班里的同学都不和我玩，说我小气，不合群。"

我沉默了一会儿，对他说："他们这样就不友好了。不过，你也可以在平时与同学们多主动交往。比如，可以主动把自己的纸巾借给他们用；看到有同学在搬重的物品时，主动上前搭把手；有同学遇到不会做的作业，主动上前讲解……这样，他们就不会说你小气了。今天，正好有一个机会，让你以一个大方的形象出现，你愿意吗？"

男同学抬起头："什么机会？"

"回到班级里，对同宿舍的同学说，不该在午休的时候说话，影响他们休息。你愿意吗？"

男同学小声地回答："可以。"

"你看，你现在就表现得很大方。我相信，同学们一定会喜欢你，主动跟你一起玩的。"略微停顿了一下，我又接着说："如果你找到A老师，对他说，今天中午，不应该对他大声叫嚷，再跟他道个歉，我相信，A老师也会主动接纳你，而且说不定，他还会把你当好朋友呢。"

他嘴角露出了笑容，我又对他说："你叫什么名字？上周期中考试考了多少分？在班级里排多少名啊？"

听到此处，这位同学急忙说："校长，我的肩膀不疼了，我想先回教室上课。"

"不着急，我待会儿跟你这节课的科任老师说一下，抽空把你这节课的内容补回来。"边说这句话，我边把电脑上的期中成绩表打开。

"你是哪个班的，叫什么名字呀？"我又问了一遍。

男同学嗫嚅着回答："A班的，叫张峰（化名）。"

我快速找到他的成绩："哎呀，你看，期中考试在班里的名次很靠后啊，数学考试还不及格呢。"

他的头慢慢低了下去。

我把他拉到我的旁边，指着电脑上的成绩对他说："不过语文成绩还算可以，达到班级平均分了，数学与英语可就差距较大了。"

他连忙答道："回去后，我会好好努力的。"

我赶紧一本正经地对他说："那你能不能跟我定个期末考试目标呢？"

他急着说："数学和英语要及格，总分名次在班里要前进到前35名。"

我煞有介事地在表格中备注下来："我先记录下来，等到期末考试结束后，你来找我。如果能达到你所说的目标成绩，我作为校长，单独给你发一张'进步之星'的奖状！"

用怕他反悔的表情跟他说："能做到吗？要说话算数呢。"

他点了点头，我又接着问："张峰，肩膀还疼吗？"

他很快摇了摇头："不疼了。"

"真的吗？"

"真的，一点儿也不疼了。"

我轻轻扒开他的衣服领子，认真看了一眼："红印消失了很多。好好再揉一揉，就没事了。"

"不用揉的，我现在就没事了。"怕我不相信，他还用手重重拍了拍有红印的肩膀。

我对他说："这半节落下的课，我会让老师跟你补回来。我还会去批评教育A老师，让他在管理同学的时候，更加注意方法。"

男同学急着说："我自己也有错误。我会和A老师承认自己的错误的。"

我点了点头。他慢慢走出了校长办公室。

第六节　学数学知识，悟天地人生

七年级下学期数学中有这样一个知识点：要说明一个命题是真命题，需要根据所学的数学公理、定理、定义、等式性质、数据计算、生活常识等，去推理证明。在证明的时候还要做到步步有据、环环相扣、无懈可击，这样才算做对得分；而要说明一个命题是假命题，需要且只需要举出一个反例即可。

所以，要说清一个命题是真命题是有一定难度的，而要说明一个命题是假命题却是相当容易。

生活中，努力做事的人，要去证明自己的思路正确，能够做成某件事，相当于去证明一个真命题；指责挑剔的批判家，只需要找出一点做事过程中的不足，就可完全否认对方所有的付出，也就是说，只需要举出一个反例，来说明对方做不成这件事情，相当于证明一个假命题。

余秋雨在《霜冷长河》一书里曾说，文化界一直有一种轻创造、重评论的倾向。一位作家认真写出一部高质量的作品，可能要付出很多年的艰苦努力。相反，一位批评者用一个晚上写了一篇批判这位作家的文章，就会让人以为他取得了与这位作家同等，甚至更高的文化地位。

批评家铺天盖地，热衷于指责谩骂的人比比皆是。

可以看出，做一个勤勉做事的实干家总是很难，做一个观望指责的批评家却是极易。

八年级上学期数学中有一个定理是这样的："斜边和一条直角边分别相等的两个直角三角形全等（简写成斜边直角边或HL）。"

仔细查看斜边直角边定理中的三角形相等元素的组合，发现是两条边对应相等，再加一个角对应相等，而相等的那个角不是夹角，而是相等的某条边的对角，与不能用来证明三角形全等的"边边角"组合很像。

"边边角"组合是这样说的：有两边和其中一边的对角分别相等的两个三角形不一定全等。而"HL定理"却说：斜边相等，直角边相等，直角相等，这两个直角三角形全等。

同样的组合情况，但最后结论不同，主要原因是因为角的度数。当相等的角是锐角时，"边边角"组合不能用来证明三角形全等，但当相等的角变为90度时，一切都发生了变化，原来"被打入冷宫"的"边边角"组合，突然来了个咸鱼翻身，成了斜边直角边定理。

一个同学，特别是一些学习落后的同学，可能在以前，你的成绩很少引起老师和同学们的注意，但是，只要你像"边边角"组合那样，改变一个因素，也就是在你的学习过程中，变懒散为勤奋，变消极为积极，那么，你也可以像"边边角"组合一样，来一个咸鱼翻身，让所有的同学对你刮目相看。

一个角由锐角变为直角，本来被打入另册的谬误一下子变为真理。生活中，这样的事例不胜枚举。一个人，他如果把身上的某一个锐角成分改变成直角元素，也就是把尖锐、尖刻的毛病变为直率、正直的性格，再加上扩大自己的一条边到最大的长度，也就是让自己拥有某种特长，那么，可能他以前被人冷落，但假以时日，他会由庸才化身为精英，由谬误化身为真理，由尘土化身为灯塔。

第七节　关于善良的三个故事

一

1814年，英国的一支考古队进入被称为"死亡之海"的撒哈拉沙漠。在这之前，也曾有众多探险者进入过这片沙漠，但都是有去无回。直到英国的这支考古队打破了死亡魔咒。

当时，荒漠中随处可见逝者的骸骨。考古队队长总让大家停下来，选择高地挖坑，把骸骨掩埋起来，还用树枝或石块为他们树个简易的墓碑。但是，沙漠中的骸骨实在太多了，掩埋工作占用了大量时间。队员们抱怨："我们是来考古的，不是来替死人收尸的。"但队长固执地说："每一堆白骨，都曾是我们的同行，怎能忍心让他们陈尸荒野？"

一星期后，考古队在沙漠中心发现了许多古人遗迹和足以震惊世界的文物。但当他们返回时，突然刮起沙尘暴，几天几夜不见天日。接着，指南针也失灵了，考古队完全迷失方向，食物和淡水开始匮乏。

危难之时，队长说："不要绝望，我们来时在路上留下了路标！"他们沿着来时一路掩埋骸骨树起的墓碑，最终走出了这片"死亡之海"。

在接受《泰晤士报》记者的采访时，考古队的队员们感慨："善良是我们为自己留下的路标。"

这位考古队队长的名字叫詹姆斯。

二

1983年，阿根廷一位著名的高尔夫球手在一次锦标赛中获得冠军。

领到奖金支票后，他微笑着从记者的重围中走出，准备返回俱乐部。这时，一个年轻的女子向他走来。她向冠军球手表示祝贺后又说她可怜的孩子刚刚遭遇了车祸，而肇事者已经逃逸。她的孩子也许会马上死掉——因为她不知怎样才能筹集到昂贵的医药费。

球手被她的讲述深深打动了。他二话没说，掏出笔在刚赢得的支票上飞快地签了名，然后塞给那个女子。

"这是比赛的奖金。祝可怜的孩子好运。"他说道。

一星期后，这位球手正在一家乡村俱乐部用午餐。一位高尔夫球联合会的官员走过来，问他一周前是不是遇到一位自称孩子遭遇车祸的年轻女子。

球手点了点头。

官员说道："哦，对你来说真是个坏消息。那个女人是个骗子，已经被关押起来了。她根本就没有什么遭遇车祸的孩子。她甚至还没有结婚呢。你让人给骗了。"

"你是说根本就没有一个小孩子遭遇车祸，而且快要死了，对吗？"

"就是这样的！根本就没有！"官员答道。

冠军球手长吁了一口气："这真是我这一个星期来，听到的最好的消息。"

这位高尔夫冠军球手叫温森多。

三

2019年，华附初中部第一届"华附杯"高效课堂赛公开课上，七年级语文黎老师正在对同学们讲述一篇关于善良的文章。在黎老师的启发下，数位同学来到讲台，讲述自己有关善良的经历和思考。

有一位男同学也来到讲台，对同学们讲述了这样一段经历：

有一次他和爸爸妈妈一起，跟团外出旅游，看到一名衣服破烂不堪的乞丐歪坐在地面上，两只脚在肩膀上斜斜地耷拉着，一只手绑在了后背上，另一只手拿着一只破碗不停地在游客面前乞讨。

当讨到这位同学的面前时，他从口袋里掏出20元钱放入了乞丐的碗里。待乞丐走远后，地陪导游对他说，这样的乞丐都是假装的，当他们走到没人的地方时，会马上恢复成正常人，一点也不残疾。其他的游客也对他说，以后遇到这样的乞丐，不要帮助他，不要理睬他，更不要给他钱。

这位男同学说："我帮助他，这是我的善良，他欺骗我，那是他的恶行。以后再遇到这样的人，我还是要把我的零花钱拿一些给他。"

他的妈妈说："孩子，你没有做错什么，因为你的善良，所以你一直生活在关爱里，也由于他的恶行，所以他一直生活在乞讨中。"

这个同学叫梁煜升，是华南师范大学附属阳春学校709班的学生。

第八节　用智慧唤醒课堂，借科技引领未来
——智慧课堂大赛后的点评

本学期的第15周，我校第二届智慧课堂大赛隆重举行。在大赛中，中小学老师同台竞技，各科目老师竞相展演，取得了丰硕的成果。受学校领导的委托，由我对中学部五位老师的赛课进行点评。我点评的题目是：《用智慧唤醒课堂，借科技引领未来》。

盘点初中部五位老师的精彩展示课，每一节课都让我耳目一新。我借用题目中的四个字，跟大家分享我听完这几节课的感受。这四个字分别是：智、慧、科、技。

第一个字：智

从字面上来理解，智，指智力、知识。中学部的五位老师通过各自的智慧课堂，让同学们在轻松愉悦中获取了知识，提高了能力。

冯老师的历史课——"统一多民族国家的巩固和发展"。刚一上课，冯老师就通过平板给学生们推送了三幅图片，使学生们看清楚了中华民族在三个历史朝代的国家疆域的变化，在这个变化过程中，我们的宝岛台湾，一直都

在祖国的疆域内。

曹老师的数学专题复习课——"实数"。在同学们通过平板看完学习目标与自学提示后，立即用平板来抢答本章的知识点。复习课是对以往所学知识的唤醒、巩固、凝练、提高。这个过程，曹老师通过精心组织课堂，合理运用平板，让学生在轻松愉悦中回顾了实数章节应该掌握的基础知识点。

张老师的英语智慧课堂，通过平板的耳机，让同学们在互不干扰的环境下，进行听力练习，夯实英语课听、说、读、写四大基本内容中的"听"。

冯老师的语文智慧课堂——"河中石兽"。冯老师将整个课分成三大板块，跟同学们在智慧课堂，依次进行"沙中寻金""河中寻兽""文中寻理"的教学活动。在"沙中寻金"环节，同学们在平板上完成自测必答题和抢答题，在"文中寻理"环节，同学们利用平板当堂训练。整节课的教学难点就这样水到渠成地轻松突破。

胡老师的智慧课堂——"男生女生"，涉及所有的中学老师和中学生都感到难为情，也不愿意直接面对的异性关系这一知识。胡老师在课中，通过一段视频，跟孩子们讲解早恋的危害。早恋是一个孩子在应追逐知识的年龄，却放弃了努力；早恋是一个少年在应广泛接触世界的时候，却选择了一个胡同；早恋是一个学生在为未来积蓄力量的时候，却要过早地承担责任。早恋的危害，通过胡老师推送的这个精彩视频，不用老师顾虑重重地亲自讲解，不用同学们面红耳赤地当面聆听，让同学们在专注看视频的过程中，就能悟明白其中的道理。

第二个字：慧

慧，指情感。我们的课，一方面是向学生传授知识，另一方面也要培育学生的健康情感。中学部的五节智慧课堂公开课，在培育学生健康美好的情感方面，都进行了很多有益的尝试。

冯老师在课上，组织同学们分组讨论，寻找中国台湾、西藏、新疆是祖国不可分割的一部分的论据，培育了同学们热爱祖国、维护祖国统一的爱国情感。

曹老师在课上，组织同学们独自出题，并交换做题再讲解，培育了同学们积极参与课堂的参与感。

张老师在课上，组织同学们比赛起立读单词的小游戏，培养孩子们专注课堂教学的专注感。

冯老师在课上，组织同学们表演在河水中找石兽的话剧，并让其他同学评价，让全班学生都能积极参与课堂教学，感受到团结合作、愉快分享的情感。

胡老师在课上，组织同学们现场采访听课老师，由听课老师站在成年人的角度上，对这些懵懂好奇的中学生解释神秘而又美好的爱情。在同学们的现场采访和当场宣读中，对爱情的尊重、对责任的承担、对家庭的奉献等这些美好的情感，不知不觉注入每个同学的心田。

第三个字：科

科，指科学。智慧课堂与传统课堂相比，最大的不同是加入了平板电脑和互联网因素，添加了各种较为先进的科学设备。

有一本教育论著里是这样说的，人类教育的发展史有三次大的飞跃：一是印刷术的出现，让孔子、孟子等教育名家的言论、思想，能够传播到千里之外；二是班级授课制的出现，让一位老师可以面对众多学生进行班级授课，大大提高了教育的效率，让每一个孩子都能接受到公平而又普遍的教育；三是"互联网+"教育的出现，让每一个人，可以随时随地搜索自己想要了解的知识，最大限度地解放人、发展人。

我们的智慧课堂正是顺应了当今世界的发展趋势，积极引入先进的科学设备，用科学高效的教学手段，增加孩子们学习知识的容量，提高学习效率。

以五位参赛老师为代表的中学部广大老师们，都在积极地使用"互联网+"教育，都在利用平板电脑、网络教育资源，最大限度地激发同学们主动求知的兴趣。

第四个字：技

技，指技术。有了科学的设备，还要有技术出众的老师。中学部的五位老师都能熟练使用平板电脑，在平板电脑与教学课件之间自如切换。

冯老师先后用平板电脑展示中国历史上三个朝代的疆域变化；用平板电脑拍照上传测试题，老师直接在电脑屏幕上批改；同学们在平板电脑上完成当堂训练题。

曹老师让同学们记平板电脑上推送的本章数学知识点；做本章易错题并用平板拍照上传；练习平板上推送的当堂训练题。

张老师让同学们用平板上的耳机进行听力训练；用平板即时检测；用平板进行当堂训练。

冯老师在"沙中寻金"环节让同学们用平板自测；在"河中寻兽"表演结束后让同学们拍照上传几种人物的性格特征；在"文中寻理"环节完成平板上相应的练习题。

胡老师用平板拍照上传同学们绘制的思维导图；用平板中的小程序让同学们抢答；用平板电脑来当堂检测。

上述五位老师使用平板电脑都非常熟练，使用时机恰到好处，体现了我校中学部老师们紧跟时代、善用科技力量。

中学部五位老师的智慧课堂公开课，为大家树立了智慧课堂的样板与标杆，但也有一些问题，需要大家在以后的智慧课堂教学中，继续摸索探讨。

1.老师的讲解应尽可能少，真正还课堂于学生，让学生在主动学习中增长知识、增加智慧。

2.在找学生回答问题时，应尽可能照顾到更多的学生，而不能只提问优秀学生。

3.能用课件来展示的文字及视频，尽可能用课件展示，只有当课件展示效果不好，或者用平板展示更能体现其优点时，才用平板来展示。

4.数学课上，有一个环节是结对子讨论，有三个小组的同学一下子蜂拥到另外三个小组，人声鼎沸，显得很乱。可以考虑在本小组内进行结对子讨论。

5.公开课需要真实，不要弄虚作假。比如政治课上展示思维导图的环节，如果是课前就让同学们画好了，就应直接说明，就不要再让小组在课上合作绘制思维导图了。

6.平板的使用，不能仅局限在拍照上传、抢答、随机点名上，应尽可能地了解平板的优缺点，充分发挥平板的优点，回避它的缺点。我曾经观看过这样一节智慧课堂公开课，一道典型题推送出来后，同学们立即完成，做对的同学到第一组做下一题，做错的同学到第二组讨论纠正，找不到思路不会做的同学到第三组，由老师现场讲解，再次做题，直到做对为止。这样，整个智慧课堂是动态的，也能充分照顾到每一个层次的学生，让每一个学生的课堂学习更高效，在智慧课堂中都学有所获。希望在下一届智慧课堂大赛上，能够见到这样勇于实践的公开课。

老师们虽然存在些微不足，但瑕不掩瑜，本届智慧课堂的大赛课，各位参赛的老师为大家奉献出了一场视听盛宴，让我们大家模仿学习、互相启发、共同进步，一起将我校的智慧课堂打造成一张亮丽的名片！

第九节　拳头的领悟
——班主任技能大赛感想

学校德育处组织班主任进行了一场技能大赛。五位班主任闯入了最后一关——情景答辩。

第一位选手曾老师抽到的题目是：有一个班在每周文明班评选中，一学年没评上过几次，班主任很气恼着急，就组织全班同学对照文明班的评选条件，召开了一次班会。请问，如果由你来组织班会，你准备从哪几个方面入手，以及如何找到解决问题的路径？

"先准备班级里扣分的一些问题的图片，再找到先进班级做得好的一些照片，教育引导学生；然后再让学生分组讨论，应该如何为班级争取荣誉，如何让自己变得优秀；最后再制订同学们都能接受与遵守的奖励与惩戒方案，以此规范学生，激励鞭策学生……"

曾老师的答辩条理清楚，不紧不慢。评分可以在90分以上，到底打一个怎样的分数呢？我放下笔，看着时而紧握时而又松开的右手拳头，神游天外。

每个老师的人生经历、生活阅历、教育感悟、技能类型都不一样，就像五个手指头伸出来都不一样长，此谓"闻道有先后，术业有专攻"。闯入决赛的五位班主任无疑是全学部班主任中的佼佼者。他们都是大家学习的榜样，但他们也一定尺有所短，寸有所长。现在是同场竞技，就要展现自我，互相学习，彼此借鉴，取长补短。竞赛的名次与最后的奖金并不是最重要的，重要的是大家在这样一个平台上，团结一心，互相帮助，互相成就，彼此成全。就像我们的拳头在握紧之后，四个手指是紧紧并在一起的。也就是说，要紧密地团结起来，向着学校共同的办学目标联合使力，这样才能让一所学校脱颖而出，创出佳绩。

第二位选手陈老师抽到的题目是：班上同学议论纷纷，说两个优秀的学生张超与李诗正在谈恋爱，但你怎么都不相信。在一个下雨天的晚上，在公交车站，你竟与搂腰共伞并向对方嘴里送巧克力的张李二人不期而遇了，此时你会怎么做？

陈老师略作思考，开始答辩："我会趁他们不注意时，先悄悄拍一张照片以作证据，然后装作雨伞被风吹掉在地下，惊呼一声，吸引他俩的注意。趁他们帮我捡雨伞时，我装出才发现他俩有一个人没有雨伞，然后把我的雨伞借给那位没有雨伞的同学。等到第二天到学校后，我再单独找这两个学生了解情况，教育引导，让他们知晓现阶段最重要的事情是努力学习、健康成长，让自己变得优秀……"

除了拍照留作证据，陈老师的每一步操作，我都十二分的同意。拍照留证，可以赢了学生，但不能赢得学生。这个道理，很多年轻的班主任还要对教育、对人生再多些经历与感悟，才能慢慢懂得吧。

我看看松开又攥紧的拳头。拳头要有力量，除了四个手指要紧紧并在一起，向着手掌中心指向弯曲之外，大拇指还要紧紧压紧四个手指。也就是说，需要学校的领头人制定适当的规章制度，检查督促、评比奖励，施加一定的压力。当取得优秀成绩时，再高竖起大拇指，点赞表扬下属们的用心付出。张弛有度，奖罚分明，大公无私，率先垂范，只有这样，拳头才有力量，才可不断打出胜仗。

第三位选手朱老师抽到的题目是：小英同学最近受微信、微博上不良信息的影响，经常上传自己性感露骨的照片，还宣称要靠自己的颜值成为网络红人。作为班主任，你能为小英同学提供什么样的帮助？

朱老师直接回答："我在教育过程中，从来就没有遇到过这样的学生。如果真的遇到了，我要跟她说，要有判断辨别能力，要把时间与精力用到更多的阅读与学习或者其他有意义的事情上去。一个人的美丽分外在和内在，外在的青春美丽保持仅十多年，而内在的美丽优雅贯穿一生。新东方的董宇辉，在为广大山区和偏远地带的农民推销农产品时，脱口而出的一行行优美的诗句和旁征博引、信手拈来的英语讲解，让他全身散发光芒，这才是真正的网络红人，这才是真正的美丽。而这种美丽，需要靠阅读与学习来打底，靠知识与见识来奠基，靠努力与拼搏来争取……"

毫不吝啬地打了一个好分数之后，我看向自己的拳头，恍惚中若有所思。大拇指紧紧压住四个手指时，其实是压不住最后的小拇指的。小拇指只有向其他三个手指头靠拢过来，与其他指头并排在一起，攥紧挤压，才能从整个手掌中汲取源源不断的力量，整个拳头也才更有威力。

第四位选手索老师抽到的题目是：班上有个性格比较特殊的学生，经常给班级扣分，影响他人学习，老师教育批评效果不明显，面对这样的学生，你会怎样处理呢？

索老师思考片刻开始回答："要积极关心班级里这种性格特殊的学生，要安排活泼开朗的同学与他同桌，并带领他参与班级的学习与活动，要帮他分析常犯的小问题背后的原因，要帮他制订跳一跳就能达到的小目标，当他达到目标后要给他一定的奖励，要用班级整体的友好上进氛围去感化他，要让他有好的朋友与玩伴，要让优秀同伴的言行来引领他走出误区……"

在等待下一位老师抽签时，我又看向了右手拳头。小拇指如果紧紧靠着其他的手指头，会源源不断地汲取力量，会让所有的手指与手掌一起，形成一个最有力量的铁拳。但小拇指如果不主动向其他手指头靠拢，偏要耍弄个人主义向外伸出，尽管此时的大拇指可以管好另外的三个指头，但向外伸出的小拇指无疑就是整个拳头最薄弱的一环，打出去是一点力量也没有，在遇到对手攻击时，脱单的小拇指会最先受伤，进而损伤整个拳头甚至整个身体。所以，老师们要团结协作，学习互助，而不是游离于集体之外单独行动。

第五位选手周老师抽到的题目是：英语老师下课后气愤地向你投诉，你们班学生很过分，一点都不尊重老师，有一名学生不把笔记记在书上，我要检查他的课本，他竟然大声喊：这是我的私人财产，你无权碰它。英语老师非常尴尬，向你反映这种情况，你怎么处理？

周老师回答："首先要安慰英语老师先消消气，别跟孩子一般见识，并承诺会找这位学生谈话。等英语老师心平气和后，再单独找这位学生，了解具体情况，分析思想原因，教育学生要尊重老师，向老师坦诚认错，挽回不良影响。待过两三天或者数周后，可以跟英语老师聊：改进教学方法，调动同学们学习英语的兴趣，多进行一些英语活动和一些小组竞赛，多表扬激励进步大的同学。一方面让学生进步成长，另一方面，也让老师开悟提升……"

看着紧握的拳头，又松开五指，再尝试着扣、捏、抓、拈，若有所悟。如果大拇指专门要管小拇指，也是可以管住的，但此时，另外三根手指头却是怎么也握不成铁拳。因为管理一个不愿服从的人，而失去对大多数人的指导，得不偿失。集体里的每一个人，就像一只只手指头，能力有大有小，见识有高有低，但只要紧密团结，积极靠拢在一起，既为集体提供力量也从集体里汲取力量，大拇指严格紧压而又不失温情的管理，不时高高举起点赞激励大家，这样的团队才像铁拳一样最有力量。

哪位班主任在技能大赛里能获得冠军，现在暂未揭晓，但其实这已经不重要了，分数与排名不重要，努力尝试就好，学习成长就好。

全员德育，互相学习，共同提高，紧密团结，靠拢握紧，这样的拳头才最有力量，这样的团队才战无不胜。

这就是本届班主任技能大赛带给我们最大的收获与领悟吧。

第十节　尊重差异，因材施教

——在709班级教导会上与老师们的交流

709班有一个男同学，较为聪明，接受能力较强，学习成绩排名年级前列。但他有较为鲜明的独特个性，常有一些不好的行为习惯，引发老师对其批评或者进行德育扣分，每周几乎都会因为德育扣分过多而通知家长。这些不好的行为习惯深究起来，也不是什么大毛病，无非就是喜爱在走廊奔跑，喜欢到别的宿舍串门，偶尔与别的男同学发生矛盾甚至打闹，时常在老师授课时插嘴引发同学们的哄笑，等等。按照学校及班级制定的学生管理扣分细则，这个男同学每周扣分都达10分以上。而每周扣分如果超过10分，就要给他的家长开知情协教书，并由家长在上面签字确认。

孩子的妈妈对孩子的教育极其重视，有一段时间，甚至不工作，天天与老师沟通联系，对孩子说教。面对自己的孩子经常被学校扣分责罚的局面，面对自己的孩子经常被批评以至快要破罐破摔的现状，孩子妈妈快要崩溃了，已经到了准备彻底放弃的境地。

得知这个情况后，我与这名学生及家长分别进行了沟通交流，发现不管是从学生自身的成绩需求，还是家长的期盼愿景，或者未来的发展前途，这名爱好广泛，有着自己独立思想的学生都是一个可造之才。

在一个晚自习时间，安排科任老师和生活老师，一起开了一个关于这名学生教育方式探讨的班级教导会。

教导会上，各位老师肯定了该学生在学习上的聪慧机敏及取得的优秀成绩，赞赏了他在多次活动中表现出来的不俗能力与发展前景。但是，几乎所有的老师都列举了这名学生在行为习惯上的散漫与调皮，在违反学校与班级纪律方面的频繁与过度。为了严肃学校的纪律，加强班级的管理，所有的老师一致认为，要对这个孩子严厉管教，规范他的思想与行为，不能让他在班级和学校里，起到相反的示范与破坏作用。

我在发言时，首先肯定了老师们对这个孩子的教育所付出的辛勤努力，总结了孩子身上显露出来的优点与缺点，叙述了家长目前的担心与想法，传达了孩子想努力而又不知如何使力的迷茫与困惑。

在老师们仔细倾听、静默思考的时候，我讲了下面的三段故事：

第一个是教育家李镇西老师的故事。李镇西老师在他年轻的时候，有天早上抱着学生的作业本准备到教室里做上课前的准备工作。刚拐过一个转角，发现在走廊的远处，他班上一位女同学正与邻班的一位男生抱在一起接吻。马上就要撞破尴尬的李老师急中生智，两手一松，作业本全部掉落在地面。当李老师蹲在地上捡作业本时，惊醒过来的两位同学，立即跑来，帮李老师捡拾地上的作业本。佯装没有发现早恋真相的李老师还对两位同学连连道谢。多年后出国留学并已在国外结婚生子的这位女同学再次见到了李镇西老师，她对李老师问道："那一天的早晨，我与邻班的一个男生接吻，您当时到底是看见了还是没看见？"李老师答道："这不重要，重要的是你现在生活得很幸福，重要的是你没有留下任何心理阴影，重要的是你的爱情人格依然健全。"

第二个是樊登的故事。20世纪90年代末，樊登在国际大专辩论会上夺得冠军之后，有一段时间过于骄傲。他在参加湖北电视台一个新办栏目的竞争主持人的选秀节目时，一路过关斩将，杀到了最后的决赛。有一道赛题是让他对另外的挑战者进行评价，樊登的发言非常尖锐，抓住对手的一个口误百般攻击，毫无宽容慈悲之心。坐在下面的评委对樊登说："观点可以争论，但不必抓住别人的小辫子过于指责，这样会让别人下不来台，这不是主持人应该具有的修为。"擅长辩论的樊登立刻对其展开了驳斥。评委机智地与其交锋数回合后，看到樊登有点左支右绌，笑着对他说："你看，你被我抓住小辫子后，感觉很难受吧。"多年之后事业有成的樊登回忆起这段经历，有感而发："与明星主持人的对话交流，我悟明白了什么是大度宽容，什么是波澜不惊，什么是博爱慈悲。"

第三个是《水浒传》中的故事。《水浒传》电视剧里有这样一段情节。宋江率众兄弟接受招安后，朝廷下发官兵衣服给梁山好汉们穿戴。阮氏三兄弟与刘唐等几位好汉对招安有怨气，不想换穿朝廷发的服装。宋江好言劝解，说这是梁山军队的规章制度，任何人都得遵从。刘唐怼了一句："为什么鲁智深和武松可以不换朝廷发的衣服？"宋江一愣之后答道："鲁智深和武松都是受过戒的出家人，出家人当然可以不换朝廷发的官服，你们怎么能和出家人相比呢？"一场换衣风波就这样被颇具统率才能的宋江轻松化解。在宋江尊重差异的区别对待下，不遵从换服装命令的鲁智深和武松并没有与团队离心离德，也没有贪图享乐，而是和众多的梁山好汉们一起攻城拔寨、浴血奋战、奋勇向前。最后，鲁智深和武松擒住了贼首方腊，平息了一场叛乱。适度宽容并没有影响士气，不计小节仍可建功立业。

　　三个故事讲完后，我想表达的意思，基本上已经阐述清楚了。当我询问还有其他什么问题时，生活管理老师问："如果这个学生与其他学生在宿舍区都犯了一样的错误，难道在扣分和批评时，要区别对待吗？"我回答："犯了一样的错误，根据宿舍管理制度，当然需要同样批评与扣分。但在事后，对这两名学生的处理要因人而异。有的学生可以开扣分知情协教书通报家长，和家长一起教育。有的学生，可以单独跟他谈话，告知他本来是准备扣10分的，但考虑到他有某种特殊原因，只扣除他5分，不开扣分知情书通报家长，但是如果下次再有违纪行为，将合并重罚。"生活老师又接着问："假如别的学生提出质疑，犯同样的错误，为何对有个性的孩子宽容对待，应该如何解释？"我答道："老师需要一些教育智慧，如有必要，可以向宋江学习。宋江是如何说服刘唐的，我们也可以用类似的理由说服别的学生。教育的最终目的，不是为了将孩子分成三六九等，也不是对学生的行为习惯非要判个是非曲直，而是为了将所有的孩子都培育成才，是为了让所有的孩子在他们的世界观、人生观、价值观还不太成熟时，顺利蹚过青春之河。"

　　看到个别老师望向我的眼神仍然带有一丝疑虑和不解。我又继续说道："对于行为习惯不太好的学生，把板子举起来，而不要轻易落下去是一种最好的策略，因为悬着的板子对他的教育与威慑的力量是最大的。只有遇到关键性的重大错误和实质性的品德问题时，我们才能启动教育的惩罚惩戒功能。

若在细枝末节上轻易启用教育惩戒，会让这类学生觉得，教育惩戒不过如此，没什么大不了的，而这，将是教育工作者的不可承受之重。

"做教育的终极愿景，是让整个社会在此刻、20年后，或者更长的时间段里，保持社会的总财富和精神的总正能量增加，与之相应的是社会的总幸福感在增加。对有个性的学生适度宽容，尊重差异，区别对待，因材施教，让他们在学校里、社会上更好地进步与成长。但如果无视区别，强求一律，造成孩子厌学失学，憎恶社会，那么，整个社会的总财富与总正能量就在降低。

"有个性和特长的孩子，鼓励与引导他们成长为社会的精英，与屡次打击、责怪他们，最终让他们一蹶不振，这两种情况相比，带给全社会的总财富与总正能量，也是不能同日而语的。

"从我们老师的角度上来说，看到孩子的优点去欣赏，比起只关注孩子的缺点去指责，我们教育者所能感受到的总幸福感，也肯定是差别巨大的。对个别特殊学生无伤大雅的行为失范理解包容，尊重差异，因材施教，对于社会的总幸福感的增加，是只有好处没有害处的。"

这次班级教导会开完后的周末，这名学生在老师们的宽容甚而包庇下，统计本周德育量化扣分为9分，没有达到开扣分协教书通知家长的限度。班主任老师还专门告知孩子的妈妈，说她的孩子本周在学校里表现良好，但仍有些小的问题，希望在家庭与学校的共同教育管理下，孩子在下周能取得更大的进步。

孩子的妈妈看到本周自家的孩子没有再带扣分协教书回来签字，喜极而泣，一再承诺会配合学校，跟孩子好好沟通，做好教育引导，让自己的孩子取得更大的进步。

接下来的一周里，老师们欣喜地看到，这名孩子的身上逐渐少了一些暴戾，多了一些平和。一切都在向好的方向发展。

第十一节　交流与共振

——我的听课与评课

一、艺无止境——评车老师的班会公开课"尊师重教"

2020年9月7日下午第一节课，702班教室，班主任车老师，班会教研公开课"尊师重教"。

新学期第一次班会教研课，遇到了很多意想不到的困难与尴尬。

授课老师没有提前摆放好听课老师的座椅；黑板上还留着上节课的板书；有两位听课老师姗姗来迟达5分钟；学生的座位没有提前恢复为四大组的布置……

到我点评时，我说了下面几点听课感受：

1.新学期车老师的第一次公开教研课，不管是从课堂教学内容上，还是公开课组织研讨的形式上来说，都算是比较成功的。首先，车老师介绍了教师节的历史，通过孔子与子路的尊师故事引入本节课的主题——尊师重教。其次，让同学们自由讨论在学习和生活中如何做到尊重老师。最后，在课快结束时，老师跟同学们强调尊师的具体要求，并让同学们牢记并实践。整体来说，课堂教学中规中矩，基本上完成了教学任务。

2.班会课，主要任务是跟同学们统一思想，形成合力。特别是现在的中学生已经有了一点对世界与现实的认识与看法，但这种认识与看法，还较为偏激与片面，在这种情况下，老师对学生进行思想教育时，要注意采用合适的形式。比如要变说教式为启发式，变命令式为引导式，变强迫式为鉴别式。老师跟学生讲道理时，要多举实例，联系生活，让学生自行分辨好坏。

3.上课时间还剩3分钟时，车老师已经讲完了课件上的所有内容。在没有其他内容可讲的情况下，车老师直接对听课老师们说，准备的内容已经讲完了，各位听课的老师可以离开教室了。这种下逐客令式的结束方式，是典型的年轻新手老师的通病。其实，要想消耗掉多余的3分钟时间，办法太多了。比如让同学们总结生活中出现的不尊重教师的现象，思考以后需要如何行动，再或者多准备几页可讲可不讲的授课内容以备不时之需。通常情况下，准备的内容在有限的40分钟的上课时间内，都是讲不完的，这才是一个成熟老师的课前准备。车老师具备早日成为一个成熟优秀老师的潜质，但还需要在教学实践中锻炼提高。

4.听完公开课之后，跟老师们交流了一下，为什么要组织教研公开课。组织教研公开课，是学校发展的需要，是个人成长的需要，是学生学习的需要，是教育提升的需要。学校要发展，要创建品牌，需要通过各种教学教研活动来进行。教师要提升、要进步，需要通过各种学习与研讨来实现，教研公开课就是最合适、最方便的形式。学生在公开课上，学习效果是最好的，有教师来听课，有客人来教室，每一个学生，也一定会将自己最优秀的一面展现出来，而且，组织教研公开课，也让我校的学生，养成大气、大方、大度、从容不迫的良好品质。一个学校的师资力量要提高，一方地域的教育质量要提升，可以通过校内教师们听课评课、校际开展教研交流活动来实现。综合来讲，组织教研公开课，是必须、必要、必行的。

5.组织教研公开课或者即兴讲话，要提前准备好。如果年轻老师觉得不知从何处着手准备，我不妨结合自己的教学经验与经历感悟，跟大家讲一个屡试不爽的模式。不管是授课还是讲话，都从三个方面来进行：是什么，为什么，怎么办。

比如，本节班会课的主题是尊师重教，那么，从以下三个方面来进行，保证不会出什么大问题：

（1）尊师重教是什么。历史上、生活中，尊师重教有些什么样的具体形式、内容、故事、名言警句等。

（2）为什么要尊师重教。从老师的工作性质、工作时间、工作压力、工作意义方面来阐述。

（3）如何做到尊师重教。比如，向老师问好，服从老师管理，送给老师自制的卡片和感恩的话语，课堂上认真听讲，独立完成作业，提高自己的成绩等。

6.精益求精，注重细节，任重道远，艺无止境。今天，车老师为我们开了一个班会教研公开课的好头，后面我们每一位老师都会开讲自己班的班会公开课和科组教研课，希望大家抱着精益求精的态度认真准备每一节公开课。对于每一位老师的教育发展来说，是艺无止境的，所以，每一个人，不管是一线老师，还是业务领导，都将任重道远，负重前行，把我们的工作做到最好。

从这节班会教研公开课开始，在接下来的一个月的时间里，不管是从工作的主动性上，还是管理学生的智慧、准备教学的精心度等方面，都能明显看到车老师的蜕变与成长。在9月底组织的七年级统一月考中，702班的成绩综合积分，位列9个平行班的第2名。

相信车老师会越来越优秀。

二、循序渐进——评张老师的历史教研公开课"中国境内早期人类的代表——北京人"

2020年9月9日下午第一节课，702班教室，综合科组长张老师，历史教研公开课"中国境内早期人类的代表——北京人"。

张老师这节历史教研公开课的课堂教学结构很好，在中国这片土地上，按照年代由远及近，分别讲解远古时代元谋人、北京人、山顶洞人出现的历史时期、时代标志、分布特征等。除了课堂教学结构很好外，张老师的课件设计精美、准备充分，值得每一位老师学习。

肯定之余，提出了一些意见与建议：

1.老师提问后，要稍微多给几秒甚至半分钟的时间，让学生独立思考并试着回答，而不是老师刚提出一个问题两秒钟后，就立即自问自答。评判一节课教学效果的好坏，是看学生学得如何，而不是老师教得如何。老师在向学生提问时，一定要精心挑选问题。一道问题提出后，要给出足够的时间让所有的学生认真独立思考。也可以让学生分小组进行自由讨论，由小组成员各抒己见，启发思维。

2.本节课的主要内容是中国远古时代出现的三种古人类，为了让学生更好地掌握本节课的知识点，可以在黑板上列表格，或者让学生在自己的课本上画思维导图，对比分析三种远古人类出现的历史时期、人类特征、分布地域、工具成就等。这对学生掌握三种古人类的知识点，一定会有帮助。虽然张老师在课件上也出现了表格对比分析的页面，但一闪而过，不如让学生自己查找课本上的知识点并对比识记填写，效果会更好。

3.虽然张老师在课快结束时，有随堂测验的环节，但时间远远不够。政治、历史、地理、生物这些学科，属于中考科目，考试分数要计入中考总分，课堂时间一周只有两节正课，时间很少，但又要理解掌握，这就要求很高的学习效率。同样，一节课的时间，用三十分钟甚至更少的时间讲完主要内容，留下十多分钟时间，让学生做练习册上的同步习题，下课时收齐检查批阅，看一看同学们在课堂上掌握的知识点能达到几成。简洁高效、直击重点、当堂训练、即时反馈，是政史地生这些小科目应该采取的教学方式。

三、高度重视——评梁老师的体育教研公开课"队形队列"

2020年9月10日上午第一节课，学校操场，709班学生，艺体组科组长梁老师，体育教研公开课"队形队列"。

梁老师这节体育公开课准备得很充分，同学们在轻松愉悦的课堂氛围中，完成了队形队列的变换练习。在练习过程中，还加入了好几个游戏环节，寓教于乐。

在评课环节，我提出以下几点感想：

1.体育教学以及学生的身体素质锻炼非常重要。从人类的发展史来看，一万年前的数百万年里，原始人类要想在恶劣少食的自然环境里生存下来，需要和其他凶猛的动物，甚至和同类互相厮杀竞争，而这，比拼的就是个人的奔跑、跃高、格斗、力量等身体素质。过去几千年的冷兵器作战年代，一个民族，一个部落，要想发展壮大，要靠族群里身体最强壮、对战最勇猛、战斗精神最昂扬的英雄来支撑完成。后来才加入了智慧和文化的因素，增加了团队和战术的配合，既斗力又斗智。才出现了刻苦攻读、科举应试、重视四书五经和文以载道的考核和训练，相当于增加了语文科的学习考查与综合应用。综上所述，体育科的教学，一直在人类发展史的绝大部分时间里，占据着重要的位置。

2.艺体组的老师和艺体组的课，非常重要。可能在大部分传统教育人的眼里，体育、音乐、美术和书法、心理、信息等科目，面临的分数提升的压力较小，但是，这些科目面临的特色创建方面的压力却很大。我们科组的老师，可以多思考一下，如何把学校的艺体课打造得更有特色，让同学们在艺体课上，取得更多的自信与成功。

3.艺体课，虽然没有分数的压力，但是，艺体组的老师要严格组织好课堂的纪律与流程。每节课都要有一个主要的教学目标，围绕这个教学目标组织教学。要让每一个学生明白，艺体课不是让学生随心所欲自由玩耍的课，而是要在教师的组织下，完成既定训练目标的有组织有纪律的课。不仅在艺体课上要表现得有组织、有纪律，在上课前与下课后，同学们在教室和上课的功能场室之间的转场路队中，也要表现得有组织、有纪律。刚开始，老师可以到教室里组织学生安静排队，整齐行进。待同学们形成良好习惯后，就可以让班长或者体育委员组织同学们快速安静排队，整整齐齐带到上课的各功能场室和带回教室。一所学校，如果学生在艺体课上能够遵守纪律，认真对待，那么，学生在文化知识课的课堂上，也一定会积极参与，维护课堂。相反，如果艺体课的课堂上，让学生以为可以随心所欲、自由放松，甚至疯赶打闹，那么，这样的学生，到别的课堂上，要想尊重老师或者遵守课堂纪律，就会很困难。

4.艺体组的课，虽然说分数方面的压力不是很大，但是老师在组织教学时，也要按照中考的要求进行授课。特别是体育课，在中考的时候，也有60分的分值（体育科将来在中考和高考中所占的分值比重会越来越大）。体育老师从现在开始，要规划训练，如何在中考体育的必考科目和选考科目中，让每一位同学都有获得满分的可能。音乐、美术在对同学们进行艺术熏陶之余，还可以发现一些热爱艺术的好苗子，走艺术特长的考试之路。所以，我们艺体组的老师，要高度重视我们的课，高度重视每一个学生。

5.艺体组的老师在学生分数等方面的压力较小，在学生作业批阅方面的任务也较少，因此，大家可以多组织科组老师之间的听课学习，共同提高。每一次的科组教研公开课之后，还可以多在公众号上发文章，插入一些图片，配一些文字，对外宣传艺体科组老师的努力与同学们的优秀表现。

四、世间所有的用心与努力，一定会被人看见——评潘老师的语文教研公开课"从百草园到三味书屋"

2020年10月13日上午第1节课，706班教室，潘老师，语文教研公开课"从百草园到三味书屋"。

本节课，潘老师专门用一节课的时间，讲解鲁迅先生的作品《从百草园到三味书屋》的前半部分——百草园。

在评课环节，我对参与评课的老师们说：我第一次想给我的评课发言取一个标题：世间所有的用心与努力，一定会被人看见与发现。

接下来，从四个方面进行了我的阐述：

1.一条线

整节课，由一条轻快谐趣的线贯穿着。上课伊始，全班同学齐唱《童年》，再让同学们分享自己的童年趣事，然后引入鲁迅的童年是什么样的呢。板书课题，引出本节课的授课内容。

在讲解儿童鲁迅眼里的百草园时，先整体，后局部，先静物，后动物，再动物，再静物，从近到远，再从远到近，最后欣赏百草园的春夏秋冬。整节课，程序得体，脉络分明。

2.一颗心

潘老师在公开课上，精心准备了文中提到的各种道具的图片。像石井栏、皂荚树、桑葚、鸣蝉、叫天子（云雀）、油蛉、蜈蚣、斑蝥、何首乌、覆盆子等，这些从小在城里长大的孩子，哪曾有人见过。但潘老师让班级里的同学们都亲眼看见了。每一种植物与动物，潘老师都从网络上找到图片，放在课件上，分别向同学们展示讲解。特别是儿童鲁迅冬季里捕鸟的全套家什——

竹筛、秕谷、棍棒、长绳等，潘老师居然从讲台下面一一拿了出来。

孩子们原想只收获一缕春风，而潘老师给了孩子们整个春天。

在讲解"油蛉在这里低唱，蟋蟀们在这里弹琴"时，潘老师播放油蛉和蟋蟀的叫声。伴着小动物们的鸣叫声，听着潺潺的溪流声，同学们读着这些充满童真的文字，整个课堂完全融入儿童鲁迅的童年意境中。

非常的用心。

3.一堂趣

整节课，充满了童趣。

当同学们朗读不出儿童鲁迅的活泼天真时，潘老师亲自示范，儿童的纯真童稚在时而柔和，时而急促的语调中完美呈现。

当讲解雪地捕鸟时，潘老师拿出道具，让同学们上前摆弄模仿。几组同学自告奋勇走上前来，支起竹筛，撒下秕谷，在棍棒上系上长绳，走到远处躲开，轻轻一拉，竹筛倒下，在同学们的轻快欢笑声里，像真的逮住了鸟雀似的，似乎真的正在吃着红烧的鸟肉。

整节课，就这样兴致盎然，就这样充满了稚嫩童趣。

虽然一节课的时间里，向同学们教授的知识点、常考点、易错点、得分点几乎没有，但是，这些学生多年之后的睡梦中，都应该会记得今天的语文课堂上，曾拥有的轻松与欢笑吧。

语文课，一定要让孩子们读写识记，答对得分吗？教育，一定要让学生脑力飞转，避开错漏吗？人生，一定要让我们玲珑世故，放弃自我吗？

鲁迅在文章的最后，其实已经暗示了我们，在三味书屋学习的他经常在别的孩子读书入神的时候，一个人躲着画画儿。边读书，边画画，书没有读成，画的成绩却不少。但最后，成为大文豪的，却是劳逸结合、热爱观察、勤于思考、领悟出众的迅哥啊。而他的那些只会死背书本知识的同窗们，最多也就成了开锡箔店的店主。此是后话，按下不提。

总之，整节课精彩有趣。

4.一种因

在上周的月考中，潘老师所带的两个班的语文的平均分，分别位于创新实验班的第一名和普通实验班的第一名。在班级学生各名次段的综合积分计算上，潘老师当班主任的706班，也位于创新实验班的第一名。

得到优异的成绩，一定是有具体的原因。这种原因，从今天的这节语文教研公开课上，就能发现。用心、勤奋、童心、执着，就是这些原因里最基本的因素。

现代教育中的好老师，应该有这样几条标准：班带得好，分考得高，有深厚的学识，有教育的情怀。

我们中学部的语文组里，藏龙卧虎，每位老师都有自己的独门秘籍和擅长点。大家互相学习，彼此借鉴，一定会让每一位老师，都成为好老师。这就是学生之福，学校之福，教育之福。

五、美育的鉴赏——评邵老师的美术公开课"欣赏罗中立的油画《父亲》"

2020年10月15日上午第1节课，703班教室，邵老师，美术教研公开课，欣赏罗中立的油画《父亲》。

油画《父亲》，是罗中立的代表作。"文革"结束后，罗中立32岁读大三时画的一幅作品，几乎是近代中国最好的美术作品。

这节课，先从李亚鹏朗读朱自清散文《背影》开始，简要介绍作家朱自清与《背影》，再过渡到罗中立画的油画《父亲》。接下来是对这幅油画规格大小的介绍，对油画的种类、发展史、直接画法和间接画法的介绍，以及对罗中立的生平和《父亲》的创作背景介绍，最后才是对油画中细节的鉴赏以及当时历史背景下社会思潮的说明。

整节课听下来，感觉邵老师是想在40分钟的时间里包罗万象无所不提，将自己所知道的全部传授给学生。

就在前天，中共中央办公厅、国务院办公厅下发了要加强中小学体育与艺术教育的文件，教育部体艺司司长王登峰透露，要逐步加大体育与美育在中小学中的重视程度和中高考中的分值。

既然美育越来越重要，那就把我这个外行对这节课的评课过程回忆记录如下：

1.美育的重要性

要重视美育教育和艺体科的教学。艺体科组，既要重视教学内容的编排，又要重视课堂纪律的维护。

2.油画《父亲》的价值

这节课是对一幅油画的欣赏课。对于初一的学生来说，他们很难理解油画的种类、发展史、画油画的技巧等，但他们能理解这幅油画的价值。我第一次听说油画《父亲》，是在16岁读高一时，美术老师告诉我，《父亲》这幅油画珍藏在中国美术馆进馆口右边最显眼的位置上，外国有一个财团当时想出200万美元买走这幅画，但被断然拒绝。因为这幅画已经不再属于个人，而是属于中国整个美术界，属于那个时代，属于全国人民的集体记忆。和珍藏在巴黎卢浮宫的《蒙娜丽莎》一样，是一幅可以传世的无价之宝。

仅仅说是无价之宝的话，对初一的学生来说，是体会不到的。因此，还不如直接说明，达·芬奇的传世名作《蒙娜丽莎》是无价的，但如果非要给一个数值衡量标准，那么就以200亿美元来定量吧（其实200亿美元连这幅属于全人类美术极品的价值的万分之一都够不上）。相比《蒙娜丽莎》，《父亲》也是无价的，特别是对于中国人民来说。如果同样也要给初一学生一个量化的标准，那就这样说吧，90年代初期，油画《父亲》，200万美元是不卖的，现在来看，就算2亿美元也是不会卖的。打个比方，我们这所投资15亿人民币的高端学校全部合在一起，也买不了《父亲》这幅油画。

从这个角度来讲，初一的学生能更加清晰地认识到这幅油画的价值与意义。

3.介绍罗中立在1980年画这幅油画的过程背景

邵老师在课堂上对这个环节处理得很好。罗中立年轻时酷爱绘画，想入读四川美院附中，但过了招生时限，罗中立就经常在美院附中校外徘徊，直到遇上学校的一位老师，才被发现艺术才能，破格录取。附中毕业后，恰逢"文革"，罗中立主动到四川贫困的大巴山农村生活了10年，见过太多太多中国农村的贫穷落后、辛勤操劳、温饱无着。恢复高考后，罗中立考上大学，在他32岁读大三时，开始尝试画这幅画。

在画这幅作品时，罗中立先后多次重返大巴山农村，在村里找了很多人来当模特，有淘粪人，有拾穗者，有生产队长，数易其稿，最后确定以他当年的房东当作《父亲》的原型。画作的蓝本完成后，又听取了美术界专业前辈的意见，在很多细节上进行了修改调整，才完成了我们现在所看到的这幅传世名作。

这幅油画的名称，最开始叫《我的父亲》，一位美术界的专业评委建议改名为《父亲》。这一改，一下子让这幅作品的立意上了一个档次。

邵老师在介绍这段历史时，我和在场的听课老师，以及全班学生，都被深深地触动了：好作品都是来源于生活的；每个人的成功都是来之不易的；每一幅优秀的作品，都是反复修改出来的；境界的不同决定了立意的高低。

顺便对邵老师这个环节的授课提一个意见：历史背景的介绍最好统一集中放在一起来进行。

4.油画细节的欣赏

通过绘图软件，对油画进行放大，让同学们发现了很多以前看不到或者不曾注意的细节。粗糙龟裂的双手、深邃迷茫的眼神、简陋黑脏的茶碗、黝黑盘虬的皱纹。

还有一处细节，如果不是邵老师告知，几乎没有人会注意。父亲的左边耳朵上方的帽檐里，夹着一支短短的铅笔。这一个细节，在罗中立最开始的油画里是没有的，美术界的一个资深评委说，父亲这一代人要眺望未来，要拥抱文化，而铅笔与文化紧密联系着。所以，要求罗中立加上这支铅笔。罗中立最终采纳了这条建议。每个人在世界上都不能遗世独立啊。

5.油画的纵向对比和横向对比

既然是美术作品的欣赏，那就要欣赏透彻，要引导学生对这幅油画有关的不同时代不同国家的美术作品，进行纵向对比与横向对比，让孩子们的眼光放在宏观上，思考时代的影响，认识美术作品的发展。

纵向对比。可以从中国的美术历史上，找一些人物肖像画进行对比欣赏。古代的仕女图、帝王像，近代的领袖像，再到《父亲》这幅肖像画，最后，还可以列举最近几年出现的美术名家的肖像画代表作品等。从美术史的发展来看，越近的作品，美术的技法越高明。最近几年出现的油画精品，从创作技法上来说，应该比《父亲》更炉火纯青，更精练，更生动。但价值和名气却远远赶不上《父亲》。这是为什么呢？因为一幅优秀传世的作品，与它所处的时代、当时人文觉醒的经历和背后汇聚的故事有关系。在《父亲》之前数十年的油画里，大多是英明领袖的个人画像，鲜有人关注贫穷农村的普通老百姓。罗中立的这幅《父亲》横空出世后，当时的美术界、文学界开始从对领袖、帝王的关注，转向了对芸芸众生的关注。

横向对比。可以跟国外最近几百年里出现的油画精品对比。相比《父亲》，达·芬奇的《蒙娜丽莎》的绘画技法可能更高，画作的价值更巨，油画的名气更大。像《父亲》一样，《蒙娜丽莎》之前的美术作品都是对神祇或者君主国王等高高在上的人物进行油画的画像创作。《蒙娜丽莎》是第一个对普通的商人妻子、平民子弟进行描绘。才使整个世界开始关注平民生活与人民大众。达·芬奇与罗中立他们都开创了一个历史新阶段，具有划时代的意义。如果完全从画画的技法上来说，这两幅作品和最近几年出现的最优秀的美术作品相比，有所不足，但他们代表了那个时代先进的文化，代表了历史转折期前进的方向，代表了广大人民的精神追求和理想期盼。因为这些重大的历史意义和文化价值，这两幅名画才具有不朽的地位。

如果邵老师这节美术欣赏课，跟同学们讲解这些历史典故和文艺启蒙，那这节课的教学效果会更完美，同学们领悟得会更深刻，老师的教育理想与济世情怀才会在新一代的身上继续传承下去。

6.理想中的课堂教学结构

评课到这里，基本要结束了。最后说一说这节美术课理想的课堂教学结构——起、承、升、落、合。

起。整体感知油画《父亲》。实际的课上，邵老师花费了将近10分钟，介绍朱自清的《背影》，还播放了李亚鹏的配音朗读。这一环节与油画《父亲》的鉴赏完全不搭，基本没有什么关系，完全可以去掉。顺便说一下，末尾介绍罗中立的另一幅作品《母亲》也与整节课的欣赏氛围不搭，也可以全部去掉。《母亲》这幅作品，虽然也是罗中立的一幅优秀作品，但是与《父亲》相比，不管是艺术价值、时代特征，还是技法创新，差距都较大，如果要强行讲解，会喧宾夺主。学生课下自己去了解鉴赏较为合适。

承。介绍油画《父亲》的作者生平、创作年代、时代背景等。感知在那个特定历史时期中国人民生活的艰苦环境，还有心理迷茫、精英阶层对未来生活的憧憬、政治环境的逐步开明等。

升。讲解作者的创作思路、思想转变，分析油画的局部细节等。或许有孩子听了老师此部分的讲解后，会在心底埋下一颗艺术的种子，当遇到合适的阳光、空气、水分、土壤时，就会萌芽，长成参天大树也未可知。就算长不成大树，但至少让孩子们知晓了世间最美丽的艺术品是什么样子的。

落。讲解美术史上肖像画的纵向对比和横向对比等。欣赏人类历史上古今中外的优秀美术作品，提高同学们的欣赏鉴赏能力。多找一些中国古今美术史上的优秀肖像作品和外国的经典肖像画作，让同学们欣赏。当然，这需要老师事先准备大量素材，进行周密备课。

合。感恩中国现在所处的伟大时代，珍惜来之不易的美好生活。还可以对学生就油画的内容或者作者的经历，进行立志、努力、坚持、创新的教育。教育学生：好作品，一定是来源于生活、扎根于生活、从生活中悟来的。离开了生活，创作就是无源之水。离开了大众，文艺就是空中楼阁。

六、用智慧分辨善良的边界——评陶老师的语文公开课"世说新语二则之陈太丘与友期行"

2020年9月26日上午第1节课，707班教室，陶老师，语文教研公开课"世说新语二则之陈太丘与友期行"。

本篇课文选自《世说新语》，一部成书于南北朝时期的描写儿童机智的文言段子。每一篇字数都不长，但精练传神，充满智慧。

本篇课文仅103个字，描写东汉颍川曾做过太丘长职务的名人陈寔（shí），约好了时间与友人出行。时间到，但友人未至，陈太丘先行出发。友人到来时，听说太丘已出发，顿足拍膝大声抱怨：陈太丘你不是人啊，说好了与我一起出发，却舍我先行。太丘的儿子叫元方，时年七岁，正在户外玩耍，对答：您与我父亲约好了中午到，但您中午却未到，是您无信；对着我咒骂我的父亲，是您无礼。友人听后赧颜羞涩，下车想牵元方的手抚慰时，元方头也不回，关门闭户，把友人晾在门外。

上面的这段翻译比起原作来，逊色太多，但为了便于后面的评课理解，先行这样解释。我的评课过程分作这样几个片段：

1.课堂教学结构

陶老师从"少年强则中国强"引入本课，富有文采。然后进行知识梳理，夯实基础。本文有一个通假字："尊君在不"中的"不"通"否"，读的时候也要读作"否"。还有一个古今异义："下车引之"中的"引"不是"指引"的意思，而是"牵拉"的意思。这两个地方，课本上已经有详细说明，但仍值得在课堂提示一遍，否则，对于语文功底较弱的同学，会有理解障碍。

细读文本，翻译几句较难理解的句子，在整体感知了本文故事后，陶老师找了三个学生用白话文进行表演。

待同学们基本上理清文意之后，陶老师组织同学们进行了辩论：元方怒斥友人不卑不亢，但后面友人认识到自己的错误后，想牵拉元方的手示好时，元方入门不顾，是否失礼。班上同学分为两派，言来语往，互相争辩，好不热闹。

最后陶老师简要总结，全课结束。

2.课堂气氛

文章不长，几个较难句子疏通之后，文章意思大概就理解了。绝大部分同学，都能跟随老师的提问思考并主动发言。而且这篇文章是一篇关于儿童智慧的文言短文，同学们很感兴趣。

特别是文中元方对友人的怒斥，让人拍手称赞、大快人心。所以，当陶老师安排学生表演这个故事时，同学们都很踊跃。

陶老师的课堂教学组织浑然天成，课堂教学引领功力深厚，学生气氛调动游刃有余，整节课活泼生动，形式丰富，寓教于乐。

3.文言文与白话文

讲课过程中让三个学生到前面表演整个故事的环节，本来是较有创意的过程，但因为表演用白话文来叙述与对白，缺乏了很多韵味。不信请看：

友人：你老爸在吗？

答曰：等待您很长时间，您老也不来，我爸先走了。

友人怒曰：你爸爸不是人啊，与我约好了时间，却把我抛下先走了。

元方曰：你与我爸爸约好了中午出发。可中午你又不到，是你没有信义；而且当着我的面骂我的爸爸，你真没有礼貌。

如果友人与元方的对答，用文言文来对白的话，是这样的：

友人：尊君在不（通"否"）？

答曰：待君久不至，已去。

友人怒曰：非人哉！与人期行，相委而去。

元方曰：君与家君期日中。日中不至，则是无信；对子骂父，则是无礼。

这样来表演对答，该是多么贴切、精准、传神啊！

两相对比，用白话文来表演这个智慧故事，差得太远太远。古文本来不是很好理解，但在疏通明白原意后，一定要让学生用文言文去对话，才更有意境。老版电视剧《三国演义》中，里面的对话都是原著中的文言文，配上文字，非常洗练传神。

但也并不是所有的古文都需要翻译后再来理解的。

比如，王维的"明月松间照，清泉石上流"，让人如临其境，如果非要翻译成"月光照在松树间，清水流在石头上"，则索然无味。

再比如，梁启超老先生的"干将发硎，有作其芒，天戴其苍，地履其黄；纵有千古，横有八荒，前途似海，来日方长"。这样的句子，就不适合翻译。因为不管怎么翻译，都失去了原来文字的韵味。

读不懂的文言文，可以注释，但不要全段翻译，特别是那些名篇名段。一旦翻译，则成清汤寡水矣。

4.智慧与勇气

本文的授课内容应该远远大于授课形式。本课中，一个七岁小孩临场应激的机智反驳与维护父亲尊严的勇敢坚决让人称赞。而这些机智、智慧、勇敢，正是初一学生需要的。当同学们了解了元方的机智与勇敢后，还可以搜集历史上十来岁孩子的机智反驳故事，来启发教育同学们，受到这种侮辱，怎么有理有节地驳斥。

老师在事先备课时，可以多准备一些类似的典故。

比如，诸葛瑾，字子瑜，由于脸较长，经常被吴国大臣嘲笑。有一次，一位大臣牵来一头驴，驴面上盖着一张纸，纸上写着"诸葛之瑜"。正当朝堂上下乐不可支的时候，诸葛瑾的儿子诸葛恪拿出笔，在纸上加了两字，"诸葛之瑜之驴"。加上后，顺手牵回家去了。愣是让这位大臣气急败坏。

再比如，孔融小时候跟随父亲到一李姓的朋友家赴宴，姓李的朋友挑逗他："你父亲与我是朋友，你与我是什么关系呢？"孔融对答："吾与汝是世交，昔孔子问礼于老子。吾姓孔，汝姓李，所以我们是世交。"举座皆赞孔融聪明伶俐。有一宾客挑衅说："小时候聪明，长大了未必聪明。"小孔融立即反击："那你小时候一定很聪明喽。"挑衅的宾客被气得说不出话来。

这两个例子，都是孩童运用智慧驳斥反击，赢得尊严的故事，与文中的元方颇为相似。

说到反击驳斥，再举一个攻不忘守，守中带攻，攻守兼备的反击经典。

萧伯纳有一次散步时，在一个狭窄处遇到一个政敌。这名政敌嚣张地对萧伯纳说："我从不给傻子让路。"萧伯纳往旁边让开一步后说："我恰恰相反。"

如果老师多搜集这样一些充满智慧的即时反击的实例，一定会让学生学得更开心，收获更大。同学们不仅可以学得知识，还可以增加智慧与勇气。

5.辩论的结语与善恶的边界

陶老师这节公开课最闪亮的地方是，组织同学们讨论：友人在元方的反驳下已经满面羞惭，下车准备牵起元方的小手道歉认错时，元方入门不顾。

元方的做法是否失礼？为什么？

这个问题抛出来后，班级的学生立即分成了两派。

一派说元方的做法不失礼。因为针对不守信用的人，而且还侮辱父亲的人，就该针锋相对，快意恩仇。以德报怨，何以报德。

另一派说元方的做法失礼。因为来宾毕竟是父亲的朋友，而且还是自己的长辈，他错过时间一时气急，才口无遮拦的。作为晚辈，应该宽容大度，得饶人处且饶人。

陶老师让两派同学各自阐明了观点与理由，像辩论赛主持人一样，没有发表过多的意见，就结束了课堂教学。但我想，初一学生正处于世界观、人生观、价值观成熟的关键阶段，他们混沌而又反复的思想意识里，真的需要一个智者的点拨与启发。

本来，像这种辩论的赛题，是没有正确与错误之分的。生活中的自然科学，是有标准答案的，但生活中的社会科学，是没有标准答案的。只要能够自圆其说，只要能够说服观众，只要自己奉为信仰，都是可行的。但如果这样对初一的学生讲解，他们的心里该是多么的糊涂混乱啊。

这个时候，作为老师，作为学生此刻唯一可以依赖的人生导师，是应该发表一些意见与建议，来引领同学们正确认识世界的呀。

可以告知学生，每一派的观点都有正确的地方，从辩论的角度与技巧上来说，有优有劣，大家互相学习借鉴。观点没有正误，技法却有高下。针对两派同学表达的意见，我们在决定取舍时应该遵循以下几个原则：

（1）在用言语反击时应做到：反驳有力不谩骂；胜之即可不纠缠；维护自尊不迁就。

（2）对于自尊心强的弱者，我们要加倍呵护他们脆弱的心灵，但对出言不逊的恶者，一定要回报以风沙。

（3）我可以对你善良，但善良要带有智慧与锋芒。我可以容忍你的傲慢，但决不容忍无端指责。

（4）对什么样的人善良，对什么样的人反击，善良要带多少锋芒，反击到什么程度，要根据实际情况，凭智慧分辨。而智慧，靠大量阅读与博闻强记增加。

七、万物可用——评苏老师的班会教研公开课"营造好的行为习惯"

2020年9月14日下午第1节课，703班教室，703班班主任苏老师，班会教研公开课"营造好的行为习惯"。

苏老师这节班会教研公开课，从课前同学们刚唱的每周一歌《朋友》开始说起，引入本节班会课的主题"营造好的行为习惯"，然后让同学们讨论在实际的学习与生活中，有哪些不好的行为习惯，以及如何改变这些不好的行为习惯。整节课的教学过程，按照发现问题、面对问题、研究问题、解决问题的顺序，德育教学效果环环相扣，层层推进，营造氛围，水到渠成。

在评课环节，我表达了以下几点看法：

1.苏老师本节班会课，层层推进，步步深入，在对学生循循善诱之中，自然而然地植入养成好的行为习惯的要求。在班会课快要结束时，通过"大象不能挣脱很小时就系上的锁链"，来强调好的习惯要从小培养，坏的习惯要从小杜绝，从而升华了主题，强化了主旨。

2.苏老师在这节班会课上，精心搜集准备了很多好的素材资料。比如疫情防控期间，山区的贫困孩子借别人家的网络努力学习。在班会课的过程中，还让几个同学表演了精心排练的小品。这些教育素材，需要老师事先花费较多的时间去准备，对同学们养成好的行为习惯，都起到了很好的教育效果。没有最好，只有更好，老师在课前准备得越充分，思考得越深入，他的课也就越精彩。苏老师这节课给我们的印象就是：围绕主题、精心准备、旁征博引、万物可用。

3.不同的学校，不同的领导，对好老师的评价标准都不一样，成熟成功的民办学校，对好老师都有一套自己的评判标准。不管是哪所学校，哪个领导，以下几方面都是共识。

（1）班带得好。班级里的学生守纪、文明、积极、向上。

（2）分考得高。每次统测，班里的同学考试成绩平均分高，达标率高，整体成绩优异领先。

（3）学生喜欢。老师与学生彼此理解，亲密无间，融为一体。学生被老师关心爱护，老师被学生支持拥护。

（4）家长满意。家长对老师的教学能力、学识素养、职业道德、为人处世等交口称赞。

（5）领导欣赏。老师的智商情商，教学业绩，以及知行合一的工作状态，让领导欣赏。

4.特别提出两条意见。

（1）虽然课件上有本节班会课的标题，但老师在讲课时，还是应把标题用粉笔写在黑板上。课件上的标题总是一闪而过，可能在同学们的心里留不下什么印象。黑板上的标题会长时间留存，对学生理解践行本节课的主题大有益处。用粉笔板书等传统教学方式，不能被现代科学技术完全取代。

（2）班会课的主题尽量与现实生活相联系。比如，让同学们交流讨论时，要结合在学校里的学习生活与在家庭里的日常生活，来发现存在着哪些不好的行为习惯，不好的行为习惯，会给我们的成长带来哪些不利的影响，好的行为习惯会怎样影响我们的健康人生等来进行。中学生与小学生不太一样，正处于世界观、人生观、价值观形成的关键时期，我们老师在教育时，切不可采用单纯说教的形式，而是要尽可能地与同学们的实际生活相联系，要言之有物，理有所倚。

八、厚积薄发——评柯老师的心理教研公开课"情绪气象台"

2020年10月11日上午第1节课，701班教室，柯老师，综合组心理教研公开课"情绪气象台"。

柯老师是我校中学部专职的心理教师，她是心理专业的科班出身，虽然很年轻，但有丰富的心理课教学经验。

柯老师本节课的授课主题，分析了几种具体的情绪——悲伤、失望、沮丧、生气、高兴等，这些情绪有正负面之分，但无好坏之别。柯老师的这节心理教研公开课，精心备课、用心上课、真心参与、走心引领，换得了孩子们的开心求知。

我小时候在学校读书时，还没有"心理"这门课。我与其他20世纪70年代出生的人一样基本上都是在逆境和磨难中成长起来的，都是在经历并战胜了许多的挫折与坎坷后才建立起自己健全心理人格的。

接下来，我试着从业余的角度，谈一谈自己在听课时的一些感悟。

1.心理课非常重要

现阶段来讲，心理课的重要性体现在三个方面。

（1）上级教育部门非常重视。最近几年来，上级各教育部门反复强调要重视中小学心理健康教育，多次组织心理老师的业务培训与课堂赛课活动。上级教育部门领导到学校检查工作，师生心理健康教育方面的资料是必检项目。

（2）学生身心健康成长非常需要。现在的学生与三十年前的学生不一样了。他们成长在顺境里，生活在蜜罐中，在学习与生活上，一旦遭遇些许的打击与挫折，就会产生消极的负面情绪，而这些情绪直接影响着学生的身心健康安全。

（3）学校特色创建特别需要。一所新的学校，要在短时间内创特色树品牌，艺体特色、国际特色、外语特色、心理教育特色都非常重要和需要。心理教育方面的特色与亮点，特别适合于学校"短、平、快"的宣传。心理教育方面的赛课、论文参赛也特别容易获奖。

2.心理课的授课内容

教育部门没有专门的心理课教材，各学校基本上都是开发校本教材进行授课。我校的心理老师在设计教学内容以及以后在编印制作专用的校本心理教材时，可以多加入一些学生喜欢的，现代教育需要的，学校与教育部门提倡的积极健康的心理知识。

比如，教育学生珍爱生命、热爱生活的；引领学生缓解压力、娱乐放松的；引导学生感恩父母、回报社会的；暗示学生调节不适、乐观面对的；启发学生悦纳自我、自信自律的；规范学生人际合作、榜样示范的，等等。

目前，各所学校的心理授课内容与政治（准确的课程名称叫"道德与法治"）授课内容，有一些交叉与重叠。在这个交叉重叠领域，很值得心理老师思考琢磨。政治课有考试成绩的压力，老师会倾向于知识点的讲解以及让学生快速识记掌握提分，教学带有目的性。心理课没有考试成绩的压力，老师可以与学生一起，共学开心的内容、共建和谐的课堂。在心理课与政治课的交叉区域，心理老师可以充分发挥学科特点，讲解学生需要的有用的知识，定会深受学生的喜欢。另外，对同学们学好与心理有关的边缘学科，比如政治、历史等，也一定会有积极的促进作用。

3.对本节课的具体建议

（1）心理课的教育，要理论与实践紧密联系。若只讲理论没有实践，就像无根的花朵，很快就会枯萎。而仅有具体的实践，没有理论的指导，就如拉磨的驴，不明白前进的方向。老师在教学过程中遇到的真实故事，可以记录下来，丰富自己的素材积累，一旦心理课上需要具体案例，就可以随地取材调用。这样，我们以后的课堂教学，就能做到厚积薄发、信手拈来、旁征博引、左右逢源。而且，日积月累之下，要想参加某项课题研究，或者上级教育部门组织的论文大赛，对于心理老师来说，一挥而就，立等可取。

（2）一节课既要能放得开，又要能收得拢。本节心理课，在柯老师的组织下，先从一段悠扬的轻音乐和一段激昂的重音乐出发，引入"情绪"这个课题。然后通过两张图片让同学们识别情绪，再让学生结合自己的经历，写自己的情绪调查小纸条，再用随机抽取小纸条解释说明的方式展开教学。教学的前半段很好地做到了放，但随机抽取小纸条的过程太过漫长，重复的流程较多，造成学生审美疲劳和期待厌倦。后面想把主导权收到老师的手里时，时间又不够了，导致本节课的另一个重点内容——情绪ABC理论，阐述的时间不足，有虎头蛇尾之嫌。一节课，既要放得开，又要收得拢，既要形式多样，又要主题统一。在这一点上，年轻的柯老师还要继续历练。

期待柯老师的提升飞跃。

九、勇于担当，高效完成——评龚老师的数学教研公开课"关于原点对称的点的坐标"

2021年9月24日下午第1节课，907班教室，九年级数学龚老师，数学教研公开课"关于原点对称的点的坐标"。

本节数学课，龚老师依托数学学练案，先让学生自学3分钟，然后让学生做"预习导学"，再结合例题让学生画中心对称的图形，总结出关于原点对称的点的坐标特征，再与以前学习的关于直线对称的知识点结合起来对比画图，最后以一道课本习题的变式题——求平行四边形面积的训练题的讲解结束本节课的教学。课堂教学结构循序渐进，老师讲解深入浅出，学生积极配合，课堂教学效果良好。

我在评课与发言时，讲了三个优点，两个思考，一段经历。

优点一：教师素质。

龚老师是一位踏实肯干、勇于担当、毫无怨言的优秀数学老师，本学期第一次数学说课和第一次教研公开课，都是安排的龚老师最先进行。上学期的命制插班生考试试卷也安排给龚老师，龚老师不说二话，在规定的时间里保质保量地高效完成。从不诉苦，顾全大局，积极配合，竭尽全力，这就是龚老师的职业态度。龚老师在实际的工作与生活中遇到各种各样的困难时，总是想办法积极化解。在这一点上，龚老师的敬业精神和职业态度，值得我们大家学习。

希望大家在面对学校与科组布置的工作时，能从整体大局考虑，少计较个人的困难得失，多理解整体的工作部署，增加自己主观的积极因素，团结一致，齐心协力，共同完成各项教学教研任务。

优点二：学练案。

本节课按照学校领导的要求，全程以学练案为载体，并将学练案与教学课件有机融合，时而让学生做学练案上的习题，时而让同学们观看课件上的例题，时而让学生对照学练案上的答案投影改错，时而对着屏幕上的作图动画细心领悟。整个教学过程突出了以学练案为中心，以训练和领悟为两翼，高效地开展课堂教学。

龚老师在组织学生做学练案和看黑板听讲的转换方面，犹如庖丁解牛，游刃有余。有部分老师可能习惯了以前自己的一些教学方式，突然变为以学练案为中心载体的教学模式，稍显不适应，觉得完全遵从学练案上预设的过程展开教学，好像是戴着镣铐在跳舞。这种想法是对学校领导倡导利用学练案组织教学，打造高效乐学课的初衷理解不到位。每节课尤其是教研公开课，运用好学练案，可以让老师教学与学生练习的效率大大提高。我们学校像龚老师这样优秀的经验丰富的骨干教师还有很多，像科组长李老师、周老师，年级主任张老师等，都值得我们在座的年轻老师去听课学习，提升自己的教学技能，从而提高我们学校整体的数学教学水平，打造我校的数学拳头学科和期末统测以及中考的最优成绩学科。

优点三：课堂教学结构。

本节课在龚老师的组织下，环环相扣，层层推进。先让学生自己看书3分钟，将书中的重点内容做好标记，做到了让学生自主学习。接下来，龚老师组织学生在学练案上画中心对称的图形，先是在有方格的图上画，然后在没有方格的图上画，循序渐进，逐步提高，符合学生的认知规律。

在引导学生总结了关于原点对称的点的坐标特征后，为了让学生将中心对称与轴对称的知识点分辨清楚，龚老师设计了一道作图题，分别画一个三角形关于 x 轴成轴对称的图形和关于原点成中心对称的图形，并找出各顶点的对应点的坐标特征，便于学生将易混的知识点理清，并转化为自己能够掌握的解题技能。

课本上的知识点较为简单，需要掌握的题型也比较单一。如果仅仅是按照课本上的顺序组织课堂教学，那么这节公开课的容量与难度就得不到提升，从课堂教学的效果与深度上来说，是有缺憾的。在本节课的最后5分钟里，龚老师将课本上的一道练习题，稍加改变，求坐标系里关于原点成中心对称的平行四边形的面积，这样，就形成了一道既与中心对称有关，又能提升学生数学思维能力，并且迎合中考数学命题方向的求图形面积的拓展好题。在引导学生思考如何求得平行四边形的面积时，启发学生用割补法，或者以往学习过的铅垂法，先求一个三角形的面积。这样讲解，既不脱离本节课的教学内容，又能带领学生随时复习巩固前面所学的知识，还与求坐标系中三角形面积的难点紧密联系。一道拓展题，显示了龚老师超强的课堂教学把控能力和良好统筹能力。

整节数学公开课，由简单知识点入手，条分缕析，逐步深入，既有理论知识的总结，又有学生实际操作的训练，还有知识点的纵横联系，以及整节课的拓展升华，充分展示了龚老师深厚的课堂教学驾驭技巧。

思考一：学校logo的设置与宣传。

我们在设计学练案和制作课件时，是否可以将我校的logo设计在学练案的抬头位置，是否可以把我校的图标与名称设计成课件的固定版式，这样，加深学生对我校教学理念和自我身份的认同感。在拍照与制作公众号时，可以对学校进行最大限度的宣传。

七年级的数学老师在设计学练案时，在A4纸的最上面的页眉处，设计了一行字，注明我校的名称与学练案的专用名字。在制作课件时，使用的是统一的模板，课件模板的最上面一行是我校的logo与学校名称。八、九年级的老师们也可以思考一下，如何在这方面改进。

思考二：课堂教学压轴题的时间安排。

老师们在设计一节数学公开课时，都喜爱在最后一个环节放置一道能提升学生思维品质的题目，但这道题目在具体的公开课实战讲授过程中，都往往由于时间不足而匆匆结束。我听过很多节这样的数学公开课，包括我自己也上过很多节这样的公开课，由于前面基础知识的讲解耗费了较多时间，导致将最能提升学生思维品质、给统测成绩带来巨大影响的关键一道题呈现给学生思考时，时间已经不够了。因此，就只能让班级最优秀的学生回答完思路而匆忙结束，虽然授课老师一般都会交代一句场面话："希望大家课后继续研究。"但以我这些年对学生的了解，能在课后真的去自主研究高难度数学题的人是少之又少。有没有什么办法能让老师精心准备的一道关键题，在课上被同学们研讨的时间更多一些呢？有没有什么办法能让同学们掌握一道重要题目的解题思路，并确保考试得分呢？

要做到这些的话，一方面要求老师精心选择每节课的压轴题，既回顾照应本节课所学习的基础知识点，又能给予充足的时间让老师讲深讲透力求人人掌握过关。这需要老师高效率地组织课堂教学，激发同学们求知的热情，也需要老师将每节课的基础知识点在较短的时间里高效率地讲解透彻。

一段教学经历。

研讨发言讲到此处，就结束了。但这节课的教学内容使我想起了以往教学经历中的一个有趣的学生和一段有趣的经历，就又啰啰唆唆地讲了下面一段故事。

多年前，我在教完这个知识点后，发现在很多的周测、单元测试、期中考试中，班级里的优秀学生，可能是由于对知识未掌握透彻，也可能是他们考虑过多，还可能是骄傲轻敌、大意马虎，总之，会发现班级里有百分之十左右的平时成绩较好的学生，在做类似相关的题目时会做错丢分。在对同学们考试试卷正确率的分析中，我发现一个奇怪的现象，当时所教班级里有一个女同学叫R佳，她在做这种题时一次也没有错过，而她的数学成绩在班级里几乎每次都是垫底。

我当时感到特别奇怪，就把她叫过来询问，她是如何思考并做这种题目的。

R佳同学说：这种题目很简单，我在做题时只看两个字，"某点关于x轴对称的点是_____"，只看"x对"两个字，x是对的，说明横坐标是对的，不用变换，只需要将纵坐标换成相反数就可以了。

听完她的解释后，我倒吸一口凉气，马上问她，如果是求某点关于y轴对称的点呢？

R佳回答：只看两个字"y对"，就是纵坐标是对的，只需要把横坐标改为相反数即可。

我又问她：如果是求某点关于原点对称的点的坐标呢？

她接着回答：仍然只看两个字"原对"，原来的坐标是对的，把横坐标与纵坐标都改为相反数就可以了。

我仰头望天，万分震惊。没想到，跟学生讲规律结论，运用数形结合的思想去画图分析，全然抵不住R佳同学的乱拳打死老师傅。

后来，我在教历届的学生时，都会把这段经历讲给学生听，奇怪的是，从此以后，与本节内容有关的数学题，全班同学再也没有一个人做错过。

十、慢中求稳，细中求联——评徐老师的数学教研公开课"七下平行线专题复习：平行线中的拐点问题"

2022年3月18日下午第1节课，704班教室，七年级数学徐老师，数学教研公开课"七下平行线专题复习：平行线中的拐点问题"。

本节课是徐老师在带领学生学习完七年级下学期"平行线"的有关知识，并在学生的理解推理思维水平有了一定的提高之后，进行的一节专题复习课。这节课的重点是教会学生做平行线的拐点类推理题，难点是如何找到合适而又统一的作辅助线的思路。九年级的林老师在评徐老师这节课时，用到了两个词：慢中求稳，细中求联。这两个词对徐老师这节公开课的优点及期待表达得非常到位。

徐老师这节教研公开课，值得我们大家学习的优点有以下三点：

优点一：让学生参与课堂教学，让学生成为学习的主人。

上课伊始，请两位同学到讲台，用手臂模拟两条平行线的不同位置，让同学们感觉老师很亲切，感到上课轻松有趣。上课过程中，不管是让学生展示并讲解自己的思路与答案，还是巡查各小组同学们做题，关注每一个小组里的每一位同学，让学生成为学习的主人。当学生遇到思维障碍时，老师不着急不慌张，而是让同学们积极思考，踊跃说出自己的想法与思路，就算上台表达的学生的思路不是最佳方法，也给予充足的时间，让其对自己的思路进行阐述与表达。

这种教学模式与我校目前正在要求与倡导的"读思达"教学模式是一致的，也与当今教育界的各种各样的教育模式的核心思想是一致的。可能各种流派的教学模式的名称不同，但在如下这些核心素养的认同上是相通的：淡化老师的主角地位，强化学生的主体地位，让学生站立在课堂教学的中央，让学生成为学习的主人，让学生主动地表达，交流，输入，输出，融会贯通。

优点二：总体把握平行线中的拐点问题的不同类型。

在刚开始讲课时，徐老师向同学们展示了常见的五种平行线拐点图形，然后让同学们重点分析第一种图形的解题思路。

对所要讲的数学知识点及常见题型在备课设计时，有总体有局部，有相同有不同，有基础有拓展。在重点讲解第一种常见类型的拐点类平行线题目时，让学生充分思考，自由表达。有学生延长某一条线段，有学生用三角形内角和为180度来解决问题，有学生过拐点作垂线，有学生过拐点作平行线，思路不同，方法多样，但都是可以解决这种类型的平行线拐点问题的。学生的每一种思路，都得到了老师良好的鼓励与包容。

优点三：在课堂教学过程中，对学生的启发与点拨组织得很好。

在学生回答问题出现暂时的思维困难时，徐老师带着笑容不紧不慢地启发："作出的这条辅助线应该如何叙述呢？""为什么这两个角相等了呢？""还有没有其他别的思路呢？"这种启发商量的话语，在整节课不断出现，显示了对学生的尊重与引导。

学生不是老师，他们在思考问题时，思考的方向较为单一，思考的效率较低，但优秀老师在组织课堂教学时，会留充足的时间让学生思考，让学生表达，让学生顿悟。课堂教学不应追求速度，宁愿慢也要稳，宁愿只讲一题让学生弄懂领悟、掌握得分，也不要面面俱到、蜻蜓点水、含混不清。在让学生掌握重点题型与重要思维时，伤其十指不如断其一指。

不过，这节课也有一些地方，需要徐老师，也需要我们大家在未来的课堂教学中改进提升。

1.数学课，特别是这种专题式复习的数学教学，既要讲题目，又要讲题型，更要讲思维。题目是随机出现的个例，题型是把这些个例的数学题归纳归类，思维是为了让所有的这些相同的题型联系贯通。拐点类的平行线数学题不胜枚举，方法多样，但不管是哪种方法，都是把原来题目中远隔千里、遥遥相望的两条平行线，通过做辅助线，让他们直接牵手或者搭桥相连，让两条平行线近在咫尺顾盼生辉。

2.对学生的教育引导既要放，又要收，既要总结，又要启发。学生在独立思考时有各种各样的思路，在上台表达时有各种各样的方法。虽说都可以将一道题做对得分，每一种方法都值得鼓励赞扬，但从解题效率、思维连贯、启发借鉴和多题一解上来说，总会有一两种最佳的方法，最值得推广的思路。将这种高效通用的方法与思路教给学生，并引导学生尽可能地用此种方法思考解题，这是老师的价值所在，也是班级授课制的意义所在。

第二章

阅读感悟

第一节　鲁迅的成功密码

——解读《从百草园到三味书屋》

最近，连续听了两位语文老师讲的教研公开课"从百草园到三味书屋"。听完课评完课后，又反复读了原文，想从另一个角度——鲁迅为什么可以成为大文豪来解读这篇百年前的名家名篇。通过对原文反复细读，在字里行间隐然发现以下几条线索。

一、好奇心强，思考顿悟

鲁迅上完生书即将退下来的时候，问先生："'怪哉'一物，是怎么回事？""怪哉"是一种虫子的名称，本来是西汉时的一位伶臣东方朔随口一说，糊弄汉武帝的，希望汉武帝能够多关心民间疾苦，不要在人间制造冤假错案、草菅人命。但少时的鲁迅并不知晓，跑去问博学多才的先生。先生当然是知道的，但这其中的道理，又哪是一下子能跟小鲁迅讲解清楚的。于是，先生只好板着脸说"不知道"。用神态和表情，意会小鲁迅，打好学习的基础，不要好高骛远，追求不适合自己研究的事物。

这一段描写，将鲁迅小时候好奇心强，积极关注未知事物的心理描绘得很具体。小鲁迅在先生没有告知他原因后，他有自己独立的思考："所谓不知道者，乃是不愿意说，年纪比我大的人，往往如此，我遇见过好几回了。"

别人越是不告诉他，他就越是独自思索。读万卷书不如行万里路，行万里路不如名师指路，名师指路不如自己顿悟，缘由于此。

二、爱好画画，美育熏陶

小伙伴们在三味书屋念书时，遇到学习疲劳而先生又沉浸于阅读自嗨中时，小鲁迅与同伴们就可以做游戏放松了。别的孩子玩纸糊盔甲套在手指头上作演戏游戏，而小鲁迅则是用"荆川纸"临摹《荡寇志》和《西游记》的绣像。都已经画成一大本成体系的绘画作品了。这是在没有美术老师辅导的情况下，自己在上美术课呀。从小对自己进行美育的教育与熏陶，发现美，感悟美，欣赏美，创造美。所以，成年后的鲁迅比普通的作家，高了一大层次。

当前，中央和国务院办公厅都反复强调要在中小学生中加强美育教育，就是希望能够提高同学们的美育鉴赏能力，提高孩子们的综合素质。

三、友好交往，和谐处世

因为手头拮据，鲁迅将自己临摹的一大本绘画作品集，卖给一位家里开锡箔店的同窗了。买鲁迅绘画作品集的这位同窗后来还当了店主，成了一位太平绅士。

文末的这段文字描写，意蕴丰富，联想无穷。鲁迅将绘画集卖给同窗，一定是卖了个好价钱。因为如果仅是赚得一点点的铜板，根本就解决不了自己的经济窘境。好心同窗愿意花费一笔大钱来购买鲁迅在课堂上不想学习时随心画的一些美术作品，这该是对鲁迅多大的友情支援啊！也说明了鲁迅在与同学们相处的时候，一定是友好和睦、互帮互助的。

四、乐观面世，慎独律己

如果观察中国的大作家，可以发现他们的共同特点：乐观面世，慎独律己。张爱玲、沈从文、钱钟书、路遥、史铁生、贾平凹、莫言等，都具备这样的特质。《从百草园到三味书屋》的字里行间，隐约发现小鲁迅也具有乐观面世、慎独律己的特点。

当同窗们三三两两凑在一块玩纸糊盔甲的游戏时，鲁迅独处画画，不影响别人。这已经不是在画画，也不是在进行美育教育，而是在修炼自己的心灵啊。

日本作家村上春树，每年都是诺贝尔文学奖呼声很高的陪跑者，但每年都不受评委待见。今年已经71岁高龄的他，却从来没有在意过是否获奖，而是住在一个幽静的海滨村庄，每天长跑5公里，锻炼身体，沉静心灵，潜心写作。无欲无求、慎独律己的他才能写出那句名言：不是所有的鱼儿，都生活在同一片海洋。

五、热爱生活，细致观察

小鲁迅前往三味书屋上学的路上，有一段描写：

出门向东，不上半里，走过一道石桥，便是我先生的家了。从一扇黑油的竹门进去，第三间是书房。中间挂着一块匾道：三味书屋。匾下面是一幅画，画着一只很肥大的梅花鹿伏在古树下。

可见，小鲁迅对上学路上的景物和三味书屋里面的陈设，观察得非常细致。除了这些，小鲁迅还爱观察各种动物、植物。雪地里捕鸟、捉了苍蝇喂蚂蚁、拔何首乌的根看有没有人形的，都反映了他热爱自然、热爱生活，观察细致、动手实践能力强。

在书屋后面的园子里玩耍时，要是听到先生喊同学们回书塾学习，小伙伴们分段分批依次回书塾。小鲁迅和小伙伴们有组织，有纪律，识大局，顾大体的超强组织能力展露无遗。

六、博爱守礼，平等敬重

从文章里不仅可以看出，小鲁迅对先生非常尊重，而且在文章的前半部分，还可发现鲁迅对底层人民也敬重有加。比如听家里的长工讲美女蛇的故事，听闰土父亲传授捕鸟的经验等。

所以，当鲁迅成年后，尊重平民、善待佣人、同情革命、团结大众。让自己与最广大的人民站在一起，弃医从文，用发自肺腑的文章唤醒麻木民众。

七、广闻博纳，海量阅读

在三味书屋里，同伴们放开喉咙大声朗读时，有念"仁远乎哉我欲仁斯仁至矣"的，有念"笑人齿缺曰狗窦大开"的，有念"上九潜龙勿用"的，有念"厥土下上上错厥贡苞茅橘柚"的……这里的四段古文，可不是鲁迅随便堆砌，而是专门从《论语》《幼学》《易经》《尚书》里，各取了一句话。这四本书，正好就是古时读书孩童需要重点阅读温习的。

先生醉心阅读时的一句话："铁如意，指挥倜傥，一坐皆惊呢；金叵罗，颠倒淋漓噫，千杯未醉嗬……"这一段古文，是清末诗人刘翰所作的一首诗词《李克用置酒三垂冈赋》里面经典的一段。能列举出这几句诗词，显示了小鲁迅广闻博纳、海量阅读的底蕴与素养。

前文中还可以看出，关于"东方朔怪哉"的奇异故事和"美女蛇"的民间故事，也是小鲁迅增加见闻的广泛渠道。不定向，不设限，不拘泥，不束缚，广闻博见，拿来主义，为我所用。

贾平凹在《读书示小妹十八生日书》里说："读书万万不能狭窄。文学书要读，政治书要读，哲学，历史，美学，天文，地理，医药，建筑，美术，乐理……凡能找到的书，都要读读。若读书面窄，借鉴就不多，思路就不广，触一而不能通三。"

此乃至理名言。

八、经济支持，求学名校

在文中，小鲁迅说："我不知道为什么家里的人要将我送进书塾里去了，而且还是全城中称为最严厉的书塾。""因为我早听到，他是本城中极方正，质朴，博学的人。"

孩子被送到当地最好的学府，跟随最好的老师学习生活，磨砺感悟，对孩子开阔眼界、成长成功大有益处。鲁迅的经历已经给出了范本。

鲁迅能到本城中极方正、质朴、博学的先生处求学，每年的学费一定不菲，他的同窗不仅家中经济条件良好，而且家教甚严。少儿时求学无学费之忧，身边同窗有良性影响，这样的环境对成全成就一个精英人才，是非常重要的。

家人的鼎力支持，学校的严格要求，老师的倾心传授，学生自己的努力顿悟，一个孩子如果同时具备这几点，想不成功都难。

综上所述：好奇心强，思考顿悟，美育熏陶，和谐处世，乐观律己，热爱生活，博爱守礼，广博阅读，经济支持，求学名校，是百年前鲁迅成功的密码。如今，要想取得优秀的成绩，要想成为家庭的支柱、社会的精英、国家的栋梁，成功的密码也是一样的。

同学们，多学习，勤努力！如果你能掌握这些密码，你也会取得成功的。

第二节　我最喜爱的三国人物

三国故事，家喻户晓。随着影视作品的传播刻画，里面的三国人物在每一个人心中更加鲜活。有的人喜欢刘关张的义薄云天，有的人喜欢诸葛亮的神机妙算，有的人喜欢曹操的敢作敢为，有的人喜欢司马懿的隐忍沉着……

上述的三国人物，我也都很喜欢，但却达不到"最"的程度。读了三遍《三国演义》，看了几部影视作品，我特别推崇三个人物。

一是孙权。

"生子当如孙仲谋。"一开始，孙权的机智、聪明就给读者良好的第一印象。

孙权最让人称赞的是，他善于识人，用人不疑。他先后重用周瑜、鲁肃、吕蒙、陆逊，这些人虽然没有为吴国开拓广阔疆土，但在他们的督率下，吴军保家卫国，拒敌千里之外，为吴国赢得和平建设时间立下大功。对于两次强加于己的战争——赤壁之战和夷陵之战，孙权没有任何恐惧，而是充分放权给青年将领——周瑜和陆逊。当时吴国内部有许多反对声音，有人主张投降讲和，有人质疑周瑜和陆逊的能力韬略，但孙权力排众议，充分授权，将自己和国家的荣辱交付此二人手中。

周瑜没有让孙权失望，他率领几万精兵，与十倍于己的曹军对抗，凭着自己的胆略与信心，重创敌军，为吴国赢得了精彩胜利。赤壁之战胜利后，庞统想到孙权那里谋职。庞统为了强调自己在赤壁之战中的功劳，过于突出自己的连环计而贬低周瑜的领导才能。而这，对于孙权来说就不太能够容忍，尽管他仰慕庞统的名气才能，但由于庞统过于批评自己已经去世的爱将周瑜，孙权将凤雏也拒之门外。每当看到这一段时，一个有情、重义的英明君主形象就让人心生向往。

二是鲁肃。

鲁肃是《三国演义》里面的一个配角，小说对他的着墨不多，但他的慷慨、远见、实诚却让人喜爱不已。

周瑜在担任地方长官时，由于缺粮，向大庄主鲁肃借，鲁肃二话没说，指着两个仓廪说，你随便拿一个去吧。周瑜与之深交后，发现鲁肃不仅为人慷慨，而且还有治国之才，因此就推荐给孙权。孙权与之彻夜长谈，三日不倦。

曹操率八十万大军追击刘备，这事好像与孙吴没有什么关系，但鲁肃却有先见之明。项庄舞剑，意在沛公。当吴国上下所有人都没有意识到危险来临时，鲁肃却明白，曹操是借追打刘备之机意图南侵，灭吴后就可一统中原。鲁肃向孙权表达了要联刘抗曹的想法后，马上付诸行动。孙刘联盟遇到了很多的磨难。但每一次，鲁肃都以大局为重，不停地周旋在诸葛亮与周瑜之间，因为他比所有的人都清楚，一旦孙刘联盟破产，双方都将不能幸存。

赤壁之战胜利后，鲁肃凭借自己的远见，一直很好地维护着孙刘联盟，就算后来，他当了大都督后，宁愿以己为质放回单刀赴会的关羽，也不愿意损害孙刘之间赖以生存的联盟关系。一个厚重长者的儒雅形象让人心生钦慕。

三是周泰。

周泰也是《三国演义》里面的一个小配角，描写周泰的文字加在一起可能还不到一千字。《三国演义》中如果给武将排名的话，可能周泰连前100名都进入不了。是什么让我如此喜爱他呢？是他的勇猛、顽强。

孙权在攻打张辽时，不幸被有勇有谋的张辽围困在核心，左冲右突而不能出。就在孙权仰天长叹，准备自毙于此的时候，周泰杀到，救出孙权。当周泰引着孙权杀到江边时，却不见孙权，周泰复杀入围中，又寻到孙权，并对孙权说，主公在前，某在后，可以突围。经过三番冲杀，周泰身被数枪，箭透重铠，方救得孙权安全回营。回营之后，又闻徐盛还被围在核心，周泰又抢枪翻身杀入重围，救出徐盛。还有，在夷陵之战中，东吴名将甘宁突见番王沙摩柯，一时惊骇，逃跑之际被沙摩柯一箭射死。周泰在遭遇沙摩柯时，没有被他的骇人外形所吓倒，一番力战，杀死沙摩柯，为甘宁报了一箭之仇。

孙权感周泰勇战之功，以青罗伞赐之，令出入张盖，以为显耀，吴国的很多大臣和将领不服。孙权在一次宴会上，亲自把盏，抚其背，令周泰解衣与众将观之：皮肉肌肤，盘根遍体，如同刀剜。孙权泪流满面感慨："卿不惜性命，数番相救，被枪数十，肤如刻画，孤亦何心不待卿以骨肉之恩，委卿以兵马之重乎！卿乃孤之功臣，孤当与卿共荣辱、同休戚也。"从此，吴国再也没有人小看周泰了。一个勇敢、忠诚的猛将让人叹服。

我所喜爱的三个人物都是吴国的，他们分别是君主、谋臣、勇将。一个谋臣，可能他不是最有名的，一个勇将，可能他不是最耀眼的，但他们在一位明主的带领下，文臣没有私心，武将不惧死亡，这样的一个国家怎不让人敬重佩服，憧憬向往呢？现实生活中，一个团队，如果有像孙权一样的英明领导，有像鲁肃一样的无私智囊，有像周泰一样的勤奋员工，怎愁这个团队不能像吴国一样取得成功，让人神往呢？

第三节　百年的沧桑，孤独的轮回

——《百年孤独》读后感

20世纪出版的世界名著中，有一本奇书——哥伦比亚作家加西亚·马尔克斯的《百年孤独》。

《百年孤独》是魔幻现实主义文学的代表作，全书26万多字，写了拉丁美洲一个名叫马孔多的城镇，一个名叫布恩迪亚的家族，七代人近百年来的风雨沧桑。七代人重复轮回使用的巨长名字，似魔似幻的故事叙述，颠三倒四的插叙倒叙，不讲道理的时间跨度，不断出现的节外生枝，让第一次看这本书的读者，经常晕头转向摸不着头脑。

下面，我将结合"魔幻""现实""主义""文学"四个关键词，谈谈自己将这本书读过两遍后的感受。

一、魔幻

第一次读《百年孤独》，我敢说，百分之九十九的读者都看不太懂书里的魔幻式表达。比如，书中说到布恩迪亚家族的第二代的长子何塞·阿尔卡蒂奥回到家里，与妻子丽贝卡打过招呼，随后去卧室换衣服，一声枪响震彻全屋。接下来的叙述是这样的：

一道血线从门下涌出，穿过客厅，流到街上，沿着起伏不平的便道径直向前，经台阶下行，爬上路栏，绕过土耳其人大街，右拐又左拐，九十度转向直奔布恩迪亚家，从紧闭的大门下面潜入，紧贴墙边穿过客厅以免弄脏地毯，经过另一个房间，划出一道大弧线绕开餐桌，沿秋海棠长廊继续前行，无声无息地从正给奥雷里亚诺·何塞上算术课的阿玛兰妲的椅子下经过而没被察觉，钻进谷仓，最后出现在厨房，乌尔苏拉在那里正准备打上三十六个鸡蛋做面包。

然后是乌尔苏拉沿着血流溯源而上，来到她的大儿子何塞·阿尔卡蒂奥的卧室。她险些被火药燃烧的气味呛死，但又没有发现他身上有任何伤口，也没找到凶器何在，而血已不再从他右耳流出。

第一次接触魔幻现实主义文学作品的读者，在读到这段文字时，绝对是不明所以，然后震惊万分，也会像中国第一位诺贝尔文学奖得主莫言先生一样拍案而起："原来小说还可以这样写！"

拍案叫绝之余，静下心来思索，为什么要这样写，是要表达什么意思。

这样魔幻的写法，肯定是受到拉丁美洲广大山区农村封建迷信思想的侵袭。我们所做的每一件事情，一定会有人知晓。何塞·阿尔卡蒂奥只是想通过遗书或者其他别的方式告诉妈妈，他死了。

大儿子到底是怎样死的，书中没有明确说明，但从字里行间，可以看出，肯定是受枪伤而死，因为有浓烈的火药燃烧的气味，而且血是从他的右耳流出，意即指是用手枪对着太阳穴开了一枪。乌尔苏拉没有发现大儿子身上有任何伤口，说明妈妈悲痛万分不忍卒视，另外也暗示了乌尔苏拉后来将会双眼失明。现场找不到凶器，说明是他的妻子丽贝卡藏起来了。他的妻子是不是凶手，有没有参与这起谋杀事件，书中没有明确说明，只是说了这样一句话：

谁也想不出丽贝卡会有什么动机谋杀令她幸福的男人，这也许是马孔多唯一从未解开的谜团。

综合分析，第二代长子的死应该是自杀，但绝对与他和妻子丽贝卡的争吵有关。所以丽贝卡从此以后，一直足不出户，孤独终老在这个房子里，每当她心烦意乱或者紧张烦闷之际，就会抠下墙上的土皮来吃。在她死的时候，那所房子已经破败得无可挽救，墙皮刚抹好就会纷纷脱落，刷上再厚的灰浆也无济于事。

做过的错事无论怎样隐藏都没有用。家族的毁灭就这样埋下了一颗种子。这样一理解，魔幻与现实就建立了一种关系。

类似的魔幻描写场景还有很多，再举两例。

书中写第四代布恩迪亚家族的媳妇费尔南达感觉家中到处都是鬼怪精灵，日常用具以及各样物品，仿佛都有了自由移动的能力。明明放在床上的剪刀，结果在厨房的隔板上被找到。装餐具的抽屉里摆放整齐的叉子不翼而飞，直到她在祭坛上找到六把，在洗衣盆里也找到三把。一向都习惯放在右手边的墨水瓶却经常在她给梦中的医生情人写信时跑到了左手边，吸墨垫也会突然消失，两天后在枕头下现身。

这一切都只是在说明，布恩迪亚家族第四代的女当家人费尔南达，也就是奥雷里亚诺第二的法定妻子，由于某种不堪的原因，出现了极重的心理负担，以至于她做事情丢三落四，心神不宁。就在这位情绪急躁心绪不宁的女当家人的主持下，家族的抉择一再出现重大失误，最后只能走向没落毁灭的结局。

第四代奥雷里亚诺第二与他的情妇佩特拉·科特斯在一起的时候，他家的母马一胎生三驹，他家的母鸡一天下两次蛋，他家的猪飞速长膘。没人能解释这种荒唐的繁殖力，只能归结为魔法。这说明了在善良的佩特拉·科特斯的勤劳持家下，这个家族本来是可以快速积累财富更加兴旺发达的，但第四代女当家人费尔南达可能是由于妒火攻心，也可能是由于权力欲强，最后收回家族管理的权力。但她又让自己沉迷于与外人的精神恋爱不能自拔。

一个家族就这样不可避免地走向没落与毁灭。在奥雷里亚诺第二死后，他的法定妻子费尔南达丧失了生活来源，佩特拉·科特斯假借别人之名，每周送一筐食物给她。善良的佩特拉想要通过持之以恒的善行，来羞辱那曾羞辱过自己的人。

第四代的美人儿蕾梅黛丝美丽单纯，不食人间烟火。后来一天，这位绝世美女神奇地飘上天空，告别尘世。这种魔幻的表达，也只是在说明，在作家马尔克斯的意象里，真正的美好不融于当时肮脏的世间，只能飘上天空，升入天堂。在那里，没有自私与贪婪，没有权力与兽欲，没有谎言与欺骗，没有残暴与独裁。那是我们不由自主来到人世间的每一个人最后向往的美丽地方。

像这种魔幻式的表述，原著里还有很多很多，但只要这样去理解，想大致弄明白作家要表达的主旨，是没有大问题的。

二、现实

《百年孤独》用魔幻的手法表达现实的感受，是一篇拉丁美洲文学的代表作。这本书在1967年出版，在1982年荣获诺贝尔文学奖。这本书除了用魔幻的表达手法反映现实之外，也有很多用现实手法反映生活的语句。

书中有这么一段：

作为自由党人的核心骨干，发动了三十二场起义均以失败告终的第二代奥雷里亚诺·布恩迪亚上校越来越与世不争、归于平凡。一天，他得到一个消息，保守党政府获得了自由党人的支持，正在修改历书，使每任总统可以在任一百年。

只要控制了脱离人民大众的精英议员们，历书可以修改，被选举出来的总统没有任期限制，可以连续当选一百年。权力就这样被合法地玩弄。

陷入绝望与孤独的曾经的挑战者奥雷里亚诺·布恩迪亚上校，只好把自己一个人关在屋子里，将金币熔化制作成小金鱼，让孩子们把小金鱼拿到镇上卖掉换成金币，再把金币熔化后制成小金鱼。就这样，日复一日，周而复始。社会现实中，百分之九十的人都在随波逐流或者群情激奋。剩下那百分之十的人是愿意像年轻时的奥雷里亚诺·布恩迪亚上校那样，不甘失败、努力抗争，还是像晚年的上校那样遁入空门，制作小金鱼呢？

历史会给出答案，但不是现在。未来正在凝望，但没有表态。

书中第五代的长女梅梅与自己的心上人巴比伦第一次紧张而又激动地互相抓住对方的手时，发现双方的手都同样的冰凉汗湿。有一位脱口秀节目主持人曾经写过："世间不值得，但你值得。于是我们相爱，手心湿得像海。"但这段爱情不被她的母亲认可，最后他们被拆散。梅梅被送到了远方母亲家的修道院孤独终老，至死没再开口说过一句话。

这样的情节与现实生活是多么的相似。

高兴时，我的眼睛很大，可以容得下高山，可以容得下大海，可以容得下爱人的无处不在。悲伤时，我的眼睛很小，连两行眼泪都装不下。

还有，书中对于第一代家族的女主人去世埋葬有这么一段描写：

乌尔苏拉死的时候，大约是一百二十多岁。她被放进一口比篮子略大的小棺材里，只有很少的人出席葬礼，一方面是因为记得她的人已经不多，另一方面因为那天中午极其炎热，连飞鸟都昏头昏脑像霰弹一般纷纷撞向墙壁。

一个人再高寿，也会去世。一个人再伟大，也会被埋葬。

大卫·伊格曼在《生命的清单》一书中，对死亡有这样的解读：

人的一生有三次死亡。第一次死亡，是医学上认证的死亡，呼吸跟心跳都停止，这个时候，你会被医院宣告已经死去。第二次死亡，是在你的葬礼上。当你生前的那些亲朋好友神情肃穆，甚至是泣不成声的时候，这时，你的存在，会被干干净净地从这个社会上，从你生前各种复杂的人际关系里抹去。第三次死亡，也是最后一次死亡，听起来有些伤感，当这个世界上还记着你的最后一个人离开人世，抑或把你完全地遗忘，那么也就代表着你真的彻底地离去了。

当一个人不再被大家想起的时候，他也就是已经死在人们的记忆中了。当一个人不再被大家提及的时候，他也就是已经消失在这个社会生活中了。

书中有一段叙述非常好笑，与当今社会的某些现象如出一辙。第五代的长女梅梅邀请了72名女同学到家里住宿玩耍。由于家里的厕所蹲位有限，这么多女同学睡前如厕乱成一团，直到午夜一点还有人没有轮到。梅梅的母亲，也就是家族的当家人费尔南达想出了一个办法，买来了72个便盆，分别发放给每一个女同学，这样一下子就解决了睡前如厕的难题。但新的问题又出现了，每天一清早，这些女同学还是要在厕所门前排起长队，每人手持自己的便盆等着刷洗。

现实生活中，不是也有此类治标不治本，只看现象不问本质的情况吗？请问，是小说里的故事太过现实，还是生活中的情形太过荒诞？看到这里，你还能说《百年孤独》只有魔幻没有现实吗？

费尔南达虽然管理能力低下，但她对子女的关心与爱护却是真心真挚的。书中这样写着：

她的小女儿阿玛兰妲·乌尔苏拉要去欧洲留学。在临走前,费尔南达为女儿缝制了一条藏钱的帆布腰带,教她怎样贴身使用,睡觉时也不必摘下;再三叮嘱坐轮船时要安全行走不要落入海里;任何时候,都不要和同行的修女们分开;旅程中遇到陌生人无论男女提问题都不要回答。

看到此处就会发现,这不就是我们自己爱唠叨的母亲吗?孩子不管长多大,在她眼里,总是不放心。当女儿乘坐的火车加速离开时,妈妈跟着火车奔跑,实在跑不动了,就站在烈日下一动不动,直到火车变作地平线上的黑点。

如此的亲情流露是多么写实啊。作为家族的管理者,她很无能,但作为母亲,她又是这样的温情脉脉。这就是我们的现实,这就是我们的生活。

三、主义

《百年孤独》中,没有什么绝对的主角,如果说某个人物特别受读者喜爱的话,那就是第二代的奥雷里亚诺·布恩迪亚上校。他有自己的理想与目标,他有自己的坚定与执着,他有自己的主义与信仰。

他参加过三十二场战争,却无一胜利。他自杀过一次,但没有成功。他还逃脱过一次死刑执行。书籍开篇第一句话,非常有名:"多年以后,面对行刑队,奥雷里亚诺·布恩迪亚上校将会回想起父亲带他去见识冰块的那个遥远的下午。"

这句话之所以有名,有两个原因。一是因为大多数人读这本书时都读不下去,读了几页就会被混乱的人物名字折磨劝退,到头来只记住了开篇的第一句。另外一个原因是,此次行刑的结果勾起了广大读者的强烈兴趣。原来在即将行刑的时候,他的哥哥何塞·阿尔卡迪奥拿着猎枪制服了行刑的指挥者以及六个士兵。并且行刑的指挥者卡尔尼塞罗上尉还带着这六个士兵跟奥雷里亚诺·布恩迪亚上校一起去参加革命了。

是什么能让死刑执行发生这么大的偏转?仅仅是他的哥哥拿着一支猎枪威胁了行刑队的成员吗?绝对不是!一定是奥雷里亚诺·布恩迪亚上校对行

刑队成员宣讲了他所信奉与追求的革命主义和自由信仰。

战争年月里，那些先辈领袖和仁人志士，不管面对多大的困难，不管跟随他们的受众有多么少，他们始终坚信革命一定会取得胜利，国家一定会在东方雄起。不管走到哪里，他们总是像播种机一样，一直传播进步的思想和公平正义。

上校对自由的向往，采用了一种荒诞的表达方式。马孔多小镇上新来的官员发布了一条法令，要求所有的房屋都要漆成蓝色。可上校对这位官员说，他们建起村镇，并不是为了让随便哪个外来人到此发号施令，如果您是来制造混乱，强迫大家把房子漆成蓝色，那么您可以收拾家什，从哪儿来回到哪儿去，因为我的家一定要像鸽子一样雪白。当官员带着六名武装士兵来威胁时，上校依然义正词严地说："各家的房子想漆成什么颜色就漆成什么颜色，武装的士兵立刻离开，我们负责维持秩序。"就这样，经过了强力争取，上校住进了雪白如鸽子的新家里。

自由的果实，从来都不是上层管理者的赏赐给予，而是经过数不清的英勇者反复努力地争取甚至流血牺牲的战斗得来的。

上校领导的最后一次战争虽然失败了，但他与保守派政府签订了尼兰迪亚和平协定，从而给人民带来了暂时的和平。由于这一功绩，上校成了名义上的开国元勋。但上校无法容忍政府官员们的厚颜无耻，他下令不许他们打扰，坚称自己只是个没有回忆、只想制作小金鱼清贫度日劳累而死的手工匠人，剩下的唯一梦想就是被人遗忘。当共和国总统要来马孔多小镇为他亲自授勋时，他派人一字不差地传话给总统，说自己非常期待这个迟到的机会，好给他在战争时由于运气太好而没有挨上的一枪。

就是这么富于战斗精神，就是这么追求自由信仰。当社会上更多的人选择精致的利己主义时，当更多的人面对强权曲意迎合时，当更多的人从不独立思考只是人云亦云时，奥雷里亚诺·布恩迪亚上校的这种永不妥协追求自由的精神，让我们多少七尺男儿羞涩赧颜。

在新型冠状病毒肺炎肆虐武汉的时候，最早的一批吹哨人中有一位感染病毒的医生李文亮，他在临去世前写道："一个健康的社会，不能只有一种声音。"

马克·吐温曾说:"人类从历史中吸取的唯一教训,就是人类从来不从历史中吸取任何教训。"如果真的是这样,有可能生活在这片土地上的民族,还要在孤独中行走百年。

回到《百年孤独》,小说中有一个情节,闪耀着重诺守信的人性光辉。第一代的女主人乌尔苏拉承诺替三个陌生人保管三袋金币直到雨季结束。连续下了四年十一个月零两天的雨季结束后,那三个陌生人一直都没有现身。但乌尔苏拉不管生活是多么的艰难困苦,始终没有挪用这笔金币。当她老得将要走不动时,她还四处向外乡人打听,问他们有谁曾寄存过三帆布袋的金币在她这里。在她即将去世身体陷入谵妄状态时,贪心的第四代奥雷里亚诺第二找来一个酒肉朋友假冒财宝的主人,乌尔苏拉清醒过来,细细追究,步步设陷,盘问得那位酒肉朋友很快露出破绽败下阵来。

如果她的后代子孙继续这样守信重诺,这个家族怎么可能会陷入毁灭。

四、文学

"文学"这个关键词,就像书中的大美女蕾梅黛丝一样,清纯绝美,让俗世凡人只可远观,不敢近赏。1982年,当加西亚·马尔克斯凭借《百年孤独》一书获得诺贝尔文学奖时,所有的评委以及当时所有的作家和评论家,没有一个人提出异议。而在其他年份,不管是哪位作家获得奖项,总会有一些人提出质疑,甚至怀疑内定。

文学就像领带一样,不管是显赫一方的富商权贵,还是学富五车的博雅高士,或者刚刚摆脱温饱的穷酸小子,总喜欢在某些需要展示光辉形象的社交场合系上,以显自己庄严郑重彬彬有礼。但是,当回到家,或者觉得领带不能让自己很好地呼吸时,就会立马解下束之高阁。

自惭形秽,我不喜欢系领带,自知才浅,不敢谈论文学。但还是忍不住从书中的各个角落里,摘录了一些振聋发聩、直指人心的文字。

1.只要没有死人埋在地下,你就不属于这个地方。(解读:一个地方不管你生活了多久，如果没有爱着你而且你也爱着的人去世并埋入地下，这个地方就不能称之为故乡。）

2.幸福晚年的秘诀，不过是与孤独签下不失尊严的协定罢了。

3.辛苦多年忍受折磨好不容易赢得的孤独特权，绝不肯用来换取一个被虚假迷人的怜悯打扰的晚年。

4.想要征服美人儿蕾梅黛丝乃至祛除她带来的危险，只需要一种最自然最简单，被称为"爱"的情感。如果不能拥有美好的事物，那一定是因为没有爱的能力。

5.跟伤害过你但曾经又是你最好的朋友和好吧，因为一分钟的和好抵得过一辈子的友谊。

6.一个人既然除了吃饭再无事可做，那么将时光分为年月、将日子分为钟点都终归是徒劳。

7.家族的历史不过是无可改变的重复，若不是命运的车轴在进程中必不可免地磨损，这旋转的车轮将永远滚动下去。

8.对于还不懂爱的人来说，过去都是假的，回忆没有归路，春天总是一去不返，最疯狂执著的爱情也终究是过眼云烟。

9.车窗外瞬间闪过的世间万象，仿佛将一首飞逝的长诗撕成碎片向着遗忘之乡一路抛洒。

10.等到人类坐一等车厢而文学手稿只能挤货运车厢的那一天，这个世界也就完蛋了。

人是世界上最复杂的生物，奉献与自私，高尚和卑劣，温柔和残暴，总是在不同的个体身上轮回出现。我们只期待，在每一次的轮回显现里，懂得爱的人会更多一点。

最后，以书中的这句话，作为本篇读书感的结语：

亲爱的朋友远别时，我们总是举手挥舞，不是为了告别而是盼望再见。

第四节 阅读的力量

多年以后，面对"书香校园"的荣誉牌匾，华附初中部的老师们将会想起李校长把他自己最为推崇的教育名家李镇西老师的著作——《给教师的建议》分发给大家阅读的那个遥远的下午。

那是学校创办的第一年，初中部共二十八位老师，十个班级四百零六个学生。从这一大群人聚集在一起的第一天开始，李校长就将他个人顽固认为的不断提升思维与见识的三大绝密武器之一的阅读，用启发式、奖励式抑或命令式的方式，强力施加在初中部这些师生身上，并且还得陇望蜀地想着，希望学校的每一位老师甚至每一个学生，都能通过阅读找到精神上的慰藉。

从此以后，在李校长的强烈要求下，学校董事会反反复复组织各级部门领导，研讨了二十多次，终于决定拿出一万七千三百六十一元，在教学楼二楼的一个公共空间打造了一个开放式书架。每个孩子存放两本书的倡议发出后，在两周又三天零四个半小时的时间里，这个开放式书架放满了各种各样的书籍。据李校长自己讲述，书架上的每一本书，他仅仅浏览了一下封面，就凭着他自己的阅读经验，找出了十七本内容不太适合学生阅读的书籍。这十七本书籍的去处，有说他根据每本书籍扉页上留下的班级与姓名，交还给了书籍所有者，并再三叮嘱学生永远不要再拿到学校；有说是被他丢入了垃圾筒里，后来被收垃圾的清洁工阿姨将这些书籍与垃圾一起，运到了远离学校八十三点七五公里以外的垃圾焚烧场；还有说是他认为不应该额外干扰垃圾焚烧场的工作，应该由他自己放在校长办公室里点火焚烧。有几个每到深夜都要上厕所的男同学，曾不约而同地看到李校长有一段时间每天都要在办公室里工作到午夜一点钟。他们曾私下里猜测，是不是只有在那个时候，李校长才在办公室里烧毁这些命运多舛的书籍呢。但是，当这些同学第二天走进李校长办公室里，借着问高难度数学题的机会，到处东看看，西瞅瞅，就是找不到一点儿曾烧过书籍的痕迹，就连纸张燃烧过的气味也闻不到。

不管怎样，师生们喜欢阅读的氛围，在这个美丽的华附校园里建立起来了。就算是在应试教育氛围最为浓烈的五六月份，每周日下午早到的学生，回到教室里刚一坐下，也和坐在讲台前的班主任老师一样，拿出一本自己喜爱的书读起来。有一个同学曾跑到李校长的办公室反映，据他连续观察统计了七个周的周日下午同学们的阅读情况，发现有24.48%的同学在此段时间里拿着一本书阅读是在装模作样。但仍有大部分学生通过各种途径表达了他们非常喜欢这种阅读的氛围。在学校开办的第二年，据参加首届"我爱阅读，沉迷书香"读书分享活动的二十二个同学反馈，他们在这样的阅读中不断吸取知识，与高尚的人对话，提升自己的境界，收获非常大。有一个同学说，自己曾经到过意大利，围绕着罗马的斗兽场转过好几圈，可她的妈妈明确告诉老师，她家里较为贫困不可能买得起机票。还有一位同学说，自己曾在某个周日的下午，发现书包里有一个月光宝盒，他试着打开后，居然回到了两千年前的春秋时代，若不是老师们拿着自己非常讨厌但又不敢拒绝的周测试卷，他还准备跟孔子一起去拜老子为师呢。在这二十二个同学里，901班的岑宝儿同学喜欢读法国作家雨果的《巴黎圣母院》，她在面对初中部一千零一十六名师生的读书分享比赛里，对书中的卡西莫多赞扬有加，美与丑的对比、善与恶的较量，硬是让岑宝儿同学在四分十一秒的脱稿演讲中完美阐述，下面在座的全体师生，每个人都是在自己的手掌变得通红后，仍然在献出他们最热烈的掌声。

那位爱好统计的同学，递了一张小纸条给李校长，纸条上这样写着："阅读，真的可以使人进步；阅读，真的可以使人发光。我将改变自己的看法，自永远至永远，不再轻视阅读的力量。"

第五节　另一种角度解读电影《你好，李焕英》

最近，电影《你好，李焕英》挺火的。我和家人一起去影院看了这部电影。

贾玲式的幽默与煽情，不刻意搞笑但又让人忍俊不禁，情节离奇感人而又教育意蕴丰富。看完电影后，从以下五个方面，谈一下自己对这部电影的理解。

一、这是一部反映现实竞争压力的电影

2001年的中国社会，同事间存在着较重的攀比心理。同样一所大学院校，成人教育本科的文凭似乎就是赶不上全日制学历；在国外学习工作的留洋者就是比在国内工作的职员高人一等；朋友之间的纯真友谊非要用红包来表达证明。电影开篇里的这些情节，都在暗示社会竞争的无处不在和森严残酷。所以，电影里一开始就营造着一种要给妈妈争气，要让妈妈高兴的氛围。

二、这是一部女儿希望重新来过，让妈妈高兴的穿越电影

妈妈突遭车祸，在病床前，贾玲竟穿越回到了20年前。与年轻时的妈妈相遇的贾玲为了让妈妈高兴，用自己的机智聪明帮妈妈买到厂子里的第一台电视机；为了让妈妈高兴，硬是让妈妈和一帮打排球能力并不出众的工友组队比赛，希望能碰上一件大好事；为了让妈妈高兴，几次三番制造机会，让年轻时的妈妈与厂长的儿子独处恋爱。这一切，都是贾玲作为女儿，意识到自己碌碌无为，没有让妈妈过上开心日子的愧歉。而现在，一切可以重来，能让妈妈高兴快乐，作为女儿，无论付出什么样的努力，都是愿意的呀。

女儿对妈妈的爱是深沉的，是无私的。

三、这是母女两人的一次臆想，是互相救赎的真情电影

穿越题材，在当今的影视剧里挺多见的，但这毕竟不符合科学原理。从电影里的很多细节中，可以发现这部电影并没有穿越，而是双方的一次臆想。当妈妈发现贾玲文凭作假时，心里是不开心的，但她掩饰着。当妈妈与女儿只能骑着一辆自行车回家时，妈妈曾说过："孩子你什么时候能够为妈妈争口气呀。"女儿也在心里想着暗暗努力，但实力与机遇都还未到。在遭遇车祸妈妈生命弥留之际，女儿悔悟想回到妈妈的过去，做一些让妈妈高兴的事情，来弥补不争气的女儿的愧疚与歉意。作为妈妈，在对女儿的教育过程中，肯定也有拿女儿与别人家的孩子比较的懊恼。弥留之际，妈妈也在悔悟，想与女儿一起回到过去，与女儿共同演一场互相弥补、彼此成全的剧情。

电影快结束时有一个镜头，妈妈看到玻璃上自己的影子，发现自己回到了20年前年轻美丽时的样子，女儿却仍然是20年后的不知懂事为何物的傻大个。当女儿从天空坠落即将落地时，妈妈用自己柔弱的身躯，垫在女儿的身下，救护孩子的生命。女子本柔弱，为母则刚强。

从电影剧情的一些细节里还可以看出，妈妈其实早就知道女儿是来成全自己，让自己有一个高兴、温馨的记忆与经历的。于是，他们双方看破不说破，视彼此为姐妹。互相救赎，彼此成全。

四、这是一部母女双方纠错，选择更好教育实践的电影

凡是生活，皆有缺憾。母亲逝去之际，与女儿的灵魂相约，回到20年前的过去。只不过，妈妈是年轻美丽时的模样，女儿是成熟醒悟时的心理。

于是我们看到了最美好的教育方式：

妈妈说，我不去管孩子是否功成名就，我只要她健康快乐就好。

孩子说，我要通过自己最大限度的努力，让妈妈尽可能多地绽放笑脸。

妈妈明知道自己组的排球队不可能战胜王琴率领的队伍，但仍然给女儿希望与力量。妈妈在自己明明有恋人的情况下，为了让女儿快乐，抽出时间与厂长的儿子进行没有任何亲密接触的拍拖。

女儿明知道年轻的妈妈与厂长的儿子不可能走在一起，但为了让妈妈开心，不断撮合他们。大智若愚的妈妈却装着不知道的样子努力配合着。如果仔细究查，爸爸为了让女儿健康快乐，也在努力配合孩子潜意识里最美好的教育剧本。

爸爸妈妈对孩子的爱更加深沉，更加伟大。

五、这是一部个人努力奋斗，有所成就后缅怀过去的电影

妈妈曾问过女儿，什么时候也能争口气呀，什么时候也能有所成就呀。当妈妈去世时，没有看到女儿的成功。但女儿肯定是在以后的某一个时刻，幡然醒悟奋发努力了。在电影的最后，女儿开上了价值昂贵的敞篷跑车，只是你已不在身边。

儿有成却母不见，子欲养而亲不在。生活中的这种缺憾，总是一次又一次地上演着。所以，孩子们，让自己努力学习，让自己表现优秀，让自己早日长大，让自己及时顿悟，这是我们每个孩子需要时刻思考领悟的。

无论是电影里的贾玲，还是生活中的贾玲，都经过了数不清的挫折奋起和努力前行，终于取得了一定的成就。此时，向过去不懂事的经历告别，向过去不成熟的自己挥手，虽有遗憾，但已成长。

看完电影回家的途中，妈妈坐在车里说，回到小时候，真是想不到孩子们会有一天买得起汽车。是的，在我小时候，也从没有想到自己有一天能开上汽车。要相信孩子的力量，相信成长的力量，因为一代又一代的孩子们是随着国家这个大集体，一起高速发展的。始终相信国家会越来越强，始终相信孩子们会越来越棒。

第六节 由电影《九品芝麻官》所想到的

周星驰主演的电影《九品芝麻官》已有好多年头了，可每次看，都还是忍不住捧腹大笑，倍觉轻松。近日，在央视电影频道又看到了这部电影，觉得搞笑之余，有一个镜头却引人深思。

周星驰主演的包龙星同学被皇上任命为八府巡按，会同地方上的三位大员重审犯人戚秦氏一家十三口的灭门惨案。会审进行到关键时刻，犯人戚秦氏却有小产迹象。一位地方大员置之不理，坚持对孕妇用刑，逼其招供，并且还让公堂之上的四位大人现场表决。尽管包龙星同学立即反对，但三比一的比例却让反对无效。就在用刑即将开始之时，包龙星同学跳上案桌，大声喊道："不对，若要表决，当是公堂之上的所有人一起表决。同意犯妇戚秦氏立即生小孩的举手！"在他的带领下，旁听席上的老百姓一个个地举起了手，最后，连大反派李公公带来的众多贴身侍卫也都缓缓而又坚定地举起了手。"让她生，让她生"的呼喊声响彻庭审大堂。

影片看罢，掩卷沉思，电影中的一些情节耐人寻味。

1.真理并不都是掌握在高层统治官员手里的，更多时候是掌握在广大人民群众手中。一个孕妇，即将临产，却还要严刑逼供，这种没有人性的做法是由少数官员私下密谋后决定的，特别是当那些官员由于种种私利而良心蒙蔽的时候。在决断社会生活中的各种民生问题时，是取决于位高权重的各级官吏，还是与之息息相关的人民群众，我相信，影片已经给出了最好的回答。

2.朝廷的带刀侍卫的表态极其重要。影片中参与旁听的老百姓喊出"让她生"的口号后，三位地方大员丝毫不放在眼里，但当李公公带来的带刀侍卫出现哗变时，他们一下子紧张起来。带刀侍卫归属谁，谁就变得强大。因此，对他们的控制和规范就是各个国家的领导层都在苦苦思索的重要问题，是让他们隶属于某个人，成为其私人武装，还是让他们真正属于国家，成为人民的保护神，就基本上能判断出这个国家的国体和政体了。

时隔多年，电影《九品芝麻官》中的这句台词仍然振聋发聩："若要表决，当是公堂之上的所有人一起表决。"民意、民心才是根本。

第七节　时间与永恒

《非诚勿扰》的1号女嘉宾常小娟终于牵手成功了，而且，那个男嘉宾就是冲她而来的。那一刻，被感动的除了小娟和现场的观众朋友外，还有观看视频的我。

常小娟在来到《非诚勿扰》之前从没有谈过恋爱，再加上自身条件的原因，她一度很自卑。每一个男嘉宾到来，她几乎都没有主动去灭灯，但总是被男嘉宾一次次地拒绝，以至于被主持人郭德纲调侃为"常明灯"。今天，她等到了，尽管等了将近三个月，但她终于等到了。一个善良、真诚与乐观的女孩，如果给她足够的时间，她一定会等到那个钟情于她而且她也心仪的男孩的。更何况，这个女孩还有着如下优点：善良、真诚、勤劳、乐观。

特邀女嘉宾黄涵老师给予了美好的祝福。她用了舒婷的一句诗："与其在悬崖上展览千年，不如在爱人的肩头痛哭一晚。"黄老师的发言总是那么应时和精彩。想一想两年前，黄老师刚到《非诚勿扰》时，表现得还很青涩，一段时间后，黄老师的表现越来越出彩。一个好的主持人，当她暂时表现得不尽如人意时，请给她足够的时间，她一定会发挥优势，让所有人震惊的。更何况，这个主持人是那么的亲切、优雅、博学、从容。

最近，儿子要参加小升初考试了，但他的作文水平很差，妻子就要我给他修改。我读小学时也是最不喜欢作文的，就是现在，想写点什么也总是腹中空空，提笔忘词。我只得硬着头皮给他改了起来。没想到的是，儿子的老师说我改的作文非常好，还让儿子在班级里当范文读呢。我想明白了，可能是经过近三十年的漫长等待后，我总算具有小学生的顶尖作文水平了。这足够长的时间虽然让人等得焦心，但它总算还是来了。

　　我班上的一些孩子学习数学很吃力，一个负数加上一个正数还经常在符号上出错，遇到分式的混合运算更是错误百出。他们经常把一些知识点搞混，尽管一次又一次地讲解更正，但过不了多久，又会出现错误。我想，可能是他们的时间未到，也许要到多年以后，他们才会具有初中生的思维水平吧，但愿这一天早日到来。

　　近日，我随意翻开最喜欢的一本书《基督山伯爵》，里面有一段精彩的对话。当伯爵先生准备第二天要杀死仇敌和旧情人生的儿子时，旧情人找到了他，基督山先生说："圣经有言，父亲作的恶，将报应在子女身上，甚至要第三代、第四代来偿还，既然上帝授意先知这样写，我为什么要为您的儿子破例呢？"他的旧情人答道："那是因为上帝拥有时间和永恒，而我们人类却没有这两样东西啊。"一瞬间，伯爵先生被感动了。为什么上帝无所不知，无所不晓，那是因为上帝拥有足够的时间，足够到永恒的程度。什么人生感悟，什么知识难点，他统统了然于胸啊。

　　当玫瑰还没有盛开时，请给它时间，它有一天会惊艳绽放的；当孩子经常做错数学题时，请给他时间，他会豁然开朗的；当我们工作不顺时，请给自己足够的时间，相信终有一天会拨云见日的；当觉得社会现实不尽如人意时，请也给它足够的时间，它会慢慢满足我们的期望与愿景的。

第八节　品随性率真，祈纯净美好

——读许丽芬老师著作《做一个纯粹的教师》有感

　　许丽芬老师是一位坚守教育理想，极富教育情怀的优秀小学教师，她结合自己的教学工作与生活，出版了一本著作——《做一个纯粹的教师》。

　　读完这本书的很长一段时间里，我都沉浸在许老师营造的单纯美好的教育意境中。掩卷沉思，头脑中反复浮现的是许丽芬老师的随性率真和纯净美好。

一、随性

我们在生活中总幻想能随意张扬自己的性情，展露自己的好恶。但复杂的生活和挫折一再用残酷的事实告诫我们，不行啊，每个人都是在社会生活这张网里的一个小小的绳结，牵一发而动全身。有人的地方就有江湖，有江湖的地方就有恩怨，有恩怨的地方就有是非，有是非的地方，怎么可能随性？

但许丽芬老师在自己工作的这所小学里，在和一群纯真无瑕的小学生的相处中，拥有了令我们成年人艳羡的随性。许老师在书中说："我在生活中的唯美表达总是与我日常生活中的唯美行为是一致的。"许老师对此作出了最好的诠释："要打开学生思维的大门，就要给他们一个可以漫无边际地涂抹的空间，让他们在那里能够任性自如地'胡说八道'。"

在每天琐碎的教学过程中，许老师也遇到过让人烦心的后进生。她在书中说："遇到特别让人生气的熊孩子，我真气呀，恨不能眼睛一闭就能'夹'死他。但咬着牙，把升到喉咙的火焰吞到肚子里。我不会轻易罚他，因为怕罚出问题来；我也不想随便找他，怕说不到点子上。我只能在一旁远远地观察他，思考着如何教育他。"许老师追求随性，但随性的包装里，却是责任的内核。正是这一份责任内核，把她从芸芸众师中拔高出来。所以，许老师在文中说："我们投注于世间的爱正在视线以外的地方，进行着一本万利的经营。"

二、率真

让我们再一起来品读书中的这些文字：

带着孩子们去徒步爬山，让孩子们既能欣赏山花野草，又能感受山风吹拂。站在山上看一看更远的地方，要不平时哪里会有眺望时的遐想呢？视野与胸襟怎样才能开阔呢？

我相信教育最有力的武器，是在理性的教导引领和长期的耳濡目染之后对人的"信任"，而不是"约束"或者"管制"。

真诚与直率扑面而来。

教育本来就是一种简单的行为。只需要在孩子们需要开阔视野时带着他们去徒步；在孩子们需要打开胸襟时带他们去爬山。孩子开心成长之外，更能增加孩子对老师的信任。所以，许老师在带领孩子们进行了一次又一次的快乐活动之后，在书中写道："学生的信任是对我最大的奖赏。"

坦率与真诚，率直与真心，是许老师能够在学生中得到最大奖赏的根本原因。

许老师在书中还写道："教育中，我们的孩子，没有差生。我尽可能地让每个人都保持对知识的追求，但不希望每个人都能获得最大量的知识。我要坚守的是，每个人都能获得良好的教育，即获得爱、尊重、平等以及感受存在的尊贵。"

有这样率真的老师，是学生之福。如果有这样一群率真的教育工作者，将会是教育之福。

三、纯净

教育是一份纯净的职业，需要一群内心纯净的人来捍卫。

许老师在书中说："接手一个新班，从不去看孩子们以前的报告册。我似乎有意让自己对孩子们的过往一无所知，我希望每一个学生在我面前都是没有受过羞辱的纯净之子。我相信孩子们的善，相信尊重事实是对待纯净之子的最佳方式。我不是在管理班级，而是在梳理心灵，我要梳理出一种温和的、恰当的、属于孩子们的秩序。"

读到这段话时，不禁想起自己的一段经历。

今年的教师节清晨，我起床后向操场走去，准备巡查同学们跑操。

学校工作人员递给我一枝鲜花和一张贺卡。鲜花与贺卡没地方放，就直接拿在手里。但一个大老爷们，手持鲜花在校园里转悠，总觉得有点不好意思。所以就在操场找了一位男同学，让他帮我把鲜花与卡片送到办公室。几分钟后，男同学跑回来了，手里仍然拿着那支鲜花与贺卡。我当时想责怪他办事儿一点儿也不靠谱，连个花都放不好。男同学对我说，办公室门锁着打不开，准备放在门口地上的，但发现地上有很多灰尘，窗台上也有，怕把鲜花弄脏了，又拿下来给我。

这位同学纯净的心灵触动了我。之后，我拿着鲜花与贺卡在全校学生面前巡查了一圈又一圈，没有一个同学用异样的目光看我这个大老爷们手里拿的鲜花。

看了许老师的书之后，我领悟到自己需要向许老师学习，向孩子们学习，学习他们内心深处的那一片纯净。

在许老师的带领和影响下，她班里的孩子们，思想与心灵也晶莹无比。有一次，许老师送给一个贫困孩子一件衬衫，可这个孩子藏在箱底舍不得穿。几年后当再拿出来穿时，衣服却短了。许老师感叹："遗憾竟然是源于珍藏。"

四、美好

世界上所有的词语里，"美好"是最动人的词语。

学习时，我们希望遇到美好的氛围；工作时，我们希望置身于美好的环境；生活中，我们希望拥有美好的心情；离别时，我们希望保存美好的记忆。

临近教师节，许老师让学生列一张"爱心清单"，罗列教过自己的老师曾经给过的点滴关爱，并且鼓励说，写得越多的人代表着他越富有。就这样一个小举动，怀念、追忆、关爱、鼓励、和谐、富有，等等，所有这些美好的词语，和"美好"本身一起，被珍藏在每一个孩子温馨的记忆里。

开学的第一天，许老师会表扬每一个孩子。她始终相信每一个孩子都天生带有一颗向善的心。作为教师要做的就是珍视他，我们以善对善，让善更善。真诚，只能靠真诚去赢得；善良，只能靠善良去感染；美好，只能靠美好去示范。

许老师在书中说："给每个孩子写期末评语时，我都心怀妄想希望每一段文字都能够给他们增添一丝美好的记忆。我总是以自己的想象去猜度孩子们喜欢的美好，但我的想象有限，祝福的美好却是无边。所以，我每次书写期末评语时，要么不敢动笔，要么就挖空心思地变换花样，仿佛在为每一个圣洁的新娘量身定做一生的嫁衣。"

用为女儿做嫁衣的心态，去为孩子的健康成长倾注自己的心血，如果是这样，学生何愁不进步，教育何愁不美好。

感谢许丽芬老师为我们著述的这本倾心之作。我在阅读《做一个纯粹的教师》这本书的过程中，心绪宁静，沉静专注，品味着作者的随性率真，祈求着我们这群教育从业者们在往后的教育人生中，做一个纯粹的教师，并和孩子们一起享受纯净而又美好的教育。

第九节　用阅读驱散迷雾，凭学习照亮未来

今年寒假，在校领导的号召下，很少读教育理论书籍的我，也找了几本书认真地读了起来。我先后读了任勇的《你可以成为最好的数学教师》，李迪的《做受学生欢迎的班主任》和李镇西的《做最好的班主任》。

特别是读了李镇西老师的《做最好的班主任》后，我一下子被他的妙笔生花吸引住了，我第一次感觉到自己像一个丑女站在一个美人的面前，自惭形秽。开学后，我又买了两本李镇西老师的书《做最好的家长》《做最好的老师》认真阅读。越读，我越觉得自己做老师做得很失败。

李老师在书中说："如果遇到一个和自己有严重对立情绪的学生，老师偏要去语重心长一番，换来的很可能只是学生的无言与冷漠。在这种情况下，老师的办法只能是：等待，耐心地等待合适的时机。"

看到这一段话，我想到了2008年我的一个失败的教育案例。班级里有一个学生袁某，他脑袋很聪明，思维很活跃，但他有一个缺点，就是上课时控制不住自己，常做一些小动作，下课后喜欢欺负一些个子较小的同学，在宿舍里因为行为习惯不好多次被生活老师投诉。因为这些原因，我多次在课堂上公开批评他，以至于有一段时间，他对我有严重的对立情绪。有一天，一

位科任老师上完课，又来向我投诉他课堂上的"恶行"。我生气极了，看到下一节课是体育课，我就马上去教室，单独留下他，想对他"语重心长"教育一番。他见自己不能上最喜欢的体育课，当场对我大喊大叫，表示不满。没想到我的权威居然受到他的挑战，我就更生气了，非要把他留在教室里教育不可。面对我喋喋不休地说教，他左顾右盼，一言不发。我讲《世说新语》里周处弃恶向善的故事，企图感化他，但没想到的是他竟然毫不为之所动。最后，我偃旗息鼓，失望而归。浪费了我一节课的时间，也浪费了一个好的教育故事。当时我一直都想不通是哪里出了问题，但今天，我从李老师书上的这段话中找到了答案。

李老师在书中又说："与学生相处，有一个原则应该遵守，那就是永远不以学生为敌！即使学生对自己充满敌意，作为教师，我们也应该'浑然不觉'，以平常心待之。无论学生以怎样复杂而疑虑的眼神看我，我都以纯净的目光去打量他们。"

我又想起了自己的一段失败经历。2006年，我半途接手一个新班，这个班的前任班主任由于与学生关系处理不当等原因被"弹劾"了。领导让我去带这个班时，我还觉得很轻松，想凭着自己雷厉风行的做事风格去扭转乾坤。现在想起来，虽然当时我不再年少，但确实轻狂得可以。记得有一次，在上课的时候，我发现一位女同学张某没有认真听讲，也没有看课桌上的书本，而是低着头看桌子下面，还边看边笑。我断定，她是在看课外书。我悄悄地迂回包抄，到了她的附近，立即以迅雷不及掩耳之势，快速伸手夺去了她的课外书。她反应过来后，偷偷用方言骂了我一句。广东话我本来不懂的，但那句骂人的话我却是无师自通，当场就感觉到无法忍受，大声质问她为什么不学习还骂我。可她却说没有骂我。是可忍孰不可忍，我愤然停止了讲课，把她旁边的同学一个个地叫到教室外面调查取证。事情出乎意料，或者更准确地说，一切都在意料之中，没有一个同学证明她骂过脏话……我败了，现在想起来，我真是败得应该啊。一年后，由于种种原因，我作为班主任也被"弹劾"了。当时还觉得很委屈，现在看到李老师的这段话，我豁然开朗了。

李老师在书中还说："失败的班主任：每天天不亮就来到学校来到教室，

和学生一起做清洁卫生，看着学生早自习，然后备课、上课、批改作业，课间操、午休、自习课都陪着学生，下午放学后，还往往把学生留在教室里反复强调班主任认为应该强调的话，一直忙到天黑才拖着疲惫的身躯回到家里。这样的班主任，抓班级事务可谓巨细无遗，一天下来往往身心俱疲。他们每天都和学生在一起，可是他们却不知道学生在想什么；他们的好心还不一定能够得到孩子们的理解，相反他们的事必躬亲往往让学生觉得烦——这样的班主任冤不冤呀？"

　　天呐，这不就是在说我吗，前几年我当班主任的时候，不就是这样做的吗，可是最后，我得到了什么？我得到的是同学们的不解，我得到的是领导善意的批评，我得到的是满腹的委屈。

　　李老师书中的这句话也打动了我的心灵："有时候教师的'忍让'并不丢面子，这样做的目的是缓冲，是更深入地寻找对策。有时候以柔克刚、以退为进是更有效的选择。教师宽容学生、谅解学生，这不是一种技巧，也不是一种智慧，而是一种胸襟，一种气度，一种境界。"

　　我为自己几年前没有读到这本书而感到后悔，又为自己现在读到这本书而感到幸运。下面，我想把书中曾经在我的心灵深处最柔软的地方激起过涟漪的句子，做几段虔敬而又忠实的转录：

　　优秀的班主任，应该具备童心、爱心、责任心。

　　对于班级里的每一个人，无论是犯了错误时受到的批评，还是取得进步时获得的表扬，都不是来自我一个人的，而是全班同学的！班主任要善于把对一个学生的褒贬，变成整个学生集体对他的褒贬，要把教师的权威转化为集体的权威！

　　教育差生，除了爱心，还需要耐心。我从来没有想过通过一次震撼心灵的谈话就让差生把所有缺点改正。对于差生来讲，进步——退步——又进步——又退步，这样的反复不但是正常的，而且是任何一个人在改正缺点追求上进的过程中所必须经历的阶段。

　　……

如果可能，我还可以摘录好多书里让我茅塞顿开的句子，直到各位读者发腻为止。

任勇老师在书中说："要做一名'学者型'教师，既要'教'，又要'研'，还要'写'。'教'是'研'的前提和基础，'研'是'教'的总结和提高，而'写'是'教'和'研'的概括和升华。名师，往往是精于教学的能手，善于创作的好手，长于科研的高手。"

我不禁又想到了自己，这十几年来，我在教学方面一直是得过且过，每天满足于上好自己的几节课，批改好必须批改的作业。而任勇老师、李镇西老师，他们不仅教书教得好，而且都善于思考，勤于教研，日积月累，厚积薄发，自然而然教学质量就高。我不自觉反思起了自己，自己只做到了教，而从不去研、写，甚至连教都做得不太好，这样做一个老师，怎么能不失败呢？

任勇老师还说："在备课上多花点时间，如根上浇水；在讲课上增加学生负担，似叶上施肥。终身备课，是最高层次的备课，今天看到一个题目，也许就是明年某节课的精彩例子；今天读到一个生动的故事，也许就是后年某节课巧妙的导语。须记住：不是今天在备明天的课，而是终身在备'明天'的课。"

看到这句话，我又慢慢纠正了以前对备课的一些错误认识。

李迪老师说："当心被真诚和爱占据后，所有的教育技巧都是那样自然而富有活力，教与学也就格外成功。教师的使命在于发现、唤醒、引导。在憎恨的地方，播下爱意；在愤怒的地方，留下宽恕；在怀疑的地方，植下信念……"

李迪老师优美的文字和她真诚的心灵共同感动并吸引着学生，难怪她年年都能被评为最受学生欢迎的老师。我真的要向她学习啊。

"盛名之下无虚士"，三位教育专家的著作，让我醍醐灌顶，拨云见日。

我谢谢他们。特别是李镇西老师，他已经成了我在教学之路上要尊敬的神，我也成了他最忠实的粉丝。在以后的教学中，我还要继续读这些大师的著作，不求"会当凌绝顶，一览众山小"的霸气，但求"腹有诗书气自华"的淡定和"朝闻道，夕死可矣"的从容。我还要深深感谢学校的各位领导和老师，是你们，让我开始梳理自己在教学上的种种失误，是你们，让我开始明确了自己今后在教学上应该遵循的原则和努力的方向。

知错能改应该是这个世界上最好的美德。今天，我觉察到了我是一个失败的老师，我会通过不断阅读来驱散围绕在身边的如重重迷雾一样的错误认知，再通过不断学习，来照亮以后还很漫长的教学之路。我相信，不管是在教学上，还是在做人上，我都会让自己慢慢进步，走向成功，因为我要将阅读和学习进行到底。

第十节　向李镇西老师学习如何对学生进行青春期爱情教育

李镇西老师是一名优秀的班主任，在他长达二十多年的班主任生涯中，他对学生的热爱，对教育事业的痴情，都浓缩在了几十本教育专著中。

今年寒假，我认真阅读了李老师的《做最好的班主任》，他在书中讲述了如何科学民主地管理班级，如何赢得学生的信任，如何转化后进生，如何与家长密切配合等班主任必须掌握的能力。其中，我尤其对他在书中所说的，如何对青少年学生进行青春期爱情教育感受深刻。下面，专门就这一部分内容谈一谈我的读后感。

李老师对学生青春期的爱情教育可以浓缩为以下三点。

1.对学生进行青春期教育时，一定要走在学生情感发展的前面，要把爱情教育视为人格教育的一部分。在青春期学生还没有出现"朦胧情感"前，就主动地对孩子们进行爱情教育。就算班级里的学生从来就没有早恋的，也应该对他们进行爱情教育。因为我们的学生是未来的妻子、丈夫，未来的母亲、父亲，我们的教育要帮他们建立健康的精神世界，进而帮他们获得幸福。他还引用了苏霍姆林斯基的一段话作为注脚："高尚的爱情种子需要在年轻人产生性欲之前好久的时候，即在他们的童年、少年时期播种在他们的心田里。"

2.对孩子进行爱情教育时要尊重孩子的心灵。对于青少年学生之间出现的一些朦胧情感，要尽可能地站在学生的角度去理解他们，要知道，生命到了一定的季节，就会发芽，就会开花。不论如何，都不要把孩子的"朦胧情感"与"道德败坏"画等号。就算是班级里的孩子出现了早恋苗头，老师在处理的时候，也需要因人而异。对于纯真而有上进心的孩子，只须浅浅地点到为止，然后让他们自己去解决，老师决不介入。对于特别内向的孩子，只要他们的爱恋没有公开张扬，而且又不明显影响学习，老师不宜过问，可以装作不知道。对于不严肃对待感情，而且很轻浮地到处宣扬的孩子，老师就要"武断"地要求他们冻结那份感情，并且毫不客气地批评他们的行为。

3.引导学生做自己感情的主人，帮助学生树立高远的志向。爱情是美好的，少男少女之间的相恋更是纯洁的，但老师要让学生明白，在青少年时期，一个学生最应该做的事情是什么。每一个孩子要当有理想、有志向的学生，而不能做胸无大志、甘于平庸甚至堕落的年轻人。不能用明天可能的"爱情幸福"来赌一去不复返的今天。生命在这个季节的确会开花，但开花的最佳时光并不是现在。而只有把握好现在，认真学习，刻苦努力，才能拥有未来真正的幸福。老师不可能随时守着学生，更无法干涉他们的内心活动，但要教育学生随时自己提醒自己：是要前途辉煌，还是一生平庸，在很大程度上取决于能否以高远的志向战胜卑下的冲动。

李老师以上所讲的三点给我以深刻的启发。我以前一直认为，学生在初中时期是绝对不可以早恋的，一旦发现，决不轻饶，轻则棒打鸳鸯，重则告知家长，让家长领回家教育。有时候，为了避免学生往早恋那方面去想，我很多时候都回避对孩子们进行与爱有关的教育，甚至在与学生讲话时，就刻意不用爱呀、情呀这些字眼。但最后所收到的效果并不好。有早恋倾向的孩子时常出现，而且在对他们进行教育之后，他们一方面对我反感，更加叛逆，另一方面转入地下，让老师更摸不清楚事情的发展。现在看了李老师的书后，我才发现我原来的行为多么像古人掩耳盗铃，荒唐可笑。以后对学生进行早恋教育时，要多向李老师学习。

为了让学生们更好地明白爱情与责任，李老师连续用几个晚自习的时间对同学们进行青春期教育。

首先，他对同学们说，进入中学阶段，由于身体发育的成熟和心理成长的需要，对异性怀有好感是正常现象，但要注意理智对待自己的情感。在与异性同学进行交往时，要注意做到"亲密有间"。"亲密"就是说，男女同学之间要互相帮助，互相友爱，亲如一家人。"有间"就是说，男女同学在相处时要注意以下三点。

1.等距交往：一个同学，在与异性同学交往时要做到一视同仁，而不是过分与某一个异性同学接触。

2.坦然交往：与异性同学交往时要注意做到落落大方，而不要扭扭捏捏，以免给别人想象的空间。

3.公开交往：异性同学交往时不要故作神秘，或者私自约定时间、地点，而应该在公共场合大方交流。

李老师在《被爱，你准备好了吗》这一节里说："有的同学没有任何优点，却想别人去爱他，哪有这样便宜的事呢？那么，作为一个青年，该如何努力完善自己，才能得到异性的爱慕呢？"

作为一个女孩，应该让自己变得温柔、坚韧、自尊、优雅。

从古到今，女性最忌的是轻佻、轻浮。作为一名女同学，一定要自尊、自爱，在异性同学面前，要注意相处方式，要做到凛然不可侵犯。什么时候说什么话，什么时候该开玩笑，体现了一个人的修养。在李老师女儿读初中的时候，他曾这样与女儿说："决不许任何男同学碰你的身体，比如在你的脸上头上摸一下等。"如果你自尊，这本身就是一道防线，任何人如果对你有什么非分之想，都不敢轻举妄动。要想优雅，就要靠学识，这就需要我们多读书，多学习，让自己成为一名优秀的女孩。

作为一个男孩，应该让自己变得刚强、宽宏、进取、幽默。

堂堂男子汉，一定要有强烈的进取心。在古代，男子汉要建功立业，在现在，要想成就功业，就必先好好学习。一个人现在如果不能为自己树立高远的目标，以后怎么可能做出贡献。有些同学老是一副"多情"的样子，真是没出息。人生的不同阶段，都有着不同的主题，每一个年龄段都有最应该做的事情，如果把下个年龄段的事提前到现在来做，就意味着在两个年龄段都做了不该做的事情，而且两件事都做不好。爱和被爱都不是错，这是青春的阳光抚摸心灵所感到的温柔，错在时间和地点，错在乱了主次。

李老师还这样对同学们说："I love you中，每一个字母都有它的含义——I表示'Investment（投入）'，L表示'Loyalty（忠诚）'，O表示'用心'，V表示'勇敢'，Z表示'喜悦'，Y表示'愿意'，O表示'责任'，U表示'和谐'。"

不得不佩服，李老师对青春期学生进行的教育是如此成功。不仅让每一个孩子都能正确认识爱情，而且，还让每一个学生朝着自己美好的目标去努力，去进步。

看完这本书后，我对如何跟同学们进行青春期教育有了直观认识，以后在引导学生认识爱情的时候，就有了参照样本，在避免学生早恋时，也有了更多的方法。李老师的书不仅为对学生进行青春期教育提供了很多好的方法，他在其他教育学生的方面也有很多好的策略。我以后要多向他学习各种先进的教育理念，争取让自己早日成为一个优秀的班主任。

第十一节　我与李镇西老师的一次"偶遇"

大约十年前，开始接触李镇西老师所写的著作。从第一本书开始，我就被他书中散发出来的教育情怀所吸引，又陆陆续续地买了他的十几本教育专著。

越读越爱不释手，越读越心悦诚服。没有空洞的理论，只有实在的操作；没有假大空的口号，只有小而精的绝招；没有虚情假意，只有一颗真心。后来，得知他每天会在"镇西茶馆"公众号里推文，我又每天沉浸在他的公众号里孜孜以求。

为表示我所言非虚，特从李老师的文章里摘录几段，以作证明。

十多年前，在教育界的领导层和部分老师之间流行一种观点：没有教不好的学生，只有不会教的老师。甚至有好多学校的领导把这句话作为校训和口头禅。为此，他写了一篇文章：《也谈教不好与不会教》。文中对这句话进行了全方位的分析与解读后感叹道："如果这是教师的自励，我对这样的教师表达十二分的崇敬；如果有人以此苛求教师，我对这样的苛求者致以无以复加的鄙夷！"好像就是从李老师发表这篇文章开始，"没有教不好的学生，只有不会教的老师"这句话才慢慢在教育界淡去。

以前在看书阅读的时候，经常遇到一些看不懂的教育著作，我还常常自责自己的理解能力差。李老师在书中说："读书应该是一件给人快乐的事，当然，这里的快乐不是浅薄的开心，也包括'思考'的幸福。但有的书就是成心不让读者读明白，你怎么思考脑子里都是糨糊，怎么办？很简单，不读就是了。现在有的专家本身就没有想要你读者读懂，你都读懂了，怎么会显出人家的'高深'？作者硬着头皮写的书，读者当然只有硬着头皮读。我不愿硬着头皮读，那就不读！老师们不要因此而怀疑自己的智商。既然那些书我们读不懂，那不读就是了，我们找能够读懂的书来读！"这段文字读完，关于读什么样的教育书籍，相信大家都会有所选择了。

再比如：李老师在书中针对有些朋友看书但记不住时这样说："记不住有什么关系？谁叫你记了？你记得十年前的12月4日晚餐吃的是什么吗？你记得一周前中午你吃过什么菜吗？不记得了吧？但难道你就白吃了？不，每一顿饭菜都已经化作营养滋养你的身体，记得住记不住有什么关系呢？同样的道理，看了的书记不住，但坚持读书，所有读过的书都化作了你的精神养料。"看到这里，关于读书与识记之间的一些疑惑，一下子豁然开朗。

他在教女儿写作文时说："你写的观点可以不正确，可以不符合社会的主流思想，但一定要真实，一定要是你心中的真实想法；允许你写真实的错误想法，但不能写非你所想的正确观点，特别是决不能写不符合一个小孩子身份和口吻的大话、空话，否则，我非把你送到精神病院不可。"读到此处，不禁让人感慨：真人，真性，真情，让人钦佩。

在如何进行具体的教育管理方面，李老师也有很多文字，读后让人醍醐灌顶。

有时候教师的忍让并不丢面子，这样做的目的是缓冲，是更深入地寻找对策。有时候以柔克刚、以退为进是更有效的选择。教师宽容学生谅解学生，这首先不是一种技巧，甚至首先也不是一种智慧，而是一种胸襟，一种气度，一种境界。

对于学生早恋，没有统一的处理标准，需要的是因人而异。对有的学生，我只是给他指引，然后让他自己解决，我决不介入；对有的学生，只需淡淡地点到为止，纯真而有上进心的人，自然会作出正确的选择。

教育者应该容忍"后进学生"的一次次"旧病复发"，与此同时，又继续充满热情和信心地鼓励学生一次次战胜自己，并引导学生从自己"犯错周期"的逐步延长或者错误程度的逐渐减轻的过程中，看到自己点点滴滴的进步，体验进步的快乐，进而增强继续进步的信心。

只要是身处中国基础教育十多年的老师，一看到这些文字，一下子就会被他俘虏，成为李老师的忠实粉丝。当粉丝久了，就有想见一见偶像的冲动。

虽然李老师经常在全国各地讲学做报告，广东省就来过好多次，但是由于种种原因，一直没有机会在现场亲耳聆听李老师的讲话。

2018年11月5日，李镇西老师在北京国家会议中心明德教育论坛年会上，作《人是教育的最高价值》的主旨发言。我终于与李镇西老师有了一次"偶遇"。

说是"偶遇"，其实也是我刻意为之。当我知晓此次教育论坛李镇西老师会到现场作报告时，就主动申请，想到现场培训学习。

上午，为时一个小时的报告结束后，李老师步出会场准备赶往机场，在走廊上被几十位想与他拍照留念的粉丝围住了。我拿出李镇西老师的成名作《爱心与教育》，走上前："李老师，我是您的一位粉丝，自费买了很多本您的著作研读，想请您在这本书上帮我签个名，可以吗？"

被热情的粉丝弄得忙乱不堪的镇西老师笑着对我说："这儿人太多，跟我走。"

就这样，我跟随李镇西老师来到了贵宾室，签完名后，很自然地与心中的偶像拍了一张珍贵的合影。

当天晚上，我在李老师的微信里留言："今天终于见到您真人了，非常激动！虽然我与您的距离有如天与地，但您就像诗与远方一样，一直都让像我这样的蜗牛老师努力仰望和勇敢靠近。"

我与李镇西老师之间的差距有如天与地、有如生与死、有如有和无，但在11月5日上午的这个时间节点上，我完成了自己的一个教育夙愿——与心中的偶像李镇西老师有了一次"偶遇"。

第十二节　走近教育高峰，感悟大师情怀

——参加教育家李镇西老师报告会的见闻

2022年6月1日，得知教育家李镇西老师将在东莞市虎门镇梅沙小学举行"用一生的时间寻找那个让自己吃惊的'我'"专题讲座，我立即邀约本校六位老师一同前往，走近教育高峰，聆听大师思想。

感谢梅沙小学王校长及主办方的精心准备和周到服务，安排我们一行远来学习的客人坐在了第二排，还赠给我们人手一册李老师新出版的书籍《李镇西答新教师101问》。

古朴厚重韵味悠长的开场演唱、诗歌朗诵、沙龙分享之后，就是镇西老师的专题演讲了。

现场听李老师的报告会，我是第二次了。我上次听报告会的时间是2018年，在北京国家会议中心，与李老师的演讲台相隔百米之远。这次听李老师

的教育讲座，却与他仅隔咫尺，我似乎都能听到李老师始终秉持教育初心的心跳声。我发现了一个现象，与教育家靠得越近，现场参加的人数越少，越能真实地了解感悟教育家的思想理念与教育情怀。

就如2018年在北京第一次见到李镇西老师的情景，我手拿李老师的著作讨要签名，不但成功要到签名，还有幸与李老师合了影。从那以后，只要是李老师出版的新书，我都买来读；李老师每天在"镇西茶馆"公众号上更新的文章，我利用空闲时间全部阅读；李老师发在朋友圈里的各种新闻与评论，我更是如饥似渴地饱读、默思、领悟。在这种阅读学习、思考顿悟的过程中，我的教学技能、教育理念、管理思想，与十年前相比有了质的提升。当然，要想百分之百地学会教书、悟透教育，资质愚钝的我还需要不停地阅读、思考、实践，可能就像于永正老师所说的，直到退休前夕，才会真正悟明白应该如何教书。

李老师读书分享会的报告现场。演讲开始第一分钟，听讲座的粉丝们与李老师在思想、成就、地位、级别上的巨大差距，让现场的气氛有点沉闷，但李老师几句话就让大家放松了身心，活跃了气氛。

李老师说："如果大家看到年轻时这么帅的'我'都不发出惊叹，我就当你们全都是兵马俑了。"一句话，让现场老师们爆出笑声。

李老师在推荐了两位优秀教育专家的公众号之后，对老师们说，我认为中间的那个叫作"镇西茶馆"的教育公众号，更好、更实用、更优秀，欢迎大家关注与阅读。一句话，又让现场气氛异常轻松。

李老师凭自己真实的教育实践与务实思考，在调动现场气氛之余，既让老师们轻松听讲座，又让老师们获取良多的教育感悟。

李老师说："才参加教育工作时，我带着全班学生，到野外游玩，到小河戏水，到山顶看雪，结果遭到学校领导严厉批评，我跟领导解释教育与生活的关系，少年与浪漫的关系，结果被领导批为放屁。后来，我接连出版了十几本教育书籍后，再带着学生到油菜地上语文课，到芳草地捉迷藏，看天空写诗，到各种报告会现场胡侃，结果都被大家说成是教育真理。网上有一句调侃真是有一定的道理，'你没有成功时，再有道理的话都是放屁，你功成名就后，再臭的屁话也是真理'。"

讲完这句感悟，逗得大家哈哈大笑。待老师们轻松笑完之后，李老师语重心长地对大家说："当你壮大成功后，整个世界会为你让路。"

那么，作为一个经验缺乏的弱小的年轻老师，应该如何做，才能让自己从弱小走向壮大，从而能够取得阶段性的成功呢？李老师推出自己迈向成功的四件法宝：不停地阅读，不停地实践，不停地思考，不停地写作。

在不停地阅读方面，我从近几年"镇西茶馆"公众号的文章里，可以证明李老师酷爱阅读，而且每读完一本书，就写内容详细的读书笔记、内心感悟、教育思考等。《重读苏霍姆林斯基》《杨靖宇将军》《赵一曼》《陶行知》等，是李老师近期阅读的书籍。如果有哪位老师不愿意或者没时间去读这些书籍的话，读李镇西老师发到公众号里的读书感悟，也可以有效地领悟这些书籍的精髓。在刚参加教育工作的时候，李老师几乎读遍了当时能找到的各种教育理论书籍。最近十年，我才开始阅读一些教育类书籍，在我所阅读的教育书籍里，李镇西老师的书有20多本。我读的第一本教育书籍就是李镇西老师的成名作《爱心与教育》，记得有几次晚上，我被书中善良的宁玮与参军的万同感动得热泪盈眶。

在实践方面，李老师不管接手哪一届学生，都对孩子们倾注全部的爱。有一年，学校领导安排他带全校的一个由最优学生组成的重点班，李老师还主动请缨，再担任另一个由全校最差学生组成的班的班主任。同时带两个班，两个班的情况还恰恰相反，李老师把这两个班的学生都作为研究的对象，来践行自己的教育理想。优班的学生可能不需要操太多心，差班的孩子可就招人头疼了。但李老师对每一个孩子都不抛弃、不放弃，努力对他们进行充满爱心的教育引导。后来，班级里的一位每科考试都只能得个位数的最差的学生，成了四川女足的主教练。只要付出真心与爱心，每个学生不管资质如何，不管理解能力怎样，不管考试分数高低，在未来都可以成为社会的有用之才，都是可以为社会做出贡献的。

在思考方面，李老师做出了表率，他从不发人云亦云的言论，对每一件教育事件或者社会热点事件，都进行自己独立自由、充分深入地思考。就像前文提到的"没有教不好的学生，只有不会教的老师"这句话，当时有好多学校的校长把这句话作为校训和口头禅。而李老师说："如果这是教师的自励，我对这样的教师表达十二分的崇敬；如果有人以此苛求教师，我对这样的苛求者致以无以复加的鄙夷！"

在写作方面，李老师的成就令人敬佩。到目前为止，李老师著述出版的书籍有90多本，全部叠放在一起，将近两米，真正的著作等身。而且，李老师出版的这将近100本书籍，全部都是他结合自己的实践与思考写出来的，特别贴合教育实际，特别接地气，适合年轻老师和家长们阅读。

十年前，我曾写过一篇小文《二十岁从四十岁开始》，就是在读过李镇西老师所著的教育书籍之后的真实感悟。回翻这篇小文，在文中我曾立志：

在接下来离退休不算长但也不算短的二十年内，我的成长规划是这样的：

1.做好自己本职的教育工作，做一个学生喜爱的像李镇西那样的好老师。

2.业余时间像李镇西老师那样阅读大量的书籍，开阔自己的视野，丰富自己的思想，苦练自己的内功。

3.如有水到渠成的感悟，就真实地记录下来，慢慢积累，如有可能，出版一部作品。

回到现在，没想到的是，当初的想法已经慢慢实现，而这就是在不断阅读李老师著作的基础上逐步达到的。

李老师有一个做法，对我影响不小。他的微信朋友圈除了发布自己最新撰写的文章之外，还积极转发各种开阔眼界、启智开蒙的文章，还有自己生活中的各种爱好与实录等。在目前大多数人都爱将朋友圈封闭或者设置为三天可见、分组可见的现状下，像李镇西老师这样公开朋友圈的人，绝对少之又少。出于对李老师的模仿与追随，我的微信朋友圈尽量不设限，尽量公开真实的生活与想法，但在积极转发铁肩道义、思想启蒙、全球视野方面的文章时，还未通达透彻的我还真是不敢。可能这也是我在思想与视野、理想与情怀、能力与态度方面，与李镇西老师存在的巨大差距吧。

在报告会上，李老师讲了一个段子：朱永新老师在一次介绍李镇西的会议上，说李老师是缔造完美教室、践行民主教育与爱心教育的先驱者，李老师跟朱永新老师建议，把"先驱者"改为"先行者"更合适，用"先驱者"，好像我已经死了一样的。说完后，逗得大家哈哈大笑。

报告结束后，在梅沙小学饭堂吃工作餐时，李老师对主办方的王校长说："我讲报告时，一般是不允许主办方摄像录影的，但今天没有阻止。希望王校长跟摄像录影的老师说一声，不要把报告会的录像放到网上去，以免被有心人断章摘句，挑刺找碴儿，毕竟目前的网络环境不是太好。"王校长忙说："好的，我懂。"

原来，教育家李镇西老师也是有血有肉、会担心后怕的普通人，完全真实的李镇西，只有在人数极少的场合才有可能被看到。但坦露真心的李老师，却一点儿也不影响在崇拜者眼里的伟大。

另外，特此摘录了李镇西老师在报告会上的金句：

1.好课，要有趣有效；好教育，要有意义有意思。

2.上课是给孩子们上的，不是给听课老师们上的；我讲故事是给老师们讲故事，不是给摄影师讲的。上公开课要给学生设置悬念，要善于处理各种突发情况，不要跟学生反复打磨公开课。

3.李老师曾经是有过满头黑发的，很痛恨要戴上假发。李镇西一辈子痛恨假的，现在虽然头发不多，但每一根都是自己的呀。家长与孩子一起看一本书，摆拍照片，一看就是在弄虚作假。

4.阅读越广，视野越开阔，越不会被别人带偏方向。

5.教师征服学生的最佳方式是阅读面广，教师要有源于知识的人格魅力，要有广博的见识与学问。

6.好老师的标准：课上得好，班带得好，分考得好，能说会写，被学生依恋。理念、课程、格局、站位都重要，但学生对老师的依恋更重要。好老师，能听见学生的心跳，能与学生水乳交融。

7.将差生视为科研矿产进行研究。爱学生是爱学生本人，不是成绩，不是表现，更不是将来显赫的地位。学生一片清澈的眼睛，就是老师的星辰大海。

8.一旦恋上教育，就从一而终，一生不变。老师要永远有一颗理解孩子的心。幸福比优秀更重要。

9.班干部不要做班主任的手脚，而是协助班主任管理好班级。班干部的诞生，要绝对的无记名投票。按现代民主管理的理念，班干部是服务于班级和全体学生的。尊重班干部，不是尊重那个人，而是尊重那个职务。监督班干部，不是监督那个人，而是监督那个职务。人民群众与政府官员如果都能这样，社会就好了。

10.有人问雕塑家米开朗琪罗："你是如何雕塑出'大卫'雕像的。"大师回答："大卫本来就在石头里藏着，我并没有雕塑，我只是去除了多余的石料。"每个老师都藏着一个卓越的自己，所谓成长，就是自己用双手把自己雕琢成大卫。

第十三节　二十岁从四十岁开始

——我的成长规划

刚参加工作时，我还未满二十岁。一转眼，二十年过去了，即将步入不惑之年的我，好像才刚刚明白自己想要的是什么。

刚参加工作时，年少轻狂，也曾有过"修身、齐家、治国、平天下"的豪迈梦想。"修身、齐家"，主动权在自己手里，只要努力，梦想一定可以实现。"治国、平天下"，决定权却在别人手中，从外因上说，此路不通。从内因上来说，我性格内向，更直白点说，不会通过语言拉近人与人之间的距离，很多时候，我遇到领导，都不知道该与他寒暄些什么。这些不足，导致我到现在为止，一直都过得庸庸碌碌，平平淡淡，可以预见，这种局面将一直持续到我退休为止。

但最近两年，我读了好几本教育书籍，特别是李镇西老师撰写的文章之后，我才突然发现自己需要的是什么。

李镇西，一直身处教学第一线，与他喜爱，而且也喜爱他的孩子们待在一起，就算他现在做了校长，也仍然没有远离具体的教学工作。李老师结合他与孩子们饱含真情的教育故事，写了很多令人感动的文章，我心里佩服之至。

唐朝诗人李白曾说过："古来圣贤皆寂寞，惟有饮者留其名。"读过李镇西老师的书之后，我才惊觉：其他一切皆是浮云，唯有作品才有意义。在我即将40岁的时候，我开始幻想去做李镇西老师20岁就已经在做的事情。

新东方教育的创始人俞敏洪曾说过："如果想做一件事，什么时候开始都不为迟，别人用五年能做成的事，我用十年来做，别人用10年能做成的事，我用20年来做。"我的资质与李镇西和俞敏洪相比差距巨大，但蜗牛爬到山顶与雄鹰飞到山顶时所看到的风景是一样的，就算我这只蜗牛没有机会爬到山顶，这又有什么了不起，只要努力过，只要畅想过，就问心无愧。

在接下来不算长但也不算短的20年内，我的成长规划是这样的：

1.做好自己本职的教育工作，做一个学生喜爱的像李镇西那样的好老师。

2.业余时间也像李镇西老师那样阅读大量书籍，开阔自己的视野，丰富自己的思想，苦练自己的内功。

3.如有水到渠成的感悟，就真实地把它记录下来，慢慢积累，如有可能，也出版一部作品。

我的这个成长规划不一定是最好的，但却自认为是最适合我的。在我即将40岁的此刻，就让我从头开始做别人20岁就在做的事情吧。

我决定：20岁从40岁开始，一切都还不太晚。

第三章
集会演讲

第一节　一切皆有可能

——2018年中考前夕在初三学生动员会上对同学们的最后叮咛

同学们，大家马上就要参加中考了。九年的努力与积累，即刻就要在中考战场上去驰骋验证。在中考前夕，我在这里对同学们进行最后叮咛的话题是"一切皆有可能"。

我们在座的很多同学，拼搏努力了很多年，而且在一模考试、二模考试、三模考试里，都取得了领先的成绩，但如果疏忽大意，也有可能犯致命错误，在正式的中考现场，痛失好局。

相反，如果满怀信心、坚持到底，你也有可能成功逆袭。因为一切皆有可能！

这几天，足球世界杯在俄罗斯开赛，每一支参赛队伍都在赛场上全力以赴，每一支参赛队伍都相信自己付出的努力与汗水。谁将成为本届世界杯冠军，现在还不敢断言，但位于第一集团的德法葡西英、巴西、阿根廷等老牌足球强国，每一个都有可能最后问鼎。

我们在座的同学里，从最近几次的模拟考试中可以看出，也有七位同学位于第一集团中。只要这七位同学戒骄戒躁、胆大心细、相信自己、完美发挥，每个人也都有可能在中考现场一鸣惊人，夺取全校第一名，甚至夺取全镇的第一名。因为一切皆有可能。

其他位于第二集团、第三集团或者排名偏后的同学，如果你脚踏实地、补弱固强、抓住常规、分分不让，你也有可能会在中考的现场，达到你从来没有到达的分数极限。因为一切皆有可能！

一切皆有可能，所以我要对几次模拟考试的优胜者最后叮咛：小心谨慎，慎重以待。一切皆有可能，所以我更要对在模拟考试中暂时落后者再次鼓励：永不放弃、拼搏到底。一切皆有可能，不是在座位上消极等待机遇的来临，而是相信自己在以前的学习过程中所挥洒的汗水，相信自己在考场上会沉着冷静、正常发挥，相信自己在向梦想目标冲刺时的顽强意志。

一切皆有可能，因为汗水、勤奋、细心、决心，从来都不曾被辜负。

最后祝大家中考顺利，梦想成真！

第二节　学好一门外语，总会绽放价值

——2019年在第二届英语节大赛上的讲话

老师们，同学们：

今天晚上是阳春华附学校第二届"放英行动"英语节学生才艺大赛的日子，是一个让我们大家都感到非常轻松的时间，感谢同学们的精彩演出，感谢英语组老师们的辛勤付出。

此刻，我想跟大家分享一个观点，两段见闻。

一个观点就是：我们在阳春华附学校学习，希望大家养成学英语、用英语、爱英语的好习惯。

学英语是为了向强者学习。二百多年前，英国凭借工业革命的机遇，在世界民族之林强势崛起，并将自己的势力范围和英语文化扩张到全世界。现在，世界上经济发达的美国、英国、澳大利亚等国家，都以英语作为官方语言。我们学习英语，就是要向强者学习，向强者靠近。"师夷长技以制夷"，最后，让我们中华民族超越强者，屹立于世界强国之林。

用英语，是为了与世界各地的人们沟通交流，了解对方的思想，传播我们的文化。在世界范围内去思考、去联系、去经商、去发展。

爱英语，是为了让我们扩大自己的见识与胸怀，以一种开放的心态来面对世界。你的胸怀越开放，你就会发现这个世界越精彩。

接下来，我再来分享两段见闻。

一个是有一次，我看动画片《猫和老鼠》时，看到这样一组画面：老鼠Jerry领着一群小老鼠正在玩耍，突然猫Tom冲过来了，小老鼠们四散逃命，但还是有两只小老鼠被Tom抓住了。Tom正准备饱餐一顿的时候，响起了一阵激烈的狗叫声"汪汪汪汪汪……"Tom吓得撒腿就跑。两只死里逃生的小老鼠从地上爬起来，左右张望，只看到Jerry冲着Tom逃跑的方向大声地学着狗叫。当Tom跑得无影无踪后，Jerry转过身对两只小老鼠说："我早就对你们说过，多学一门外语，只有好处没有坏处。"

另一个是2016年暑假，我和妻子、小孩一家三口，在纽约租了一辆车，开到华盛顿游玩。到华盛顿时，已经是下午了。看完白宫、方尖碑国家广场、林肯纪念馆、国会山之后，已经是晚上9点。在准备离开华盛顿返回纽约时，我发现还有美国国防部五角大楼这个标志性景点没有去看。为了不留遗憾，我们开车前往五角大楼。

在晚上9：15时，我们到达五角大楼旁边的道路上。我指着五角大楼对老婆、小孩介绍说："15年前9·11事件中，恐怖分子劫持了四架客机，其中有一架飞机撞上了这幢大楼，将其中的一个角撞毁了。"正说到此处，一辆警车闪着警灯拉着警报从我们的后方开来，车上的警察对我们做出了靠边停车的手势。两个警察下车后，我准备下车探询情况时，两个警察连连对我说："No！No！No！"并拔出手枪对准了我。当时我给吓坏了。不！我完全给吓傻了。慌忙之中，我大声喊："I'm a Chinese teacher！I'm a good people！"

一个警察对我说了一句话，我完全听不懂他在说什么。我妻子对我说："警察叫你打开后备箱。"打开后备箱，一个警察去查看之后，语气略有缓和地对我又说了一句话。我老婆给我翻译："让你打开车灯。"

哦，直到此时，我才明白，原来是因为我在夜里开车转悠时，路上街灯很亮而忘记开车灯，从而招来了警察。两名警察用电筒照了照车内后，就让我们赶快"Go！Go！Go！"后来，我老婆告诉我："我是一个好人，不是I'm a good people！而是I'm a good person！"

好，同学们，我跟大家的分享就到这里，谢谢大家！

第三节 全力以赴＋慎重对待=超越极限

——2019年在期中考试表彰会上的讲话

同学们：

今天是期中考试后对获得优秀成绩的学生进行表彰的日子。利用这个机会，我想跟大家分享三个故事。

一、全力以赴与尽力而为

几年前的微信朋友圈里，流传着这样一个故事：一个猎人带着他心爱的猎狗去打猎。直到下午，才遇见一只兔子。举枪、瞄准、射击，打中了兔子的大腿。猎人对他的猎狗说："现在看你的了，快把这只受伤的兔子抓回来。"过了一会儿，猎狗垂头丧气地回来了。猎人问："怎么没有抓到那只受伤的兔子呢？"猎狗说："没有抓到兔子，我有什么办法，我也尽力了呀。"猎人埋怨了几句，就带着猎狗回家了。与此同时，那只受伤的兔子回到兔窝之后，对自己的孩子说："今天妈妈真危险，差点见不到你们了。"她的孩子们问："妈妈，您都受伤了，怎么还能跑得过我们的天敌——那只猎狗呢？"兔子妈妈对她的孩子们说："那是因为妈妈在全力以赴地奔跑，而那只猎狗，只是在尽力而为地追赶。"

二、慎重对待与轻率马虎

当前，国际足坛最伟大的球星，也是我个人最喜爱的，阿根廷队的梅西，现正在西班牙巴塞罗那俱乐部效力。他到目前为止，获得过6次世界足球先生。就在前天，他率领巴塞罗那队4∶1把塞尔塔队打落马下。其中有两粒非常精彩的任意球，都是由梅西在同一个罚球点，用同样的力度，打同样的角度，进入的球网，非常精彩。可是，当我每次看到梅西在俱乐部优异的表现时，心都在滴血。为什么呢？因为迄今为止，梅西率领自己的国家队还从未得到一次大赛的冠军。他率领的阿根廷国家队距离冠军奖杯最近的一次是2016年的美洲杯决赛，阿根廷对智利。相比阿根廷队，智利队在世界足坛丝毫不起眼。但这场决赛，智利队非常顽强，90分钟之后，比分0∶0，加时赛双方也没有进球。到了点球决战，前几轮，该进的球都进了。最后一轮，梅西只要罚进，他就是冠军。美洲杯冠军虽然不是世界杯冠军，但这有可能是他捧起的第一个冠军奖杯。当时，梅西将球放在罚球点，只退了两步后，未做思考，立即起脚。那一瞬间，我心想，完了，太不慎重了，一般罚点球，是要退后十多步的，在罚球前，还要与守门员打心理战，要计划好打哪个角度，用什么力度，要不要做假动作。但梅西罚得太匆忙了。果然，这粒点球，被智利守门员轻松扑出。扼腕长叹，天意弄人。看着镜头前哭泣的梅西，我心里想，为什么在罚点球前，不慎重对待呢？如果慎重对待了，就算没有罚进，也至少让信任你的教练、拥护你的球员、热爱你的球迷不留下遗憾与长叹。球员在俱乐部、西班牙国王杯和欧洲冠军杯中的比赛表现优秀，相当于我们的同学们在周测、月考和期中考试中成绩优秀。而国家队的比赛，才相当于最重要的期末考试、中考、高考。你在周测、月考、期中考试时成绩优秀，但到期末考试、中考、高考时成绩不好，总是会让爱着你的家人们、关心着你的老师们、关注着你的同学们留下遗憾，特别是这种遗憾是由于你自己的轻率马虎而造成的。

三、超越极限与奋力拼搏

2016年里约奥运会上，中国有一位举重运动员，他在第二次试举中，举起了自己在训练中曾举起过的最大重量。但没想到的是，他的竞争对手，在随后第三次出场中，举起了一个比他的最好成绩还要重1千克的重量。重压之下，他孤注一掷地要了一个比竞争对手的成绩还多1千克的杠铃。他在以前，从没有举起过这个重量，这个重量已经超过了他的极限2千克了。略作思考，屏息抓紧，奋力一举，他举起来了，他获得了胜利，他得到了金牌。他所举起的这个以前从来没有举起过的重量就是他的极限，而他，通过自己的奋力拼搏，超越了自己的极限。

同学们，听完这三个故事后，希望大家在每一次关键考试中，都能做到慎重对待、全力以赴，最后超越自己的极限，取得最好的成绩。

第四节　青春注定澎湃，锻炼铸就成长

——2020年在军训结营仪式上的讲话

尊敬的各位领导、老师，家长朋友们，亲爱的同学们：

大家下午好！

青春注定澎湃，锻炼铸就成长。今天下午，我们在学校操场举行军训会操表演暨结营仪式，在这里，我想讲五个方面的话题。

一、感谢与感动

感谢在场的各位家长朋友们，将你们这一辈子最重要的一笔财富送到华附学校，送给学校的老师来培育成长。感谢军训的四天里，各位教官们的辛勤付出，你们不惧辛苦，不辞劳累，默默奉献，将一群来自各所小学的懵懂少年，训练成了青春战士。感谢学校的老师们，每天夜以继日，忘我工作，在学生起床之前起床，在学生休息之后休息，你们的付出，你们的拼搏，让我无比感动。

二、锻炼与成长

同学们，经过这次军训，我们会明白，曾经恐惧的军训难关，只要坚持忍耐，我们可以战胜它。在我们以后的学习生活、人生成长中，我们还会遇到许许多多的难关，但只要我们无畏无惧，只要我们永不放弃，只要我们努力坚持，也一定可以战胜学习与生活中的无数个困难，取得成功，获得成长。

三、看见与相信

有人曾说过，世界上有三种人，第一种人看见之后才相信。他们看见了高铁，相信世界上有一种物体可以每小时移动350千米。第二种人先相信而后看见。他们相信生活一定是美好与方便的，他们发明了现代生活中离不开的网络购物。第三种人是看见了也不相信，而这种人，注定了是生活中的失败者。

今天，在场的各位家长朋友们，看见了华附学子的优异表现，看见了我校学生的勃勃生机。因此，请大家相信我们学校一定会将每一个孩子培养教育好；请大家相信我们每一位老师一定会勤勤恳恳，努力工作；请大家相信每一个孩子在华附学校，一定会取得属于自己的成功。

四、祝贺与期盼

我要祝贺每个班级都取得了优异的成绩。目前，评委们还在紧张地计算每个班级最后的得分。我还暂时不知道将会是哪些班获得一等奖、二等奖、三等奖。因为评委打分的原因，各班的最后得分会高低排列，由于规则的原因，最后会分出名次。但其实，每一个班级，在我的心里，在所有老师的心里，在我们家长们的心里，都是最棒的，都应该得一等奖。因为你们刚才优异的会操表现，无可辩驳地证明了这一点。就像《相信自己》歌声里所唱的那两句话："梦想就在手中，这是你的天地。当这一切过去，你们将是第一。"

五、等待与希望

最后，我用大仲马的名著《基督山伯爵》里面的最后一句话，当作我讲话的结束语："当上帝允诺为人类揭开未来图景的那一天到来之前，人类的全部智慧都浓缩在这两个词里面——等待和希望。"

只要我们怀抱希望，努力拼搏，那么，我们就一定会等到美好的那一天的到来。

我的发言结束，谢谢大家！

第五节 铭记历史，奋发图强

——周一国旗下讲话

老师们，同学们：

首先，我向大家介绍一下今天升旗仪式的主持人和国旗下讲话的同学。她们都是706班的优秀学生。

主持人朱容莹同学，是一名性格开朗、全面发展的阳光女孩。她对学习充满热情，爱好阅读，善于思考，求知欲强。曾获得"广东省优秀少先队员"，市"十佳好少年"等荣誉称号。目前在706班担任文体委员。

国旗下讲话的陈钧怡同学，是一名活泼大方、积极向上的优秀学生，她严于自律，工作积极，喜欢读书，爱好写作。曾获得"广东省阅读之星""市新时代好少年"等荣誉称号。目前在706班担任副班长。

刚才，陈钧怡同学做了《铭记历史，奋发图强》的讲话，现在，我想跟大家讲三个话题。

一、落后就要挨打

1931年的9月18日，当日本人在东北发起"九一八事变"时，仅用六百多人，就对驻守在沈阳军营的八千多名东北军士兵发起挑衅与进攻，由于国民党政府的软弱与无能，当时的中国军队消极不抵抗，节节败退。后来，当日本军队进攻华北以及中原全境时，经常出现两万余人的日本军队，追着十几万人的国民党部队，进行包围聚歼。中华民族历史上出现的这惨不忍睹的一幕幕，就是因为当时中国国力和国民党军队的全面落后。这些落后有战术思想的落后、武器装备的落后、战争意志的落后，甚至战斗勇气的落后。

89年后的今天，在中国共产党的领导下，解放军的武器装备越来越先进，国家的实力越来越强。回望过去，希望中华民族历史上屈辱的一幕，永世不重来。

二、人多不是力量

前面说了一段中国的历史，现在再来说一个国外的事件。

2020年1月4日，当伊朗革命卫队的总司令苏莱曼尼将军在伊拉克访问时，突然遭到美国精确制导的飞刀导弹的袭击，当场毙命。3天后，苏莱曼尼将军的遗体被运回伊朗国内，一百多万民众上街送葬并游行抗议。但人多并不意味着力量大，因为就在送葬和游行的当天，发生了民众踩踏事故，五十多人丧生。

之所以发生这一幕，是因为伊朗这个国家人口虽然达到七千多万，但高素质的人却极少。所以，人多不是力量，高素质的人多才是力量。

三、我们怎样才能做一个高素质的人

同学们，要想让我们的国家更加强大，我们华附的学子，应该如何做一个高素质的人呢？我们要努力做到以下几点。

1.锻炼身体，强健体魄。每位同学在老师的带领下，按时起床，准时到操场做广播体操，跑步锻炼，将身体锻炼得强壮强健。假如真有一天，国外的强权势力侵袭我国，我们每一个人都可以站出来抗争。

2.海量阅读，增加智慧。利用各种课外时间，找一些有益的书籍，海量阅读，读后思考，增加见识，增长智慧。海量阅读，也是我校一贯坚持的教育理念。

3.努力学习，提高成绩。目前的学生，想要未来有所成就，途径之一就是考取好的高中与大学，正因为此，我们才要努力学习，让自己在未来的发展中越飞越高，越走越远。你飞得越高，你的能力就越大，你的责任就越大，将来会带领和影响更多的人，发展好我们的国家，建设好我们的家园，为祖国的强大做出自己的贡献。

做好以上几点，我们就做到了今天国旗下讲话的主题：铭记历史、奋发图强。

我的发言结束，谢谢大家！

第六节　成长与绽放

——2020年三操比赛后的总结讲话

同学们，家长朋友们：

大家好！

动如脱兔，静若处子；翩如惊鸿，婉若游龙；奔如骏马，呼若洪钟。这些美好的词语，在我发给家长朋友们的邀请信中出现过，今天下午，在学校的操场上，在中学部第一届"青春绽放，阳光成长"礼仪操、广播体操、跑操比赛的赛场上，我们所有的人又看见了。感谢大家！感谢同学们的精彩表现！

借这个机会，我讲四个关键词。

一、成长

从刚才同学们比赛的过程中，我和所有的老师、家长朋友们，共同看到了你们的成长。跟大家刚进入校园的时候比，你们的身体素质、纪律意识、团结协作等，都进步了很多。这种进步，就是我们共同期盼的成长。我相信，到明年的10月中旬，第二届三操比赛时，我们在场的同学们将会得到更多的锻炼与成长。当然，我们的学校也会壮大成长，更多的学生，更多的老师，更多的家长朋友们，将会加入我们学校的这个大家庭中来。

二、目标

我校追求的是同学们的全面发展。在学校的教育理念指导下，我们学校的每一位老师，都将努力把每一位同学培养成具有如下品质的优秀学子。

1.优秀的成绩。学习成绩要优秀。

2.良好的身体。身体要健康。

3.积极的精神。精神昂扬，状态向上。

4.优雅的举止。举止文明，高贵优雅。

5.不懈地追求。努力不懈，追求超越。

6.开阔的视野。心怀全国，放眼世界。

我们今天进行的三操比赛，就是在同学们刻苦学习之余，锻造同学们良好的身体素质。

三、迁移

第一届三操比赛虽然即将结束，但是期望大家将三操比赛的拼搏精神、努力干劲、精神状态，迁移运用到以后的学习中去。我们每一个人，不仅要在身体素质方面越来越强，在学业成绩上，也要越来越好！

四、感谢

感谢同学们的刻苦训练，感谢老师们的辛勤付出，感谢家长们的大力支持。在场的家长朋友们，来到学校见证老师和同学们的付出与努力，就是对我们学校，对孩子们的最大支持。

同学们，刚才我们唱"强国一代有我在，这种精神有未来，奋进伟大新时代，谁都有机会出彩"。我坚信，我们每一个人，将会和祖国一起，和学校一起，明天更美好！我们每一个人，都会在成长的道路上绽放最优秀的自己。

让我们拭目以待，静等花开！

我的发言结束，谢谢大家！

第七节　努力与坚持

——2020年在期末考试优秀学生表彰会上的讲话

老师们，同学们：

大家晚上好！

今天我们在这里隆重集会，对上学期期末考试的优秀学生进行表彰与颁奖。在这个表彰颁奖会上，我发言的题目是：努力与坚持。

我先跟大家讲两件见闻。

最近这两年，音乐界出了一个大明星，叫毛不易。我们以后争取选一个合适的时候，让大家在每周一歌里，唱一首他的成名曲。毛不易今年才二十出头，中学时读书成绩不太好，只考上了一所普通的师范大学。但他特别喜欢写歌唱歌，而且他知道，要想写出好听的歌，一方面要经历生活的摔打与锻造，另一方面，要阅读大量的书籍，增加自己的知识底蕴与文化积累。他在读书求学和参加工作时，大量地阅读，努力地思考，并把这些思考与感悟写在歌词里，然后又开始自学谱曲与吉他演奏，并尝试着合成一首又一首好听的歌曲。多年的坚持，终于让他有机会参加《明日之子》的音乐选秀节目。在这个节目中，一下子得到了评委薛之谦的高度称赞。薛之谦在节目中说："努力、坚持的人一定会用满腹的才华向世界证明，你是最棒的，我愿意献上我的膝盖，我愿意为你跪服。"

昨天，我去市里的森林公园游玩。看到了很多动物。其中有一种动物叫平顶猴。平顶猴和别的猴子一样，喜爱四脚攀爬，蹦上蹿下。平顶猴在地面上行走时，偶尔会站立起来，两只前肢在空中挥舞，仅用两只后肢直立向前走。我当时想，这只平顶猴，还可以像人一样直立行走呢。但仅仅过了几秒钟，这只猴的两只前肢，又落到了地上，采用它喜欢的四脚爬行的方式行进。那一瞬间，我产生了很多的思考，猴之所以是猴，是因为从来就没有想过要长时间地直立行走，只想待在自己的舒适区不愿意改变。多年以前，这些平顶猴的祖先们，一定也曾尝试过直立行走，但也许是感觉不好看，或是感觉不舒坦，也或者是感觉有其他猴投来异样的眼光，就放弃了。而以前的类人猿，相信直立行走会让猿类解放上肢，会给种族带来巨大的生存空间与发展机遇。这部分类人猿脱离了自己的舒适区，一直坚持直立行走，逐渐进化成了文明的人类。而那些平顶猴，不愿意改变，不愿意努力，不愿意坚持，多年后，仍然是猴类。

我们在场的同学们，如果因为看到上台领奖的优秀同学有所触动，并为之努力，不断超越自己，那么，我们每一个人的心里就种下了一颗想成为优秀的人的种子，在我们身上残存了千万年的懒惰、放弃、逃避、消极的习性，会被慢慢地丢弃，甚至彻底地消失。而那些散发人性光芒的积极的因素，比如努力、坚持、友爱、律己，还有厚德、远志、博学、笃行，乐学、善问、勤思、敏行，等等。就成为我们每个学子身上最宝贵的基因。这些基因会带领着我们不断走向成功。而这些基因，正是我们学校提倡并践行的美好校训与优良学风。

同学们，我相信大家会在学校的校训与学风的鼓舞与促进下，在自己的努力与坚持下，用一个又一个优秀的成绩证明自己！

我的发言结束，谢谢大家！

第八节　学会互助，学会欣赏

——周一国旗下讲话

同学们，本周国旗下讲话的主题是《学会互助，学会欣赏》。我在这里，想跟大家强调两点。

一、学习上互助

期末考试还有两天就要举行，在考试前的这两天里，老师正带着同学们查漏补缺，高效复习。同学们考前复习的方式方法很多，有跟着老师记重点、突难点、抓考点、悟疑点的，有自己独自思考领悟，纠正错误的，还有知识对比，形成体系的。我想说的是，我们还可以进行互助式学习。

互助式学习，具体就是将自己还没有搞清楚的知识点，将自己做错了但还不知道如何改正的题目，向其他已经掌握了这个知识点的同学请教，请别人帮助自己。当别人向自己请教时，自己应该感到高兴，一方面是你在这道题目上掌握得更好，另一方面是别的同学信任你。那么，你就可以用同龄人的思维方式和理解能力，来为向你请教的同学指出错误，讲解清楚。这样，在提高别人的同时，也在提高自己的知识理解能力与试题分析水平。

学习金字塔理论告诉我们，不同的学习方法得到的学习效果是不一样的，听讲阅读是10%，亲自示范是30%，讨论领悟是50%，实践练习是70%，向他人讲解是90%。因为在向他人讲解的过程中，你把这个知识点又一次复习巩固了一遍。为什么老师对每个知识点都异常熟悉无一错漏，就是因为老师在反反复复地向同学们讲解的同时，提高了老师自己的解题能力。

所以，当有人向自己请教时，请立即帮助他人，在帮助他人的过程中提高自己，既帮人又帮己，所谓授人玫瑰，手留余香就是这个意思。

二、评价上欣赏

根据多元智能理论，期末评比时，学校将会发放各个项目优秀的奖状，对各方面有进步、有特长、有成绩的同学进行表彰。在设置表彰项目时，不仅重视期末考试成绩，还注重其他很多方面。学校准备设立众多的奖励项目，除了以前几次统测里颁发过的"成绩优秀奖""进步显著奖""单科状元奖""优胜班级奖"之外，还将在每个班级设立学习之星（5人）、劳动之星（3人）、运动之星（3人）、文艺之星（3人）、礼仪之星（3人）、优秀寝室长（3人）、优秀班干部（3人）、优秀学生会干部若干、家校协作奖（3名学生家长），等等。

那么，我们同学们在推荐、投票、评价时，就要抱着欣赏、公正、公平的态度，向班主任和老师建议。同学们如果能评上这样的奖励，就让爸爸妈妈和自己一起高兴，如果没有评上，说明我们的努力与学校的要求还有一定的差距，我们在以后还可以继续努力，力争下次能够评上这些奖励项目。

如果你特别欣赏某个同学在某一方面优秀的表现，你也可以向班主任推荐，由班主任在班级里设立一个奖项，来奖励相应的同学。比如乐于助人奖、顾全大局奖、表里如一奖、举止文雅奖。女同学还可以评秀外慧中奖，男同学可以评剑胆琴心奖，等等。

在本学期即将结束时，同学们还会对各科目老师的教学及自己在本科目的学习进行评教评学。不管是对老师的教学进行评价，还是对自己在该科目的学习进行评价，大家都可以报着欣赏的态度，努力发现各科老师的优点和自己在该科所掌握的知识量上是否有进步。因为在让每一位同学成长为一个全面发展的人这一方面，我们学校的所有老师和每一位同学的家长的出发点都是一样的，都是希望大家能够健康成长，文明守纪，全面发展，持续进步。

同学们，在学习上互助，帮助别人提升短处与弱点，在评价上欣赏，欣赏他人的长处和优点，会让我们即使身处冷冬，仍然感到内心温暖。

我的发言结束，谢谢大家！

第九节　争分夺秒复习，全力以赴备考

——周一国旗下的讲话

同学们：

今天升旗仪式上讲话的主题是《争分夺秒复习，全力以赴备考》。

本周是本学期的第18周，接上级教育主管部门通知，下周的周四、周五将举行期末考试。

从现在到期末考试，仅有10天的时间。为了让我们每一个同学都能在期末考试中获得理想的成绩，每一个班级，每一名同学，需要做到以下四点。

一、做好疫情防控，确保能在校安心高效学习

过去的一段时间，广州荔湾区等一些地区出现了新冠肺炎疫情防控风险，好在我们学校所在的区域在全体领导、老师、学生家长的严防死守下，没有出现疫情风险。在接下来期末考试前的这十多天里，我们全体同学以及全体同学的家庭，要严格按照上级教育主管部门的防控要求，积极做好各项防疫措施。一项都不能漏，一个都不能少，确保我校的学生都能在期末考试前按照上级领导部门和学校的防疫要求，做好防疫工作。让我们大家都能在学校里安心高效复习。因为在学校里学习和复习的效果、效率，肯定会比在家里进行线上学习要好。等到期末考试结束和初三中考结束后，我们大家才能阶段性地松一口气。

二、重基础，重落实，重过关，重得分

到现在为止，各科要讲的知识点、重难点等内容，各位老师应该都跟同学们讲解完了。大家在利用最后一段时间复习时，需要做的就是将基础知识点、基本考试题型一一唤醒、逐一过关。过去在作业和考试中，自己曾经出

现过的错误、各科老师反复讲解过的必考易错点、自己在学习过程中出现的疑惑疑点等，都要在这10天里逐一解决，确保考试时这部分知识点与考试题能做对得分。在考前，文科科目多读多背多记，理科科目多归类多思考多领悟。遇到问题，向老师与其他同学询问请教，逐一落实，方可无悔。

三、珍惜时间，学习自律，全力以赴

时间很紧，务必珍惜。唯有自律者才有好状态。欧洲杯足球赛场上，葡萄牙巨星C罗今年已经36岁了，对于一名足球运动员来说，36岁几乎已经不可能再有什么作为了，但是C罗每场比赛都能在激烈的对抗中取得关键的进球，表现优异。记者采访他时，他说他是靠着每天早上6点按时起床，在运动场上跑步10千米，在健身房做1000个俯卧撑才保持着身体强健与良好状态的。在上周一场比赛后的新闻发布会上，C罗将面前的两瓶可口可乐换成了一瓶常温纯净水。坚决不喝碳酸饮料，坚持每天积极锻炼，赛场下严格自律，赛场上全力以赴，使大龄运动员C罗仍保持着专业顶尖的足球运动员水准。

四、举重若轻，沉着镇定，颗粒归仓

考试前积极复习，考试时沉着镇定。面对难题，我难人难，我不畏难；面对易题，我易人易，我不大意。基础题全对不丢分，中档题稳做少失分，偏难题尽量做争取多得分。贯彻这样的原则，每个同学都能在期末考试中获得自己的最好成绩。特别是对于基础不太好的学生，尽可能地增多自己头脑里的知识储备，扩大自己有把握得分的题目类型。就像田里的庄稼在收割时，你的田地贫瘠、庄稼矮小，但此时不要去后悔以前为什么没有努力耕耘，也不要去埋怨自己以前为什么没有除草施肥，对于这些基础不好的同学来说，特别需要的是小心收割、用心收获，不让麦穗掉落地上或者被小鸟吃掉，确保考试收获的时候，能将头脑里已经掌握的知识点，全部颗粒归仓转化为得分。

同学们，考试全力以赴，考后欣然接受。如果对自己的期末考试成绩满

意，就带着这一份自信继续努力振翅高飞，如果觉得自己的成绩不理想，在下一次的考试到来之前，提前规划、提前启动、提前拼搏，这样，我们每个同学才无愧于我们所度过的青春时光。

第十节　体育的意义

——2021年体育节闭幕词

同学们，在本届体育节即将落下帷幕时，我想跟大家谈三个话题：体育的重要性；体育的意义；体育如何继续。

一、体育的重要性：让我们更好地生存与发展

在远古时候，注重体育能让人类更好地生存。在人类与大自然搏斗时，总是身体素质更强壮的人能够战胜猛兽，获取猎物。在冷兵器时代，也总是身体素质更为强健的将士有可能在战场上战胜对手，荣耀班师。张飞、关羽就是体育素质强大的佼佼者和胜利者。

现在步入了文明时代，体育强，能让人们增强免疫力，让身体更健康，将来参加工作的时候，可以为国家，为社会做出更多的贡献。

对于我们学生来说，体育学科越来越重要，从每年都在增加的中考分值中就可看出。目前体育学科在中考中的分值是70分。上级的教育文件已经明确，再过几年后，体育学科在考试中的分值要增加到与语数英一样，达到120分。

二、体育的意义：让我们学会文明

我国著名主持人白岩松说过：体育，不仅要注重体，更要注重育。巴西球王贝利说过，参与体育比赛，让他学会了很多在书本上学不到的知识。在这里，我想与大家交流，我们应该从体育比赛和体育运动里，学会些什么。

每一个项目，我们都可以报名参加。每一次比赛，我们都全员见证。在

参加比赛和观看见证中，我们学会了什么叫重在参与。

每一场比赛，都会有严密的组织者、无私的志愿者、公正公平的裁判。我们每个人都在运动规则的指导下竞技竞争，这一切让我们大家学会了敬畏规则。

比赛前不发生争端，比赛时全力以赴地奔跑撞线，即使领先仍然竭尽全力，让我们明白了什么样的举动叫尊重对手。

团队比赛项目中，同属于一个队的队员，彼此信赖，相互支持，共同争胜，这让我们明白什么是团结协作。

比赛时，不管是领先还是落后，我们都在尽自己最大的力量奔跑着，跳跃着，前进着，这让我们学会了什么叫努力拼搏。

比赛过程中，运动员有疲惫的瞬间，有落后的时刻，但他们仍然不断奔跑，努力向前。这让我们明白了什么叫永不放弃。

当我们由于实力不足或者运气不好暂未取胜时，我们大方地向获胜者道一句祝贺，这是在欣赏优秀。

一次比赛失利了，但我们仍然热爱运动，积极训练，下次继续参赛，让我们明白什么是从头再来。

在比赛中如果对裁判的判罚有异议，我们没有谩骂攻击，而是在规则允许的范围内，向裁判和组委会如实反映，让我们知道了理性申诉。

就算真的在比赛中被冤枉、被针对导致失败，我们采取了必要的方式解释申诉后，仍然没有将结局改变，我们至少还可以学会放下与释怀。因为生活不仅仅只有这一次的比赛，生活还有更多的变局和未来。

三、体育的继续：让我们融入体育精神，保持运动习惯

在本届体育节上，我看到了同学们良好的精神风貌，看到了各班同学们的团结协作，看到了运动员们的努力争先，看到了各班啦啦队员的火热呐喊，看到了老师们的精心组织，看到了家长朋友们的热心资助。所有的这一切，推动了我们学校这一届体育节的成功，让我们在场的每一个人都留下了难忘的回忆。

本届体育节即将闭幕，但我们每个班级、每个同学的体育精神和体育意识，不会随风消散。

我希望大家在每一个大课间都全员参与积极锻炼。体能操跳高时，你能跳多高就跳多高，高抬腿快跑时，你能跑多快就跑多快。我希望大家在每一天下午的晚锻炼跑操时，精神昂扬，声势雄壮，展示每个班级同学们的青春活力。我希望我们每个班的路队整齐迅速，纪律鲜明。因为这些不仅是学校的要求和标准，更是体育本身的追求与信念。

最后，让我在这里再说一句感谢。感谢所有老师的用心付出！感谢同学们的积极参与！感谢家长们的大力支持！感谢所有的精彩与好运！

第十一节　如何提高单位时间的效率
——周一国旗下演讲

同学们，今天我讲话的题目是：如何提高单位时间的效率。

时间对于每一个人是公平的，同时又是不公平的。说它公平，是因为每个人每天都拥有24个小时，说它不公平，是因为每个人的时间利用效率不一样。有的人虽然过了一天，但只有一半的时间是有意义的，有的人过了一天，却获得了超过24个小时的收益。

那么，我们应该如何珍惜时间，如何提高单位时间的效率呢？作为一个老师，同时也是一个很多年前的中学生，结合自己的经历与思考，分别从课上、自习课、课外生活三方面，跟大家谈谈如何提高单位时间的效率。

一、在课上如何提高效率

课堂是我们学习的主阵地，为了提高课堂学习的效率，我们可以在以下几点上努力做好。

1.课间十分钟休息时间，可以提前准备好下节课要用到的书本、资料、文具、稿纸等，可以提前查看老师发下来的作业，查看自己的错题，思考自己错在何处等。

2.专心听课，边听边记，用心领悟，不懂就问。听在重点处，记在关键处，悟在迷惑处，问在疑难处。

3.课堂作业独立完成，做题细心，边做边思。结合做过的每一道题，理解知识的来龙与去脉。

4.课上遇到疑难问题和疑惑知识点时，立即用几个关键字记在本子上，课后询问老师和小组里的同学。不要等到要问时却不记得自己的学习疑惑了。

二、在自习课上如何提高效率

现在每天都有自习课，决定我们每位同学成绩差距的，是自习课时的状态；决定我们每个人人生高低的，是独处时的收获。为了提高自习课的效率，我们要做到：

1.静心绝虑，目标专一。自习课上的每一个时间段内，专心致志地做好一件事。

2.文理相间，调换思维。学完一段时间的文科科目后，再做一段时间的理科习题，让大脑的不同皮层轮换施力。

3.多种感官，协同配合。不管是读书背诵，还是做题思考，做到眼耳手心，协同配合，眼到，耳到，手到，心到。

4.针对错误，训练纠正。将作业及考试中犯过的错误，出现的错题，逐题搞懂，并记在专门的错题本上反复查看领悟。不再犯同样的错误，就是最好的巩固提高。

5.纸条提醒，心理暗示。在课桌的显眼处，写一句励志的语句、激励的目标或者学习习惯的规范等，时时提醒自己。

三、在课外生活中如何提高效率

在教室里学习，就要扎实地学，到教室外玩耍，就要痛快地玩。在课外时间和校园生活中，我们要做到：

1.散步运动，劳逸结合。学习累了，走到操场望天上白云舒卷，看校园鲜花盛开。既要心有大志努力学习，又要心灵纤细细嗅花香。

2.在生活区就餐、洗漱、整理内务时要迅速，按时作息，不拖拉，不喧哗，不打闹，不癫狂。做好自己的事情，不给同学及老师带来麻烦。

3.内心烦躁，不想学习或者做事情的时候，可以坐下来阅读书籍或者练习写字。阅读就是静心，练字就是练心。

俄国作家雷马柯夫说：用分钟来计算时间的人，比用小时来计算时间的人，时间多59倍。在经济最富活力的珠三角地区，有这样一句话：时间就是金钱，效率就是生命。我们只有珍惜每一分钟，提高学习的效率，才能让每一天都过得有价值，从而让我们的人生过得更有意义。

第十二节　珍惜青春，有所作为

——2022年在"奋斗者，正青春"青年礼暨入团退队仪式上的讲话

同学们，今天是一个美好的日子。我们在这里隆重集会，举行"奋斗者，正青春"为主题的青春礼暨入团退队仪式。七年级的同学交还了红领巾，虽然不再是少先队员，但大家都已成长为一名有着美好向往，立志报效祖国的优秀青年。

今天，我们中间最优秀的一批青年代表，先行加入了光荣的中国共产主义青年团。暂时还未加入共青团的同学，也期望凭借你们的火红愿望，凭借你们的优秀表现，凭借你们的积极争取，早日加入共青团的组织。

在场的所有同学，基本上都是处于13—17岁之间的黄金年华。在中国有很多栋梁精英，都是在和你们相仿的年龄阶段为国家与社会做出了巨大贡献，或者立下了宏伟的志愿。广东湛江的跳水运动员全红婵，14岁代表国家获得东京奥运会的金牌，周恩来总理立下"为中华之崛起而读书"的志向时，只有13岁。

只要我们愿意，只要我们努力，我们也可以在最宝贵的年华做出努力或

者立下宏愿。

同学们，今天还是一个特别的日子。今天是5月20日，据网络民意和社会舆论宣传，5月20日代表着"我爱您"。我们在这里也可以大胆地表达我爱您，因为"您"有着具体的指向。我爱您的这个"您"，可以是我们强大的祖国，可以是我们和谐的社会，可以是我们温馨的家庭，也可以是上进的自己。那么，我们应该如何表达这份爱呢？

从祖国需要的层面来讲，她需要一批又一批的杰出人才，所以，我们要努力学习，将来升入高等学府，毕业后为国家贡献自己最大的力量。虽说劳动没有贵贱，但是贡献有大小。为了我们将来能为国家做出更大的贡献，现在我们要努力学习，掌握知识，让自己尽可能地升入优质高中和著名大学，参加工作后，为国家综合国力的提升献出自己的力量。

从社会需求的层面来讲，我们要遵规守纪。将来不管从事哪个行业，不管做什么样的工作，我们都需要遵纪守法。因此，现在在学校里，大家要有守纪意识与敬畏心理。对规则敬畏，对老师尊重，对同学友爱，对他人关心，做一个有道德爱心，有纪律秩序，有良好行为习惯的中学生。

从家庭期盼的层面来讲，我们要感恩父母、懂事向上。当父母见到大家都在进步时，他们会露出欣慰的笑容。多年后，我们也会成为一名父亲或者母亲，那时，我们也可以将自己的良好品行与美好期盼传递给我们的孩子，相信下一代的孩子也会像我们一样懂事明理。

从个人成长的层面来讲，我们要有优良品行。身处中国现阶段富足文明的时代，我们可能不再为温饱发愁，但我们要有自己更远大的理想，要有自己更有意义的追求，让自己拥有先进的思想、前瞻的见解、高雅的品位、美好的情操。具体来说，在学习上要做到培养爱好，全科发展；在生活中要做到礼敬他人，文明优雅；在独处时做到爱好阅读，思考感悟；在交往中做到展露微笑，心存善良。

同学们，奋斗的心态可以永恒，但青春的时光只有一次。让我们珍惜青春的美好与短暂，做到努力学习，遵规守纪，感恩父母，品行优良，让自己成为一个珍惜青春、积极向上、有所作为的新时代青年。

第十三节 说文明语言，树优雅形象

——周一国旗下讲话

同学们，早上好！今天我在国旗下讲话的主题是：说文明语言，树优雅形象。

今年7月，日本东京奥运会上，羽毛球小组赛D组的第二场比赛，中国的女双组合对阵韩国队。中国选手在先输第一局的情况下，连扳两局赢得了比赛，但作为电视机前观看比赛的观众，我一点儿也高兴不起来。因为在比赛现场，两位中国选手多次大喊不文明语言。非礼勿讲，鉴于这两位中国选手所喊的不文明语言太过脏污，我在这里不便复述。我相信，观看比赛的很多观众面对大声叫喊污言秽语的中国选手，也一定如鲠在喉，极为不适。虽然赢了比赛，却输了形象。对着外国竞争对手说污言秽语，外国人不明所以，但听懂的全是中国人，这让支持中国队的广大同胞极为难堪。

同样是在这次奥运会上，来自中国的33岁短跑选手苏炳添，凭着自己的顽强拼搏，以9.83秒的百米跑半决赛第一名成绩冲入了奥运会百米赛场的决赛，打破了黄种人在百米赛场上的纪录。赛后，苏炳添面对记者的采访，表现得谦逊优雅而又理性从容。记者问他，为什么不能把9.83秒的成绩持续保持到决赛，这样就可以冲击奖牌甚至有获得冠军的可能。苏炳添说："我现在的实力，还不具备在一天内连续两次跑进9.90秒的实力，为了能进决赛，和世界上最优秀的百米选手同场竞技，我在半决赛上拼尽了全力，而面对两个小时后就要展开的决赛，我的身体机能还不能完全恢复过来。"记者又问："如果由中国来组织一次世界百米跑的锦标赛，将百米决赛放在第二天来进行，你是否可以取得冠军呢？"苏炳添答道："也不行，一天后我可能会恢复得更好，但那些百米跑的世界级优秀选手也可能恢复得更好。我现在在国家的支持和训练团队的帮助下，先前进到这里，以后，寄希望于中国其他更有天分的选手，去努力拼搏，创造新纪录。"

苏炳添虽然没有夺取奖牌，但他赢得了全国人民的喜爱与支持，赢得了世界的尊重与关注，他的努力拼搏和文明优雅，让他成了小米品牌的代言人。现在，苏炳添一边继续接受着高强度的训练，一边在暨南大学体育学院当老师，受着人们的尊敬。在羽毛球赛场上口吐污言秽语的两位选手，尽管获得了银牌，但没有一家公司找她们代言，奥运会结束后，几乎都看不到她们的身影了，因为大家都不愿与不文明的人联系在一起。

在我们美丽的校园里，也有部分同学常在校道、走廊、宿舍等地方爆出粗口，而像苏炳添那样文明、优雅、理性、从容的身影，也在我们美丽的校园里不断涌现。孰优孰劣？尊重谁、鄙视谁？哪种行为我们要学习，哪种行为我们想避开？我想，大家的心里都会有明确的是非判断，因为我们有着五千年中华文明的国人一直以来对文明礼仪十分崇尚。

作家梁晓声，曾对文明与文化作出过一番精准的诠释。梁晓声说："文化与文明，可以用四句话来表达：根植于内心的修养，无须提醒的自觉，以约束为前提的自由，为他人着想的善良。"根植于内心的修养，就是让我们说文明话、做文明事，加强个人的语言修养与行为修养；无须提醒的自觉就是让我们从他律走向自律，从他觉走向自觉；以约束为前提的自由就是让我们在自由行使自己的权利时，要有所顾忌，不能侵害他人的利益；为他人着想的善良就是永远保有一颗恻隐之心，永远心中向善。

同学们，言为心声。我们的语言反映我们的心性，我们的行为映衬我们的追求。见到老师说"老师好"，同学之间多说"请，谢谢，再见，对不起"，集合排队快速、安静、整齐，做到这些，就能充分展现我们的文明素质。

在中国这个礼仪之邦，在学校这个文明场所，我在这里号召大家：在表达交流时，说文明语言；在学习生活中，展文明行为；在公共环境中，树优雅形象。

第十四节 心的沟通 新的共融

——2019年在中学部家长委员会代表会议上的讲话

各位家长委员会代表：

大家晚上好！

今天是华附中学部家长委员会代表共聚一堂，开会并选举中学部家委会主席的日子。今天这次会议的主题是"心的沟通，新的共融"。

借这个机会，跟大家讲四个关键词。

一、感谢

一方面是感谢各位家委会代表，将孩子送到阳春华附，交给我们来教育培养，感谢大家的信任与托付。另一方面，各位代表都是社会各行各业的精英领袖，每位代表的工作生活都非常忙碌，但在学校发出一个开会通知后，都能在百忙之中拨冗莅临，我和华附学校的所有领导、老师，都深表感谢，感谢大家对华附学校的大力支持。

二、荣誉

在座的每一位代表，能被各班的班主任推举出来，能被各班的家长朋友们拥护支持，是在座朋友们的极大荣誉。我们在推举各班家委会代表时，遵循如下原则：正能量足；热心公益事业；有一定的社会影响力；愿意与学校坦诚沟通；积极关注孩子们的教育成长。其中，我们把正能量足放在第一位，把热心公益事业放在第二位。虽然各位代表没有任何工资待遇，但身上的这些光荣的标签，就是大家最大的荣耀。

三、合作

大家以前可能互相不认识，但在家委会这个平台上认识之后，完全可以进行一些互助的合作。我以前工作的学校，有很多学生的家长是慈善团体"狮子会"的成员。加入这个团体，会被颁发一个铭牌挂在车上。这些"狮子会"的成员开着这样的车出去谈生意合作，比开着奔驰宝马还要受尊重。我们在座的每一位家长朋友，能被推举为各班的家委会代表，本身就说明了大家具有正能量、热心公益、不计私利、胸怀宽广，有这样积极的光辉形象，在互助合作时定会让人愉快与放心。

四、希望

希望各位家委会代表引导并带领各班的家长朋友们，多理解支持学校的教育教学，多跟学校领导和老师们提各种合理化建议，多宽容包涵学校工作中的不足与失误，多宣传推介学校与孩子们的成长与进步。希望各位家委会代表，在遇到学校工作中出现的暂时失误时，多理性表达，合理沟通。我们建立家委会并不是要让各位家长朋友们将嘴巴捂住，而是让大家自由地发表意见。我们最终的目的都是为了让孩子们取得进步，让学校办得更好。从这个角度上来讲，我们大家的目标是一致的。希望大家在以后的工作中多为学校、班级出谋划策，积极对孩子们关心关注，让学校、家庭、社会做到和谐共融。

好，我的发言结束，谢谢大家！

第十五节　最后一道防线，必须坚守不退
——给4月27日返校学习的初三同学们的寄语

2020年4月27日，是上级教育主管部门规定的初三学生返校的日子。2020年新春之后的正式返校，由于史无前例的新冠肺炎疫情的侵袭与防控，同学们返校学习的时间一再推迟。在上级教育主管部门的部署下，尽管全体师生经过了两个月扎实的在线课堂教学，但在将要检验大家学习效果的中考面前，我们的老师，我们的家长，包括我们很多同学自己，总感觉惴惴不安。过去

两个月的在线课堂教学的效果达到了吗？我这两个月的努力与拼搏能抵得住优秀的同龄人的挑战吗？剩下的两个多月的在校学习时间够吗？我能把各科老师教给我的知识融会贯通吗？

在回答大家都在关心的这几个问题之前，我先来讲一讲三国时的一场重要战役。

三国战乱时，有三次著名的以少胜多的大战役：官渡之战，赤壁之战，夷陵之战。前两次战役，同学们从各种书籍或者影视作品里看得比较多，我在这里简要讲一讲夷陵之战。

吴国打败了关羽，夺回了刘备久借不还的荆州后，面对曾说出"虎女安嫁犬子"的高傲的关羽，孙权盛怒之下将其枭首。这一下，可捅了马蜂窝。刘备不顾诸葛亮的苦劝，举蜀国七十万大军，翻山越岭，浩浩荡荡，杀奔东吴。而吴国可以征调的兵力仅十来万人。危急无奈之下，孙权将吴国最精锐的十万大军，连同自己及家国的荣辱兴衰，托付给一个一直在书斋苦读兵法的青年将领陆逊。

诸葛亮曾对刘备说，陆逊十年铸剑，不露锋芒，千万不能小视。刘备却倚仗自己戎马一生、临敌经验无数而丝毫不以为意。

东吴大都督陆逊率领十万将士，在夷陵山脉设置了重重栅寨，以逸待劳。蜀国军队想引东吴军队出寨战斗，安排兵士百般辱骂，东吴军队一概不理。蜀国的军队只有围住东吴的每一道寨门，拼死攻打。东吴军队在陆逊的调遣指挥下，以守为攻，居高临下，歼灭敌人，不断消耗着蜀国的有生力量。栅寨在蜀国军队的猛烈进攻下逐渐毁坏时，陆逊安排军士有步骤地后撤到下一个栅寨。当军士一再弃寨退守时，东吴的众多将领大为不满，闯进大营质问大都督陆逊，为什么要一而再再而三地退守败逃，为什么不与蜀国军队正面决战。

面对东吴将士的义愤填膺，陆逊说：虽然我们一再退守，但我们并没有败逃，东吴将士的军力与斗志仍在，只要军力与斗志仍在，失去多少城池都可拿回。陆逊指着远处猇亭的大寨说，那是夷陵山脉最后的一道山梁，敌人若突破了此处，我们将无险可守。猇亭大寨，就是最后一道防线，我们必须坚守不退。到时，面对强弩之末的蜀军，我自有奇兵取胜。

同学们，在新冠肺炎疫情的侵袭和严密防控的压力下，我们没有败逃，而是在党和政府的正确领导下，保存军力与斗志，保存健康的体魄，退守到最后一道防线——4月27日的返校学习日。在这道防线上，我们要战胜新冠肺炎疫情，战胜自己的懈怠，战胜最后的中考，我们必须在这道防线上众志成城，坚守不退，夺取最后的胜利！

那么，在最后这道防线的栅寨上，我们应该悬挂什么样的牌匾，来激励和明示我们的意志与决心呢？

1. 科学防疫

要严格按照上级教育部门及学校的各种防疫措施实行操作。不聚集、不扎堆、勤洗手、戴口罩、与他人保持1米的安全距离。

2. 争分夺秒

从4月27日返校学习到7月20日的中考决战，时间仅两个多月，与原计划在校学习的时间相比，少了一个多月。虽然我们在家里在线教学，但与在学校有老师组织指导的教学相比，效果肯定会打折扣的。因此，我们需要在剩下的84天里，珍惜时间，争分夺秒，力争将错失的复习时间弥补回来。

3. 夯实基础

各科的中考试卷，绝大部分题目都是考查基础知识，只要理解并掌握基础知识、基本计算、基本原理、基本技能，要在中考中取得好成绩都是没有问题的。当中考结束、成绩揭晓时，如果有哪位同学成绩不理想，那一定是因为某些基础题没有做对。

4. 重点突破

要想突破自己在平时模拟考试中的得分极限，需要大家把最重要的时间与精力花费在自己科目知识的难点与疑点上。对于某个科目来说，哪一方面的专题领悟得不深，哪一方面的知识掌握得不好，就要把这一方面作为重点，下大功夫进行突破。

5. 逐题过关

在中考前的这一段时间里，各位老师会和大家紧密站在一起，给大家做重要、经典的对中考有指导意义的典型试题。题目浩如烟海，我们不可能做尽，但只要做过的试卷，只要曾错过的试题，只要是老师评讲过的题目，我们每一个人，都要在头脑里牢记领会，举一反三，不允许自己遇到类似的题目时再度出错。

6. 超越目标

从现在开始，每个同学都可以结合自己以往最好的成绩、最好的名次，给自己定一个跳一跳就够得着的目标。取法乎上得其中，取法乎中得其下，取法乎下则无所得矣。自己的目标定高一点，至少会让我们在向那个目标奔跑的过程中，暂时忘记疲劳，增加奋斗的勇气。

7. 专心专注

从现在开始，到最后的中考，每个人肯定会在学习与生活中受到其他因素的干扰。比如考试失利的打击、人际关系的处理、竞争压力的加大、劳逸结合的调节等。但只要我们每个人，在每一科目上，在每一节课上，按照班主任和科任老师们的复习计划，专心专注学习，拼搏努力提高，就一定会得到奇兵相助，取得最后的成功。

8. 细心细致

把平时做的每一次练习，都当作考试一样处理，把关键的考试当作练习一样对待，你就一定可以取得自己最好的成绩。因为在平时的练习里，在关键性的考试中，都要养成细心细致的做题习惯。沉着冷静、谦虚谨慎、戒骄戒躁、心细如发，永远都是我们应该保持的学习状态。对手不认输，言胜总嫌早。中考不结束，绝对不放松。

9. 相信自己

不管学习中遇到什么样的困难，不管在考试里遇到什么样的难题，要始终相信自己。相信自己过去长时间的积累，相信自己曾经挥洒过的汗水，相信自己付出的所有努力，相信老师们一定都把独门秘籍传授给了自己。对待考试中的难题，相信我难人难我不畏难，对待考试中的易题，相信我易人易我不大意。

10. 乐观必胜

中考前的复习备考，是一个学生经历的第一次身心锤炼。在锤炼的过程中，要始终保持乐观开朗的心情。感觉有点撑不住的时候，大可以放下试题走出教室，在操场上散散步，听听鸟鸣，细嗅花香，眺望远山，遥看云舒。生活的多彩、心情的乐观，比紧张的学习、枯燥的试题要美好得多。当我们竭尽全力地复习备考、心情舒畅地走出考场，我们就可以问心无愧地对父母、对老师、对自己说一声，我们胜利了。因为我们战胜了中考，我们超越了自己。

如果做到以上十点，新冠的侵袭，犹如强弩之末，中考的难关，只是齑粉残墙。面对最后一道防线，我们必须坚守不退。

同学们加油！中考必胜！

第十六节　同学们，假期我们可以做些什么？

同学们，从这周开始，我们就进入了轻松悠闲的寒假。与在学校紧张忙碌的学习时光相比，寒假期间的生活安排、自主自律、他人监督等，会有很大不同。

在属于自己将近一个月的寒假时光里，我们究竟应该做些什么，才无愧我们中学生的身份与责任，才无愧我们新时代的追求与品位呢？

1. 尽可能地按照学校的作息时间起居生活。在假期时间里，先要完成老师布置的寒假作业，要让自己每天都保持学习做题的状态。如果有时间与意愿的话，还可以提前自学下学期的理科类和英语科目的学习内容。

2. 阅读自己喜欢的课外书籍。通过阅读，了解外面的大千世界，丰润自己的敏感心灵，感悟文字的排列组合，领略作者的独特表达。语文老师推荐的必读书目要读，自己想读的其他书籍也可以买来读一读。你读的是什么书不重要，就怕你没有自己喜欢的书籍，就怕你不知道自己想读什么书。

3. 如果疫情防控允许，如果父母能带你远游，那么，就尽情跟随父母外出游玩。在确保安全的情况下，多了解外面各地的风土人情，多体味现实世界里的芸芸众生，多游览祖国的大好河山，多感恩时代的丰富馈赠。如果父母愿意给现金让我们去购物，我们更要珍惜这样的机会，多与销售人员讨价还价，多关注各种商品的折扣率，多计算付出的钱与找回的钱之间的数量关系，多学习领悟生活中的数学知识。

4. 宅家时除了打打游戏放松娱乐之外，多利用互联网来开阔眼界。现今时代，完全禁止一个孩子接触游戏，不现实也不合适，但每个孩子都应知道适可而止。每天只能在规定的时间段玩适量的游戏。在交友和益智类游戏中，多注重交友和益智功能而不是游戏成瘾。

5. 观看网络视频时，多看能提升自己眼界与思维的视频内容，多看名家大咖主持的文化访谈节目，多看能开阔眼界、震撼认知的电影名片。比如：每到寒假，马东、李诞、蔡康永、薛兆丰等文化界名人主持的《奇葩说》系列节目，豆瓣评分很高的电影名片（附在后面）等，都值得我们观看学习、揣摩感悟。网络永远是为我所用，而不是我为网络所迷。

6. 每天留出一定的时间锻炼身体或者培养文体爱好。跳绳、跑步、疾步快走、球类运动、乐器演奏、美术培训、书法训练等都可以。通过锻炼，保持身体的活力，缓解学习的压力，与他人友好交往，与社会紧密接触。

假期既要休息娱乐，又要学习提高。学习方面除包含完成老师布置的书面作业之外，还包含着与他人交流，阅读自己喜欢的书籍，观看自己想看的视频，对身边的各种现象开始有自己的观点与思考等，这一切都是在学习。读万卷书不如行万里路，行万里路不如名师指路，名师指路不如自己顿悟。凡有所学，皆有提高。

假期是用来弯道超越的。你只有在别人看不见的地方默默努力，才能在大家都看得见的地方惊艳绽放。愿假期归来，我们都是充满活力与智慧的青春少年。

附上我个人觉得好看的电影。每一部都值得一看，看完后再搜索相关的影评解析，深入理解电影故事，多角度理解电影内核，再二刷甚至三刷，锻炼自己的理解和感悟能力，让自己在电影之外，见识到更多优秀编剧、导演和演员，让自己真正认识到天外有天，人外有人。

1.《老无所依》（科恩兄弟导演的最好电影）

2.《八恶人》（鬼才导演昆汀导演的好看电影）

3.《低俗小说》（昆汀作品，力争看懂整个故事的剧情发展，见识充满昆汀个性的电影编辑剪切）

4.《看不见的客人》（西班牙悬疑电影的代表作）

5.《网络迷踪》（电影居然还可以这样拍，开拓认知）

6.《记忆碎片》（一遍是看不懂的，看完第一遍后，立即看电影解说视频，再来二刷）

7.《星际穿越》（符合科学原理的好看的科幻电影）

8.《空军一号》（让人完全放松的一部爽片）

9.《生死时速》（节奏把控、情节设计俱佳）

10.《空中营救》（还可以这样编剧，刷新认知）

11.《国家公敌》（二十年前拍的电影，看完决不后悔）

12.《肖申克的救赎》（电影史上的名片，每人都需要看一遍甚至多遍）

13.《千与千寻》（较好的动画片）

14.《中央车站》（值得一看的巴西电影）

15.《穆赫兰道》（如果想挑战自己的理解能力，可以在看完第一遍后，再看电影解析，接着看第二遍，定会震惊）

第四章

行有所思

第一节　走马观花看中国台湾

2019年8月6日，在广东广之旅陈导游的带领下，随同公司领导一行，飞到了祖国的宝岛台湾，开始了为期一周的观光旅行。

一周的时间太短，只好走马观花看中国台湾。

一、环境与风光

就城市环境与自然风光来说，中国台湾有的，大陆都有。

中国台湾的城市，比如台北、台中、高雄，就其城市面积大小、高楼大厦规模、常住人口数量来说，与大陆的二线甚至三线城市差不多。中国台湾唯一的标志性大楼——台北101大厦，说是101层，但听地陪谢导游讲，基本上只开放使用到90层左右。最上面的10层，只有极个别的人，由于某些特别的原因，曾短暂登临过。

中国台湾的乡村，与大陆的农村相比，相差很大。在中国台湾乡村所看到的房子，一半都是由集装箱或者铁皮房所改造的居住空间，和大陆农村普遍能看到的钢筋混凝土砖瓦房相比，会顿生时空错乱之感——这是在经济发达的地区吗？

不过，在环境卫生和垃圾收捡方面，不管是中国台湾的城市，还是乡村，却是做得井井有条、一尘不染。

中国台湾的自然风光，山、水、林、海等，与大陆的都差不多。只要在中国台湾能找到的，在大陆地区都能找到类似的风景。但山的雄奇如湖南张家界、水的幽清如广西漓江、林的茂盛如湖北神农架、海的恒温如海南三亚等，却是在中国台湾找不到的。

中国台湾独有的环境与风光也有两处：台北故宫博物院和台中日月潭。

在国民党军队败退中国台湾之前，北京故宫博物院的众多文物，只要是便于装箱和携带的，全部被运到了中国台湾。再加上日本战败后，归还给中国的部分文物，一并还给国民党政权。所以台北故宫博物院里，可以看到历史课本上太多的文物真迹。有可以证明中华民族源远文化的远古时代的各种青铜器、陶罐；有价值连城的唐三彩、明青花；还有清朝众多皇帝把玩的小物件、喜好的珍藏品等。

北京的故宫博物院，从某种程度上说，只留下了中华民族建筑的外壳和传承的硬件，而台北的故宫博物院，却是保管着中华民族的精神图腾与历史见证。相信总会有一天，血脉相连的北京故宫博物院与台北故宫博物院的这些历史文物，一定会再度聚合喜庆重逢。物质与意识，身体与精神，肉体与灵魂，现实与情怀，只有当他们完美结合时，一个人，一个群体，一个民族，一个国家，才会真正地完美和谐、归依统一。

中国台湾中部南投县的日月潭，是中国最美的湖水之一，周围群山环抱、中央潭水碧绿。这样的风景名胜，当年可是吸引过众多的国民党大佬们时常流连。在返回故乡的希望越来越渺茫的时候，蒋介石、宋美龄夫妇只有每隔一段时间，就寄住在日月潭边的山上行宫里，寄情于日月潭的美丽湖水，怀念着大陆的大好河山。

跟随蒋介石来中国台湾的一众国民党要员，从刚开始的热血沸腾积蓄力量，到后来的年老力衰返乡无望，他们该是经历了怎样一种痛彻心扉和希望破灭后的悲凉绝望。所以，就有了于右任老先生，站在湖边山顶上发出的那首怀乡思国的悲怆绝唱：

葬我于高山之上兮，望我故乡；
故乡不可见兮，永不能忘。
葬我于高山之上兮，望我大陆；
大陆不可见兮，只有痛哭。
天苍苍，野茫茫，
山之上，国有殇。

二、安全与友好

不论是在中国台湾的名胜景点跟团游览，还是在中国台湾的大街小巷自由穿行，所见到的中国台湾都非常安全，所接触到的中国台湾人都非常友好。

有一次晚上10点，我在台北市一个公交车站等车，等了好久都没有一辆公交车来。一位在街道对面等车的大姐过来问我要到哪里。她得知我要去的酒店后，对我说，这个街道是单行道，公交车返回时不经过这里。而且，这么晚了，最好到下一个干线站点去等公交车。当得知我人生地不熟时，她主动带我穿过两个街区，到了干线的公交站点后才返回。

在中国台湾，总会受到别人无私的帮助和善意的提醒。有一天傍晚，我来到蒋宋夫妇生前所住的台北士林官邸。由于官邸在每天17时关闭，我进不去，只好在官邸栏杆外独自闲逛。远远看见一个警察，慢慢地走过来，走到我身边之后，才告知我，官邸已经下班，明天才能开放，官邸公园有三个出口，我可以选择任何一个出口离开。全程没有一句呵斥，甚至连一句高声讲话都没有。

还有一天晚上，我来到台北的"中华民国总统府"，想看一看"中华民国"的"总统"是在什么样的地方办公。"总统府"几乎没有围墙，只有半人高的一排绿植。我敢打包票，任何一个人只要伸伸脚，就可以轻松跨过去。"总统府"面积不大，绕场一周，5分钟足矣。我举起手机，刚拍了两张照片，就有一位持枪警卫过来轻声说，这里不允许拍照。我口里应承着，好的，不拍就不拍吧，但还是偷偷拍了几张。警卫远远地看着，没有任何干涉的举动。

顺便说一句，大陆人第一次来到中国台湾，与人交流没有任何障碍。中国台湾各个地方的人们所使用的语言，与普通话差不多；所使用的文字，除了少量的繁体字外，与大陆完全一样。所对应的民族习惯、思维方式、交通规则等，都完全一样。打一个比方，一个小伙子本来是准备到深圳游玩的，结果时空隧道让他一瞬间出现在中国台湾的街头，我敢断定，他在数天里，分辨不出到底是在中国台湾还是深圳。

三、文明与素质

早就听说过，中国台湾居民的文明程度很高，亲眼见识之后，觉得确实如此。

走到任何一个地方，几乎看不到白色泡沫或者塑料垃圾。街头垃圾桶的分类也很简单，只有可回收与不可回收两类。

在中国台湾，抽烟只能在抬头可以看见天空的场合。会议室、办公室、汽车里，房间里，都是不能抽烟的。就我一周内所看到的，确实没有发现一起违例抽烟的现象。

在中国台湾的公众场合，很难看到有人在那里高声谈笑。人与人之间的对话交流，就像是情侣间的丝丝耳语，低声婉转、言笑晏晏。

和大陆的旅行团一样，游客也会被地陪导游带到寺庙宝刹等地。你愿意走，随时可走；你乐意留，想留就留。如果愿意购买一件明码标价公开售买的商品，还会得到售货员一连叠声的"谢谢！谢谢！"

四、物价与收入

再来说说大家都关心的中国台湾物价问题。

中国台湾的法定货币是新台币。人民币与新台币之间的换算大概是1元人民币兑换4.4元左右的新台币。大陆人刚到中国台湾时，总喜欢把商品的标价换算成人民币再进行对比。可以这样说，差不多的商品，中国台湾的物价大约是大陆的3倍左右。一本普通的图书，大陆售30元左右，中国台湾要售400新台币左右；一桌饭菜，大陆在600元人民币左右，中国台湾却要10000元新台币左右；坐市内公交，大陆一般2元人民币，中国台湾一般30元新台币；一瓶普通的冰红茶，大陆要3元人民币，中国台湾要25元新台币。相比之下，冰红茶算是低廉的了。

中国台湾也有极少量的商品，比大陆便宜。比如汽车，大陆一辆普通的日本品牌汽车，售价在10余万人民币，中国台湾在60万新台币左右；还有汽油，大陆一升92号汽油在7元人民币左右，中国台湾是27.2元新台币，比大陆还便宜一点儿。

中国台湾商品物价高，相应的工资收入也很高。一个普通的饭店服务员，大陆的工资水平大约在两三千人民币，中国台湾可达到30000元新台币；一个普通的知识分子，在中国台湾的年收入在100万新台币左右，而大陆是10万元人民币左右。中国台湾的人工工资，也几乎是大陆的三倍。

据地陪导游介绍，中国台湾的社保扣费方面，年轻人扣得多，老年人扣得少，平常上医院看病住院，自己只需要花费很少一笔钱即可。

总的来说，是高收入、高消费、高福利。

五、两岸未来

两岸的未来会是怎样的呢？

我想，随着两岸人民的互来互往，随着两岸人民经济实力与文明程度的逐渐相似，随着两岸文化的交汇融合，会越来越感到，两岸都越来越离不开对方。中国台湾需要大陆的广阔市场，大陆需要中国台湾的资金技术。中国台湾向大陆靠近，才能在文化传承上找到归依。中国台湾与大陆互相融合，达成统一，才能真正为民族的未来谋得福祉。

对大陆人民来说，中国台湾就是最远的你，却是我最近的爱。

第二节　我的香港之行

2012年1月28日，大年初六，我们一家三口从罗湖过关，来到了一直似觉熟悉但又颇感陌生的香港。

按照网上淘来的香港旅游攻略，一入关，我们就办了三张八达通卡。用八达通卡在香港乘车，到超市购物，去吃饭买单都异常方便。

按照攻略路线，我们顺利来到了天星渡轮码头。坐上渡轮，迎着海风，十几分钟后，船慢慢地靠上了香港岛。上岛之时，虽然不如文人墨客那样有很大的感慨，但小小的激动还是有的。回首望去，九龙对岸如内地的城市一样，高楼大厦，车水马龙。

跟着人流，我们也不能免俗地来到会展中心的金紫荆广场。香港最负盛名的紫荆广场比我想象中的小多了，别说我们内地的任何一个大城市，就算是一个县级市的中心广场，都比它大十倍。紫荆广场的面积，充其量，就如一个篮球场那么大。环场一周，拍完几张照片后，按照攻略路线，我们去找湾仔地铁站。

在高楼大厦之间的人行天桥上弯来绕去，我们才后悔没有在紫荆广场广阔的空间里多享受一下暖暖的阳光和悠闲的海风。说是人行天桥，其实就是大楼之间的连廊和楼梯。

在天桥行走的十分钟里，有件事情给我留下了深刻的印象。在一个大楼里面问路时，里面的一位身材高大的主管听清我们要去的地点后，非常耐心地用夹着点港腔的普通话向我们指路。我们转过一道弯后，他还赶上来，对我们说，左转多少米后再右转，生怕我们走错路。

在庄士敦道，我们坐上了香港已快有百年历史的电车。在绕香港岛环行的过程中，香港狭窄的街道，拥挤的人群，琳琅的商品尽收眼底。在香港公园附近下了电车，穿过公园，来到缆车入口，排了近一个小时的队，我们终于乘着缆车登上了太平山顶的凌霄阁。俯视全岛，越发感到香港地域的狭小。可在这狭小的空间里，却又创造出了繁荣的物质财富和高度的精神文明。

在出凌霄阁时，有很多人排队去杜莎夫人蜡像馆，那里有许多惟妙惟肖的世界名人蜡像。许多游客为了和心仪的名人合影，不惜排很长时间的队。这些名人，就算他们的真人站在面前，我都不想浪费时间排队去和他们合影，更别说这些没有任何生命活力的蜡像了。

从山顶广场坐公交车回到山脚下，计划中一日的行程已经结束了，但时间尚早。我们就坐公交车到香港大学游玩。香港大学是香港的最高学府，前些年，几乎可以和北大、清华争夺生源。这一生，我和我的小孩可能都没有机会到香港大学学习了，但这丝毫阻止不了我们一家人对它的崇拜与向往。到了大门口，我们还担心门卫不让进。但让我们惊讶的是大门口根本就没有任何门卫，我们和其他学生、老师一样可以自由进出。

香港大学依陡峭的山坡而建，进了大门之后，根本就没有平坦空旷的地方。我们沿着曲折迂回的楼梯不断攀越而上，每上一层楼，都能看到层次分明的美丽风景。虽然楼与楼之间非常拥挤，但不可多得的空地上总是恰到好处地种植着各种花草树木，很有点苏州园林的味道。不过，是一个压扁再错落有致树立起来的苏州园林。与美丽风景一样吸引我们的，还有学校里的各种文化建设、社团招新等。让你不得不感慨于香港学子的学识和活力。

又上了几层楼，到了大学食堂，询问之后，才知八达通卡还可以在这里买晚餐吃。吃完可口的晚餐，我背着背包，一手拿着相机三脚架，一手端着餐盘准备放到回收处去，突然，手一抖，餐盘上的筷子和铁勺掉到了地上。正在我手足无措时，路过的一位女大学生停下脚步，弯腰帮我捡了起来。飘逸的秀发，友善的笑容，漂亮的容颜，连同美丽的校园一起，至今还一直留在我深深的脑海里。

出了大学校园，几经周折，我们来到了旺角。听说这里的商品物美价廉，估计住宿费用也比较便宜吧。但是找了好几家宾馆旅店，均被昂贵的房价吓住了。最后在一个小巷子里找了一家价格还算便宜的房间，但也要三百港币，里面就一张窄窄的小床和一间小小的冲凉房。对比香港的住宿条件，我们在内地的家简直就是一个超五星级的总统套房。才出来一天时间，就有点想回家了。

放好行李，我们来到大街上。香港的部分商品确实比内地便宜，比如某名牌洗发水，只相当于内地价格的一半。还有婴儿奶粉，价格也确实比内地优惠不少。但有些商品却贵得让人咋舌，比如，大街上仅仅不到一百平方米面积的珠宝店，钻戒的标价让你会误认为那是电话号码。兜了一圈，想找个普通的超市买点食品，就问一个过路的老伯。老伯相当热情，他直接带着我们转过几条街来到一个超市门口才罢休，真是让人感慨万千。

第二天早上起床后，来到一家普通的小吃店，七元一根的油条，八元一碗的白粥连要了好几次，也只让肚子填了个半饱。

香港四通八达的地铁又把我们带到了迪士尼儿童乐园。在进门的时候，工作人员要一个个地搜包，检查有没有违禁品。我们有点生气地质问，为什么不设置一个自动检查危险品的装置？工作人员带着微笑说，谢谢你的建议，我们一定会向领导如实汇报您的意见。唉，拒绝都这么温情脉脉。

乐园内人山人海，里面的商品更是贵得离谱，一个面包就卖到40港币。现在真是后悔早上没有多吃几根七元钱的油条。

中午，乐园里的卡通主角们巡游的时候，摩肩接踵、盛况空前。

玩到傍晚，才觉尽兴，坐上地铁回到罗湖口岸。在罗湖口岸等待过关的人一点儿也不比迪士尼的人少。每个人都是大包小包，装满了从香港淘来的各种物品。

排了将近一个小时的队，我们才回到内地。看着深圳光彩炫目的霓虹灯，感觉这不和香港一样吗？但细细思量，又发现有很多不一样的地方。

第三节　我的澳门之行

2013年9月19日，中秋节。一大早，我们一家三口驾车直奔珠海拱北口岸，准备到澳门来个一日游。

离口岸不远的地方，有一个停车场，每天50元的停车费虽然贵了点，但还是可以接受。我曾听一位朋友说过一句话："钱能解决的问题都不是问题，只有用钱不能解决的问题，才是问题。"深以为然。用50元钱就能让爱车有一个安身之处，能让我们在一整天的时间里没有任何牵挂地放心游玩，这可是非常划算的事情啊。

排队过关后，有很多酒店和赌场的汽车免费接送游客到澳门市中心。澳门作为一个旅游城市，它对游客的服务真是不错，你不需要回答任何人的询问，就可以免费登上任何一辆开往市区的汽车。

我们首先去了著名景点——大三巴牌坊。澳门是一个弹丸之地，它的土地面积非常小，有一个比喻，说是用阻击枪在澳门的这一头开一枪，到澳门的另一头可以找到那个弹头。这个比喻略显夸张，不过，澳门也确实很小，不一会儿的工夫，我们就到了大三巴牌坊所在的历史文化一条街。

澳门的街道非常狭窄，你几乎找不到可以让四辆车同时并行的道路，不过，每一条街道都非常干净整洁，我们手里拿着的纸巾都不好意思乱扔。

在历史文化街上，我们见到了教堂，看过了卢家大屋，更是吃遍了街道两边可以免费品尝的各种糕点小吃。没有一个店阻拦拒绝你，没有一个景点要购票收费，没有一个人对你恶眼相加。

不知不觉，我们就走到了大三巴牌坊。说是牌坊，其实就是几百年前由外国的传教士强迫中国劳工修建起来的一座教堂。只不过，在数百年的历史沧桑中，这个教堂由于火灾毁坏，如今只剩下正面的一面主墙壁，这面墙壁就成了游客到澳门必须要游览的标志性景点了。

再宏大的建筑，也敌不过时间和意外的侵袭。不过，就算最终垮塌，也总会留下让人们永远铭记的遗迹和瞬间。和其他游客一样，我也在牌坊前留下了一张照片。当我百年之后，不知道能否与大三巴牌坊一样，也能留下点什么东西，哪怕只是一面断垣残墙也好。

牌坊的旁边是澳门博物馆，博物馆的旁边就是大炮台。澳门的大炮台可比虎门的大炮台集中多了，城墙上一溜儿地摆放着几十门大炮，这些大炮有的对准海面，有的对准澳门的市区，还有几门对准着远处金光闪闪的新葡京大楼。

下了大炮台，穿过历史文化街，就到了公交车站旁。基本上澳门有名的几个景点都去过了，接下来准备返程。问过等车的老伯，说我们一家三口坐3路公交车可以直达拱北口岸，车票六港币。

过关很顺利。取到车，我们就一路返回东莞了。

第四节　我的西安之行

2013年6月25日上午，初三老师在年级领导的带领下，乘车直奔广州白云机场，去著名古都西安旅游。

好事多磨，晚点3个小时后，我们乘坐的飞机终于从广州起飞。这是我第一次坐飞机，空客A320，载重将近200人，在跑道上滑行仅10余秒，飞机就腾空而起，那一瞬间，我的心一颤。微微有些恐惧，好在我最亲密的人——我的妻子，一直陪在我的身旁。

透过舷窗玻璃，看着窗外不断飘过的云朵，心里不由感慨：人类确实伟大，能制造出这样一种交通工具；个人却又无比渺小，乘坐这种交通工具时，只能把自己的身家性命，全部托付给它。

到达后的第二天上午，我们在导游的带领下参观骊山脚下的华清池。

在中国历史上，华清池曾两次见证国家最高统治者无力控制局面，最后只能让局面处理自己的真实事件。

一千余年前，华清池曾是唐玄宗李隆基与贵妃杨玉环洗浴玩乐的地方。杨贵妃从二十余岁的青春靓丽到将近四十岁时的半老徐娘，李隆基始终不离不弃。可以看出李隆基是真心宠爱杨贵妃啊，若说数十年来，吸引李隆基的只是杨玉环回眸一笑的百媚容颜，打死我都不相信。一个大龄少妇的容颜再漂亮，又岂能比得上芳龄二八青春少女的纯情可人。

李隆基认为他穷其一生，终于在将老之时找到了像杨玉环这样的红颜知己，但他的军队将领却不这么认为。当安禄山、史思明的叛军即将攻打进来的时候，唐玄宗的军队却要实行兵谏。"六军不发无奈何，宛转蛾眉马前死。"皇帝李隆基也有无能为力的时刻，为了保住自己的荣华富贵，只有赐杨贵妃一死。

一千余年后，历史又惊人地重演，不过这一次只有兵谏而无佳人。1936年12月，蒋介石亲自到西安督军，命令张学良和杨虎城的军队向延安共产党的军队进攻。面临日寇在东北不断蚕食我们的大好河山，国民党军队内部的一部分开明军官开始怀疑蒋介石"攘外必先安内"的策略了。他们行动起来，在华清池抓住了蒋介石并把他软禁。身处南京的另一位佳人宋美龄慌了手脚，正在她不知如何是好的时候，共产党的高层领导运用极大的政治智慧促使了这一事件的和平解决。国共第二次合作，驱除日寇的统一战线开始建立。历史在此处绕了一个弯，向另一个方向流动。如果没有此次事件，中国的现状会怎样？这一切不得而知。

下午，每一个到达西安的游客都会被导游带领着去参观秦始皇的陵墓以及他的卫队兵马俑。秦王陵准确地说，并不在这里，真正的秦始皇的安息地在离此不到两公里的另一个风水宝地上，不过，还未发掘出来。

参观完秦王陵，总的感觉就是八个字：生前威仪，死后奢华。生前建立万世功勋，享受荣华富贵，死后还要暴殄天物，幻想来世继续享用。"死去元知万事空"的道理，秦始皇肯定是不懂的，但他的继位者却知道，必须借助他的死亡笼络人心，巩固统治。因此，秦二世不惜花费巨资在秦始皇的陵墓里再造"江河湖海、日月星辰"。

乘车行驶几公里后，来到世界第八大奇迹——秦兵马俑处。兵马俑已经接待过世界上数不清的国家领导人和如我一样的普通参观者了。

每一个兵马俑都是根据当时的一个真正的人制作出来的，所以每一个兵马俑都惟妙惟肖，与众不同。不知道当时被作为标本的那个人，他的命运如何。是安全回家，颐养天年？还是忠于始皇，被迫陪葬？历史进入21世纪，民主国家的领导人开始重视每一个选民的真实意愿，关注每一个活生生的个体的直观感受，而古代认为君权神授的统治者，很少关心关注底层老百姓的悲惨生活和真实想法。否则，怎么会有"硕鼠硕鼠，无食我黍"的悲怆控诉？

第三天，我们在导游的带领下来到了西岳华山。我印象中的华山是和武侠故事联系在一起的。

坐着索道，我们直达华山北峰，传说中两次华山论剑的地方就是在北峰峰顶。第一次华山论剑，全真教掌门王重阳凭着绝对实力夺得天下第一的称号。二十年后，第二次华山论剑，凭着黄蓉的聪明策划，傻小子郭靖在三百招内愣是没有输给东邪和北丐，天下第一的称号就这样被靖哥哥夺走。

古人不可见，往事不可追。我们只有和金庸先生题写的"华山论剑"的石碑合影留念了。

从北峰下来，我们就向更高峰西峰攀登。走过擦耳崖，即将进入苍龙岭的时候，一个大约有两层楼高的近乎90度的石阶把我拦住了，我几乎就要放弃，但看到有的小朋友在家长的帮助下勇敢地越过这个险关时，我也就开始试着向上攀爬。

　　苍龙岭上有一个地方叫韩退之授书处，相传唐朝时，韩愈爬上西峰在下来的途中，走到此处，看到陡峭的山壁，两腿直打哆嗦。上山容易下山难啊，韩愈先生硬是不敢往下走了，修书一封，付与从人，等待救援。我也不禁回过头去往下望，比蚂蚁还小的游人在唯一的陡峭山道上缓缓向上，吓得我也两个小腿肚子直打战。

　　在向西峰攀登的过程中，几次都遇到了挑山工，每人挑着两块正方形的石质地砖，脸上胡子拉碴，身上汗流浃背，走几步台阶就换一下肩膀。我忍不住好奇就问他们，挑一趟上山可以挣多少钱。挑山工告诉我，一趟可以挣三十元，一天可以挑两趟。

　　要上西峰，华山五云峰饭店是必经之路，但这里的食品价格高得让人怀疑人生。幸好，我们有自带的干粮。坐在旁边的小房间里，远望西峰峰顶，壁立千仞，阳刚挺拔；伸出头，从窗户里向下望去，陡峭巍峨，风光旖旎。金庸小说《笑傲江湖》里，练过葵花宝典的华山派掌门岳不群与夫人宁女侠在房间里吵架后，将记载有邪恶武功的一件袈裟从窗户里扔了出去，恰好被

躲在窗户外面偷听的林平之伸脚钩到。我仔细考察了这个小房间的外沿墙壁之后，就如那些喜欢信口开河的伪专家一样断定，此处就是林平之得袈裟处。从下面悬崖峭壁上斜伸出的一棵小树丫上，我似乎就看到了小林子卧睡在那里的身影。尽管我的老婆对我这番言论嗤之以鼻，但有一点却得到了她的赞同：一个人要想取得成功，还是得多走正道。如走邪路，就算能达成一定的愿望，但最后害人害己，林平之不就是这样的下场吗？

历尽艰难，我们终于登上了西峰。站在西峰顶上，远望群山，毛泽东的名句涌入心底："江山如此多娇，引无数英雄竞折腰。"

从西峰顶上下来，我们又向华山最高峰的南峰攀登。登上华山之巅的时候，我才真正明白，没有比人更高的山这一句话的深刻含义。由于时间关系，东峰和中峰就没有可能再去攀登了，想到人生中总是充满了各种各样的缺憾，我们也就释然了。

下山的时候，不敢再走苍龙岭那一条险峻山路，我们就坐着另外一条索道下山。韩退之老先生都不敢走的山道，我们这些凡夫俗子偏要去走，你让韩老先生情何以堪？再说，现代科技，总要有人用的嘛。坐在缆车上，我自我安慰地这样想。

第四天上午，导游领着我们去参观历史博物馆。太多的出土文物诉说着过去的强盛领先，不一会儿，就看得兴味索然。

下午，在西安古城墙东门的城楼上溜达了一圈，看着从唐朝开始就不断加固的城墙，不禁慢慢明白，中国封建社会从唐朝开始就逐渐走下坡路的原因了。一个真正强大的国家，一个真正强悍的民族，是不可能去靠修筑城墙来固守自己的领地的，他们总是不断进取融合、同化统一。是筑城、维稳，还是开放、包容，历史和现实其实已经给出了最佳答案。

第五天，导游带领我们围绕着大明宫广场的几个文物古迹转了一圈。看到大明宫，想起了以前非常喜欢看的一部电视剧《大明宫词》，耳旁似乎还萦绕着那些经典台词："迎面走来是谁家的女子，生得满面春光，美丽非凡。这位姑娘，请你停下美丽的脚步，你可知自己犯下了一个怎样的错误……"

遇不到美丽佳人太平公主，不代表就遇不到技艺高超的文化骗子。在广元殿，我们一行人被组织去听一位文化大师的宣传讲课。那位大师刚讲了一分钟，我就知道他想干什么了。再三询问确认老婆身上没有带一分钱之后，我就早早地走了出来。坐在里面听无聊的讲座，不如去到外面看美丽的风景。

由于已经看过大风景，接下来的一些小景点，就更加难以提起兴趣了。

晚上，我们就登机踏上了回程。

第五节　我的"西游记"

一

2013年7月27日，我们一家三口终于踏上了梦想中的西藏之旅。去西藏，两年前就开始筹划了。小孩今年读初一，他还愿意和父母一起出去，等再过两年，可能我们再三邀请，他也不愿意随同父母一起旅游了。

多年前，歌手韩晓曾在歌曲《我想去桂林》里这样唱道："我想去桂林，可是有时间的时候我却没有钱，我想去桂林，可是有了钱的时候我却没时间。"现在的我，虽然没有很多钱，但因为暑假休息，时间是充裕得很。我不愿像韩晓那样始终处于人生抉择的两难境地，所以狠狠心，拿出数万元，驾着我的那辆宝来小轿车，怀着担心和向往，开始了四千余公里的漫漫征程。天涯论坛上有一位驾驶小奥拓到达珠峰大本营的网友曾说过："只有到不了的人，没有去不了的车。"我很受鼓舞。

第一天，从东莞出发，驾车沿着高速公路急驰一千公里，穿过数不清的隧道，越过广东、广西两省，夜晚抵达云南边境小城富宁县投宿。出行第一天，就遇到了一个小危险，在高速路上，一辆大货车高速行驶时带起了一块小石头，重重地砸在我们车的前挡风玻璃上，挡风玻璃瞬间出现了一个裂口，还好，没有破裂。

第一天行程，除了这个小危险外，有两件事情挺让人感慨的。一件是过了佛山后，高速公路由三车道变成两车道，一个地方的经济发展水平从高速公路的车道上就可以看出。另一件是刚进入广西地面梧州市时，有一个大大的招牌写着"李济深故里",地以人传,人以文名,在任何时代都不会改变。

　　第二天出发前,仔细察看了一下轮胎,突然发现有一个轮胎的外侧有一点小鼓起,要是放在东莞,这样的问题是丝毫不会让我在意的。但此次旅行大大不同,行程远,路途险,海拔高,气压低。我可不敢拿一家三口的性命开玩笑,略一思索,决定马上予以更换。在富宁县的一个轮胎店换了两个崭新轮胎。轮胎质量看不出有什么优异,但价格却是高得让人咋舌。没办法,谁让我们在外地有求于人家呢。行程刚开始,就遇到这些磨难,这似乎预示着后面旅程的艰辛。

　　一路狂飙快近昆明时,看到有一块路标写着"石林"。这个旅游景点,妻子已经去过了,但我和儿子没有去过。走过路过不能错过,我就驾车直奔石林景区。

　　看过景区的介绍,才知道在数亿年以前,此地只是一块大大的石灰岩岩石,后来由于地壳运动,岩石被震裂,错位,再加上后来数亿年的风吹日晒,雨水冲刷,一部分石块就慢慢碎裂淘汰,而另一部分有着顽强生命力的石块就一直屹立在那里,于是形成了千姿百态的石林,供我们后人近观远望。其实人类又何尝不是如此,能够抗受住打击,经历过磨难的人,才能在最后取得成功,让人们佩服崇敬。古人司马迁,当代俞敏洪,外国哥白尼,莫不如是。

　　夜晚十二点多,我们才到达计划中的住宿地点大理市。大理因为金庸先生的武侠小说而出名,我们当然也不能免俗地去游玩一下大理古城。

　　古城不大,开车从南门穿到北门,只要十分钟就足够。和太多的古城一样,"城"还能看到一点模样,但"古"却是无论如何也发现不了的。你只能看到大量的游客和数不清的店铺。城里有一座漂亮建筑,上面写着"大理王府",我们立马走了进去。段誉和他的风流老爹段正淳已然寻不到任何踪影,但我们在王府里遇到一位打扫卫生的阿姨。这位阿姨来自深圳,两年前,卖掉深圳的一套房子来到大理,花费180万买了一套三层楼高的别墅。我们大呼羡慕的时候,这位阿姨却非常淡定地说,买迟了,要是早两年买,会更便宜。现在这位阿姨随同她的父母一起在大理生活,虽然一个月只能领到一千多元的工资，但由于大理的气候和环境非常宜人，她们一家人生活得很满足。祝这位打扫卫生的阿姨工作开心，生活愉快。

从大理古城出来后，我们开车向着另一个古城丽江进发，高速公路还没有修通，我们只能沿着颠簸蜿蜒的盘山公路一路前行。在快进丽江时，颠簸的山路又给我们制造了一点麻烦，左前门玻璃不能自由升降了。开到修理厂，师傅察看后说里面的玻璃升降机坏了，要换新的，但整个丽江市都没有，必须从昆明进货，要第二天才能修好。没办法，只有在丽江住一晚了。找到入住酒店后，天色还早，我们慕名来到丽江古城游玩。与大理古城相比，丽江古城不仅看不到"古"的味道，而且连"城"的影子都找不到。我们来到了传说中的酒吧一条街，虽然晚上七点多了，但由于丽江很晚才会天黑，只有一些酒吧歌手不急不缓地唱着一些流行歌曲。有一位女歌手叫丽江小倩，最开始就是在这些酒吧唱歌，后来自己作词作曲演唱，还出了一盘专辑。我买了一张她的碟片，仔细听了一下，歌唱得还真不错。她也曾参加上海东方卫视组织的《中国梦之声》的选秀节目，虽然她的歌声得到了评委韩红老师的高度评价，但由于她的外形不是很靓丽，结果就没有进入全国二十强。像这样有才气的女歌手在以貌取人的社会里要想成功，总是要付出比常人更多的努力，但愿丽江小倩也能够像韩红老师那样，早日取得成功。

7月30日上午，修理厂终于修好了左前门玻璃升降机，要价750元，又比东莞贵了300元。心不甘情不愿地付了钱后还得说一声谢谢。张爱玲曾说过："人生是一袭华丽的袍子，里面却爬满了虱子。"

二

经过了一长段艰险的盘山公路后，直到天黑，才到达云南省内的最后一座小县城德钦。说是一座小县城，还真是抬举了它，德钦就两条街，而且我们到达的时候，全城停电，在我们吃晚饭的时候，已经停电两天的县城才来电。我们边吃饭边自嘲道，德钦县人民要感谢我们，因为我们的到来给他们带来了光明。德钦县大街上的路灯很有意思，亮20秒后再灭20秒，如此节电，恐怕全国也为数不多。

31日一大早，我们启程继续赶路。德钦县的海拔有3000多米，都是大山，在山腰经常会遇到浓雾，从远处看，就是一团一团的白云，走近了，就是一片一片的白雾。这片片白雾与陡峭山体结合得太过紧密，如不用力细心看，还真分不清哪里是山路，哪里是云雾。

我不由得想起与诗人艾青相濡以沫41年的妻子高瑛写的几句精致的小诗："是山对云的眷恋，是云对山的缠绵；没有云的缭绕，山是多么沉寂；没有山的陪伴，云是多么孤单。"当我含情脉脉扭头望向旁边坐着的妻子和孩子时，他们顿时惊呼："看路，危险！"

我只好暗定心神，打开大灯和双闪。接下来的一路行车都非常小心。

上午九点钟，我们走到梅里雪山风景区。太阳升起来了，在阳光的照耀下，平时难得一见的梅里雪山露出了她羞涩的脸颊。雪山尖顶在太阳光的照射下发出闪闪的金光，山腰上飘着大团大团的白云。这种美丽风景，我觉得3500个常用汉字无论采用怎样的排列组合，都无法形容。旁边有很多的旅行朋友也停下车拍照摄影。有一位漂亮的女孩指着闪闪发光的雪山尖顶对正为她录像的男友大声说："老公，我要那颗最大最亮的钻石，你去为我摘下来。"逗得我们这些正在欣赏美景的游人哈哈大笑。那一瞬间，我觉得前几天所付出的所有辛劳都很值得。我们当然也不能免俗地拍了好多照片，不过，这些照片总是不能将梅里雪山美到极致的风景全部囊括。因为照相机的镜头，无论你采用怎样的角度，总只能拍到上下30度，左右40度的狭小范围，而在这个范围之外的风景丝毫不比你已经拍到的风景差，更关键的是镜头之外的风景与镜头之内的风景总有着丝丝不绝的内在联系，如果你强行隔断，那只能是一张失败的照片。

面对此等美景，我只能感叹：眼睛是最好的照相机，心灵是最好的镜头，记忆是最好的底片。

十分钟后，缓缓飘动的白云开始遮挡梅里雪山迷人的面庞。我知道，我们该向她说再见了。

中午的时候，我们完全进入了西藏地界，沿路经常会遇到向我们的汽车行队礼的西藏小朋友。有几次，我们停下车，与这些小朋友简单交谈了一下，脏兮兮的衣服，黑漆漆的小脸，羞涩涩的面容，问他们需要点什么，他们说想吃糖。可我们没有带糖，就把随身带的一些零食和果冻送给了他们，这些小朋友高兴极了。

过了西藏自治区的第一个县城芒康后，由于长时间处于高海拔地区，气压降低，氧气稀薄，头开始隐隐地疼。我知道，高原反应正慢慢袭来，再加上天色快黑了，我们就决定在路边的一个简陋的驴友之家住宿一晚。驴友之家是专门接待骑自行车旅行的游客的，有很多大学生在暑假骑车到拉萨，一方面是欣赏美丽的风景，另一方面则是锻炼自己的意志。对于这些勇气十足的骑车游客，我是佩服得五体投地。

三

我们入住的地方是位于芒康和左贡县之间的一个名叫登巴村的地方，四面环山，一条小溪从村子里哗啦啦流过，小溪边垒起了一排低矮的房子，每一间房子里都摆放着数张小床和看似还算干净的被子。陆陆续续，有一些骑车客停下车子，走进房间，卸下行李，然后就躺在床上喘粗气。询问后，才知住宿费每人40元，管晚餐和第二天的早餐，价格还真是便宜。

走近旁边的厨房，看到有一位二十来岁的藏族姑娘正在锅台边做晚餐，她和其他藏族人一样，脏乱的头发，黑红的脸庞，脸上还布满了坎坷不平的小痘痘。蹲在灶门口的是几位汉族大学生，拿着刚洗过还有点显湿的衣物正在烘干。环顾一下厨房，发现墙壁上被黑色的木炭写上了好多歪歪扭扭的字迹，内容都大同小异。其中，有一处是深圳的驴友这样写的："美丽的姑娘桑吉卓玛，登巴村里最漂亮的格桑花，祝你幸福快乐，愿你盛情开放。"诸如此类的还有很多，几乎布满了整个墙壁。

我不由得向坐在灶门口的几位大学生询问了一个至今还深觉后悔的问题："美丽的姑娘桑吉卓玛在哪里啊？"有一位游客指着正在做晚餐的藏族姑娘说："这位就是啊。"

"啊……哦……果然是，是美丽。"我语无伦次地小声说着。那位叫卓玛的姑娘抬起头，向我们笑笑。还好，牙齿还算洁白。

外面又来了一些骑车客，其中有四位大学生，停下车子，打开行李，拿出随身携带的帐篷在房子门前的空地上支了起来。我不由好奇地问，为什么不租一个床位呢？有一位大学生说，他们带的钱已经快不够了，住宿就住帐篷，喝水就喝泉水。我不胜唏嘘。

晚餐做好后，卓玛招呼我们这些旅客一起过去吃饭。那四位住帐篷的大学生和我们一起涌入厨房，坐在简陋的长桌子旁，喝完味道甘美的酥油茶后，立马开吃。那些骑行了一整天的大学生盛了一碗又一碗白花花的大米饭狼吞虎咽。与他们相比，我们自然算是斯文多了。

在就寝前，卓玛来到房间收费，我们一家三口，占用的是一个四人间，但卓玛却只收三个人的钱。这个卓玛确实还不错，她脸上的那些小痘痘似乎也没有那么多了。另外四个住帐篷的大学生看见卓玛在收钱，连忙慌乱地把眼神转向另一边。卓玛路过他们身边的时候，笑一笑，就又向下一个房间走去。

第二天，天一亮，卓玛又在厨房里忙碌地炒着大锅大锅的早餐——蛋炒饭。骑自行车的大学生们在检查车辆。一声吆喝后，我们一大帮人又一起涌入了小小的厨房。有呼朋唤友找位就座的，有站起来盛满饭后再狠狠压一压的，有闷声不响就着有限的蔬菜大口大口囫囵吞咽的，真是好多年没有见过这种吃饭景象了。儿子吃完一碗蛋炒饭后，还要再添，可饭盆里已经没有了。卓玛忙对我们说："不要着急，饭还有，我再来继续炒。"最后，直到我们每一个人都吃饱饭后，她才停下。我细细看过去，卓玛的头发好像也没有昨天那么凌乱了。

吃饱早餐后，这些大学生陆续与卓玛道别，他们又骑上自行车行驶在前往拉萨的盘山公路上。还有几位大学生在临走前拿起木炭也在厨房墙壁上写下什么"到此一游""感谢卓玛"的句子。直到那四位住帐篷的大学生走远了，我才向卓玛问道，他们有的人吃饭不交钱，你为什么不向他们要呢？卓玛笑着说："他们也很不容易的，有的大学生只带了很少的钱，又要到千里之外的拉萨去朝圣，一路上不节约点也不行啊。"

这时，早上的太阳升得很高了，在阳光的照耀下，卓玛的脸不再像昨天

那么暗黑，而是显得光彩夺目，明艳照人。有几位大学生用木炭在墙壁上写
下："祝善良的卓玛永远美丽。"我想了一想，也觉得需要写点什么留在墙上，
以纪念自己在今年夏天曾经路过这里。像高瑛那样原创诗歌，我的才能肯定
是不够，但仿写一首，还是没有问题的。看着那些骑车客跳上自行车在山路
上一扭一扭地努力骑行，我也在卓玛的墙壁上留诗一首：

一路向西
——致一路同行的骑行者们
你去与不去
拉萨就在那里
不悲不喜

你来与不来
风景就在那里
不移不弃

你走与不走
泥泞就在那里
不增不减

你到与不到
珠峰就在那里
不迎不拒

去你的怀里
或者
让你留在我的心里

默默期待

静静努力

告别美丽的卓玛后，有一个结论在我心底更加明晰：人，因为善良而美丽。

四

接下来，驾车越过海拔5008米高的东达山，陆陆续续地在崇山峻岭中穿过西藏的小县城左贡、八宿、然乌、波密后，道路突然变得泥泞难行起来。去拉萨，有四条线路可以走，滇藏线、川藏南线、川藏北线、青藏线，我们现在就是走完了滇藏线转到了川藏南线上。川藏南线上有二十公里异常难行的泥巴路统称"通麦天险"，其中有一条长约两百多米的通麦大桥，只能单向单次放行。这二十公里的通麦天险对于每一个开车人来说，都可以称得上是鬼门关，地上是大小不一的泥坑、水坑，道路两侧一边是陡峭的山壁，而且山壁上还不时地掉下大石头，道路另一边就是万丈悬崖。通麦大桥更是险中之险，大货车走在上面，桥面吱吱作响。川藏北线也可以到拉萨，但路途遥远，而且泥泞难行的路有两百多公里，其中有好些地方，其难行程度更是远胜通麦天险。所以绝大部分司机都是走川藏南线，忍得二十公里的心惊肉跳，先苦后甜，直抵拉萨布达拉宫。至于返程，几乎所有的司机都选择走青藏线这条坦途大道了。

我和绝大多数的司机一样，也想忍二十公里的心惊肉跳，然后一路向西，绝尘而去。

在快到通麦大桥时，车被堵在了路上。一方面天快黑了，道路确实难行，另一方面因为高原反应，头疼得厉害，所以临时决定在路边的小村子里住宿一晚，一早再上路。越过通麦大桥，就一路好走了。

2013年8月3日，早晨醒来，传来一个不好的消息，就在昨天夜晚，通麦大桥突然垮塌，随同桥面一起坠入江底的还有在上面行驶的一辆重型大货车和车上的两名司机以及两名搭便车的大学生游客。四人凭空消失，官方通报是失踪。我们当然知道在漆黑的深夜里，从近十层楼高的大桥上坠入冰冷的江水中意味着什么。我们只能默默祈祷。

被堵在路上的游客有的沉默不语，有的后悔不迭，还有的庆幸不已。整整十二年，这座大桥都平安无事，而就在我们要通过的前一晚突然垮塌，差一点就被我们碰上了，真是不幸中的万幸了。

大桥修好至少要一个月的时间，大部分汽车陆续返回，但陆续到来的骑车客和步行者将附近的住宿价格和食品价格炒得很高。波密县城里不仅找不到床位，而且，一个地铺就要120元。一方面，生活费用奇高；另一方面，头疼头晕得厉害，我们只好跟随其他车辆返回左贡县休整，还有的司机更是返回了芒康县商讨对策。

在左贡县休息了四天，喝了一些葡萄糖和抗高反的药物，我们一家三口的高原反应才算慢慢消失。在这四天里，我们得知一部分车辆已经返程，准备明年再来，一部分车辆准备转道川藏北线这条死亡之路到拉萨。还有一辆和我们一样的小轿车，历尽千辛万苦终于驶过两百多公里的死亡公路后，在西藏旅游QQ群里，一再劝道如果是越野车，走川藏北线问题不大，如果是小轿车，则万万不要再走，那真的就是一条死亡公路。

我们一家三口也发生了分歧，儿子要求返回，不去拉萨了，我也在犹豫之中，而且有点倾向于顺着川藏线返回。妻子只是把探寻的目光投到我的脸上。

8月7日凌晨，我们全家都坐在了车上。向左还是向右，返回还是前进，这真是一个问题。到目前为止，花费已经快一万元了，竟然连布达拉宫的影子都没有看到，而且如果返回，恐怕此生再也不会有自驾去拉萨的念头了。川藏北线那两百多公里的死亡公路虽然难行，但毕竟有小轿车成功走过，别人能成功的事情，我小心谨慎一点，用时比别人多一点，也应该可以成功。

我发动汽车，打定主意，走川藏北线，走最泥泞难行的317国道，不达拉萨誓不罢休。旁边坐着的妻子只是担心地看着我，我笑着对她说："没事。"

这一天，一直开到了昌都，虽然有很多盘山公路，但都比较好走。在接近昌都的路途中，我们见到了之前重庆援建的藏民住宅和乡村集镇。这些藏民住宅都无一例外地在房子最高处插着国旗。想必这些藏民对国家和援建他们的政府是心怀感激的。

五

真正的考验在8月8日，出了昌都不久，一条水泥路延伸到一座大山里突然就不见了，看到的到处都是泥巴、水坑、悬崖、急弯、窄道、深坑。有好几次，我都怀疑是否走错了道路。但导航仪却清楚地显示确实是在317国道。有那么一个小时的时间，我们在泥泞的盘山公路上孤独地前行。现在想起来，还真是后怕，要是一个不小心，葬身悬崖，连一个给家人报信的人都没有。终于，我们远远地看到有一辆大货车迎面开来，我就像已经饿了好几天的乞丐突然看到一堆面包似的精神一振。在会车的时候，我反复地前后不停倒车，才给这辆大货车在悬崖边留下了一条窄道。看着旁边狭窄的小道，看着大货车从我身边擦肩而过，我都紧张地闭上了眼睛，还好，没有发生任何意外。那个大货车司机熟练的技术和超人的胆略让我佩服不已，他们才真算是在刀尖上讨生活的人。祝愿天底下所有的大货车司机都一路平安。

25公里的泥巴路之后，我们终于越过了这座不知道名字的大山。当我看到前面出现的柏油路面时，我几乎要匍匐到路面上去亲吻它。到中午的时候，我们赶到了类乌齐县，吃过中饭，从类乌齐县向丁青县进发。

从类乌齐县到丁青县，145公里，这一段仍然属于317国道。我在走之前还在想，这145公里，怎么着也应该比前面走过的25公里泥巴盘山路好走吧，但现实重重地打了我一个大耳刮子。才出类乌齐的县城，就已经看不到路了，我们只好沿着高低不平的水泥坑摸索前行。时不时超过我们的越野车和修路车在不断提示我们，我们走的路就是通往丁青县城的317国道。在向丁青县行驶的途中，我们遇到两起出了故障的汽车被别的越野车牵引着返回类乌齐县，还看到了一辆皮卡的左前轮车胎被一个尖石块刺爆了，一辆和我们差不多的小轿车底部的排气管，被路上突出的巨石撞断为两截。更吓人的是在一个幽深的山谷躺着一辆大卡车的残骸。这些恐怖的画面使我更加小心翼翼地开车。

整整8个小时，经历过好几次塌方堵车、数十次的卡住轿车底盘、不计其数的悬崖错车，我们终于前进了100公里。其中有一次，由于落石塌方，路面上遍布着各种大小不一的石头。我仔细审视了一会儿路面，觉得问题不大，就勇敢地向前开去。突然，由于路面松软，汽车直往下沉，路中间突起的一块大石头接连与汽车底盘擦响三次，我的心脏紧成一团，生怕汽车中部的油箱因为这块大石头而划破，直到十多分钟后，看到油表没有任何异常，我才放心。天黑的时候到了小乡镇觉恩乡。

觉恩乡不大，从这头到那头，开车不过两分钟。吃过晚饭，去找住宿的地方。整个乡镇只有一家旅店提供住宿，而且还是一个大通铺，有点像少林寺和尚睡觉的地方，不过被一个大学老师带领着十几个骑自行车的大学生占满了。那位大学老师得知我们的情况后，说可以匀出两个床位给我们。但我们怎么好横刀夺爱呢。

走出大通铺，我们来到了乡政府。一位工作人员得知我们的难处之后，想了一会儿，就用藏语对着另一位藏族阿姨叽里咕噜地说了一番。这位藏族阿姨带着我们来到她的一个亲戚家里，让我们睡在她那位亲戚家的客厅里。虽然要收费75元，但我们已是感激万分。

第二天，早起感谢告辞后，向丁青县城前进。接下来的路，仍然坎坷曲折。在进入县城的两公里硬化路面上，不知怎么回事，被推土机和工程车浇满了各种松软沙土和石头。就这样，我们一路苦不堪言，来到了丁青县。我敢说，这145公里的道路，一定是全中国最难走的145公里。在这条路上行走时，一路上与我们相遇的越野车司机都对我们竖起了高高的大拇指，这让我们有很大的成就感。

吃过中午饭后，又向230公里外的巴青县进发。这230公里，虽然难走，但比那145公里好走多了。当我们走到离巴青县城还有80公里时，天快黑了。前面就是无人区。正在我们不知如何是好时，天无绝人之路，我们看到不远处有一个用铁皮房搭建的大院子，走近一看，原来是四川路桥公司驻丁青修路队的大本营。走进去与公司的领导交流之后，公司领导答应我们可以买票到他们食堂进餐，晚上住宿因为没有多余床位，我们就决定将汽车的后排座椅放倒，胡乱睡一晚上再说。在车上睡觉，是从家里出发前就已经列在计划中准备万不得已时采用的，没想到，果真派上了用场。看着一辆小车的后排空间要挤进三个人睡觉，四川路桥公司的领导又动了恻隐之心，让我们的小孩与他们公司里一个小伙子挤在一起睡一觉。感谢四川路桥公司，感谢公司驻丁青的领导，感谢与小孩挤在一起睡觉的小伙子，世界上还是好人多啊。

我和妻子在组装轿车后排座椅时，一个十几岁的藏族小男孩领着他的妹妹围着我们看，好像从来没见过轿车的后排座椅还可以放倒铺平。我们随车带了一个跳跳球的小玩具，就拿出来给了那个小妹妹，她开心极了。

将四门玻璃和汽车天窗都开了一点缝，我们就裹在暖和的被子里沉沉睡去。第二天，吃罢早餐，我们向巴青县城前进。到巴青的后80公里也实在难行，道路上布满了泥坑，就像月球上的陨石坑，几乎找不到一处可以同时让四个车轮处于同一个平面的路面。越野车和摩托车在这种路面上还无妨，只是苦了我们这台小轿车。用时比别的车多一倍，才终于到了巴青县。

不过这意味着，川藏北线到拉萨最难走的两百多公里就这样被我们征服。

十分的决心，加上十一分的雄心，十二分的恒心，十三分的耐心，十四分的细心，十五分的专心，十六分的信心，十七分的用心，十八分的小心，十九分的诚心，还有一分的伤心，我们终于踏上去往拉萨的康庄大道了，我们用亲身经历也验证了这句话："只有到不了的人，没有去不了的车。"

再见了，类乌齐；再见了，丁青；再见了，巴青。

六

接下来，我们一路跑到了那曲，要是没有限速，我相信我们将会跑得更远。在去那曲的路上，蓝天上飘荡的云朵或金黄，或洁白，都非常漂亮美丽。由于此段路面的海拔都在4000米以上，所以天上的云朵都非常低，好像我们一伸手，就可以揪下一朵当围巾似的。

由于川藏南线断掉，不能再走，那曲这个川藏北线和青藏线的交通要道一下子变得非常拥挤，各式各样的外来车辆和游人早已将大大小小的宾馆酒店全部占领，我们找了好久，才找到了一个条件凑合、价格昂贵的住宿地。

8月11日早上，我们从那曲出发向当雄进发，在出那曲县城时，有一个要领限速条的地方，旁边远远的地方只有一个供警察办公的场所。我们随着前一辆车快速通过之后，突然感觉不对。我记得，西藏旅游群里有一位网友曾说过，如果不主动去领限速条，将会被罚。所以，我又倒车回来，去领了一张限速条，里面有一位警察还笑着对我说："你要是不领限速条，麻烦可大了。"果然到了下一个检查路口，看到没有领限速条的朋友正在交警那里苦苦哀求。

在快到当雄县的时候，有一段高原的海拔快接近5000米了，大量的白云就在远处的地平线上游荡，当我们经过的时候，这些云雾就在我们的车边缓缓流过，让我们真的有一种在云中漫步的感觉。

到了当雄县，右转60公里，就到了西藏圣湖纳木错。整个湖面平静得像一面镜子，里面的水清澈见底。旅游门票上说，纳木错是周围雪山上的冰雪融化后流淌下来，日积月累，再加上一些矿物质，就形成了现在这个美丽的咸水湖。我掬了一捧水，放在口中尝了尝，一点也不咸。

拍完了相片后，我和儿子用扁平的石子在水面上打起了水漂。一个石子打到三个水漂，我还不满足，又选了一个更加扁平的石子准备打出更多的水漂。这时，一个牵着牦牛供人收费照相的藏族老伯跑过来，用不太标准的普通话对我挥手劝止："不要打它，它是圣湖，不要用石头砸它。"

离开纳木错圣湖，我们从念青唐古拉雪山旁穿过，一路开到了拉萨。拉萨是西藏最大的城市，但这个城市最高的大楼，也就只有六层左右。整个城市非常干净整洁，绿树成荫，游人如织。

七

傍晚时分，我们开车来到了布达拉宫前面。红白相间的建筑，雄伟地挺立在一座山头，无比壮观。在购票处，早已排满了购票的游人。其中，有些游人准备排一个通宵，以便拿到两天后最早的参观票。

8月13日中午，我们来到拉萨另外一个必去之处——大昭寺。大昭寺是藏族人民供奉释迦牟尼十二岁时等身像的地方。

在大昭寺的大门口，我们看到很多藏民在门口反复跪拜，他们全身匍匐到地上，两手分别左右划开，额头碰触到地面，口中念念有词，神情无比虔诚。走进去，里面弥漫着酥油灯燃烧的香味。依次前进的藏族民众不停地从他们携带的开水瓶里倒出一点点还没有冻住的酥油到各个长明灯中。没有带酥油的教众有的拿出五角或是一元的纸币扔向各位活佛菩萨的座前。没有人大声喧哗，没有人高声说笑，没有人匆匆急步，一切都显得那么缓慢、宁静。这些虔诚的教众，有年逾古稀的藏族老人，也有藏族少年。是什么教义让这些不同年龄、不同身份的藏族同胞愿意诚心皈依？人生真的有下一个轮回吗？我们今天所种的善因真的就一定可以结出下一辈子的善果吗？这一切，我无从知晓答案，但我从他们的脸上，看到了安详、承受、忍耐。

第二天，直睡到日上三竿，我们才出发前往布达拉宫。中午的时候，我们如约进入了布达拉宫。布达拉宫最开始是西藏之王松赞干布为文成公主所建。一百多年后，布达拉宫遭到废弃，直到第五世达赖喇嘛开始重建。后来，布达拉宫成为历代达赖喇嘛管理政事的地方，直到现今的第十四世达赖喇嘛叛逃国外。一千多年来，布达拉宫见证了太多的荣辱兴衰。

　　文成公主，并非唐太宗的亲生女儿，但她为了国家大义和民族融合，毅然决然地牺牲小我，来到西藏这个苦寒之地，她该是做出了一种怎样的牺牲啊。五世达赖，硬是在一片废墟上重新建成巍峨壮观的布达拉宫，他的历史功绩确实配得上最伟大达赖喇嘛的称号，在布达拉宫，供奉在他的雕像周围的近千两黄金就是对他功劳的最好颂扬。

　　和布达拉宫合影尽兴之后，我们随着人流从布达拉宫后山下来。在布达拉宫的围墙外，有很多藏民手摇着转经筒，嘴里念着经文，围着布达拉宫默默转圈，还有些衣衫褴褛的藏民在院墙外边行走边跪拜，可以看出他们对神灵的尊敬和对未来美好生活的向往。

八

　　游完布达拉宫后，我们此次西藏之旅的基本目标已经完成。接下来是顺青藏线返回，还是继续前进一步，向珠穆朗玛峰进发呢？

　　从拉萨到珠峰，有五百公里，前四百公里都很好走，最后有一百公里的珠峰路，异常难行。我想到从类乌齐到丁青的全中国最难走的145公里都已经走过来了，珠峰路的一百公里又能难走到哪里呢。

　　下定决心后，我们立即开车出发。到晚上时，已经到达了两百多公里外的日喀则市。

　　14日一大早，我们从日喀则出发，前往珠峰所在的定日县。要到珠峰，我们三人需要一共购买五百多元的门票，这里卖票的地方与查票的地方不在一处，不知情的话很容易漏买门票，以至于走冤枉路。可见，提前规划行程多么重要。

　　珠峰最后一百公里的难行程度远远超出想象。特别是路上不断出现大洞小坑，不过好在没有悬崖绝壁。在这条路上，我们一家三口的六只眼睛，紧紧盯着前方的路况，丝毫不敢懈怠。

边开车，我还边与妻子儿子开起了玩笑。我说："这一路到珠峰，有点像《西游记》里的唐僧取经。我们这一路也是师徒四人，我就是那个意志坚定、不到西天誓不回还的唐三藏。"妻子忙说："那我就是那个降魔伏怪的孙悟空。"我看了看她接着说道："你也太往自己脸上贴金了，你就是那个任劳任怨的沙僧。"儿子马上接口说道："难道我是那个孙悟空？"我看都没看他说道："你也太高抬自己了，你就是那个好吃懒做，遇到困难就想放弃的猪八戒。"妻子和儿子同时问道："那谁是孙悟空？"我答道："孙悟空，本领最为高强，逢山开路，遇水搭桥，从不抱怨，勇往直前。"儿子托着脑袋想了好一会儿才说："喔，原来孙悟空就是我们家的小轿车啊。"我笑着说："孺子可教"。

经过七个半小时的颠簸，直到晚上九点多钟，我们才走完这一百公里的山路，来到了海拔5200米的珠峰大本营1号营地，入住一个藏民开的帐篷旅馆。

第二天，天一亮我们就起床了。来到外面的大场地，珠峰由于云雾还没有散去，暂时还没有露出它的面容。其他的游客早早起床围在场子上东张西望。很快，他们都发现了在大本营1号营地停着的近百辆车中，只有我们是开着一辆小轿车来到珠峰的，个个都向我们表达了祝贺和钦佩之情。那一瞬间，我简直是太有成就感了。

很快，太阳出来了，云雾慢慢散去，珠穆朗玛峰露出了他挺拔的身姿。我们坐着景区游览车前进到大本营2号营地，站在一个小土坡上近距离观看珠峰。山腰上衬着皑皑白雪，整个山体不摇不动，不迎不拒，傲然挺立。

我所站的地方与珠峰峰顶只有十七公里的直线距离，但就是这十七公里，将我这个俗世凡人与珠峰的登山勇士隔离开来，对那些勇敢登顶的勇士，我永远心怀敬佩。

接下来就是拍照合影时间。其中有一个小伙子，骑着一辆自行车一直到了珠峰脚底下的2号大本营，他站在小土坡上举起他的自行车与雄伟的珠峰合了一张影。我想，他经历的困难与艰险，一定不比我们经历得少。

在珠峰脚下捡了十几块较有特点的石头留以纪念后，我们就乘车返回了1号大本营。告别帐篷旅馆的老板，我们就如已经取到真经的唐僧师徒，高兴地驾车返回。由于路况已经较为熟悉，返回的一百公里珠峰路，我们只用了6个小时就走完了，到了晚上，我们到了日喀则市下面的小县城白朗入住。

九

8月16日，从日喀则市返回拉萨有两条路可以走，一条是我们来时的路，另一条是经过浪卡子县的一条要远80公里的山路，这条路虽然远了一点，但是非常好走。熟悉的地方没有风景，我们必须向陌生处挺进。

从日喀则到浪卡子县行进的过程中，我们见到了近在咫尺的冰川。离公路仅一百米的高山上覆盖着厚厚的冰雪，山缝里缓缓流出细小的泉水，众多的泉水汇成一条清澈的小溪。流淌着的小溪水清冽且富有活力。

过了浪卡子县后，我们遇到了西藏又一个美丽的圣湖——羊卓雍措湖，又叫羊湖。整个羊湖像一条绿色的丝带，缠缠绵绵围绕着山谷，一直延绵有一百公里。羊湖与纳木错湖一样，波平浪静，洁绿无瑕。

纳木错湖像一个养在深闺的大家闺秀，需要绕道很远才能一见芳容，羊湖像一个娴静的邻家女孩，直接沿着近百公里的山路就可以全方位地尽情欣赏。这样的小家碧玉，总是让人无限怜爱。路过湖边停车场时，我还特意捧起一把碧绿的湖水，用舌尖尝了尝，湖水相当甘甜怡人。

开车沿着盘山公路爬到山顶后，我们再次挥手作别羊湖这个美丽恬静的女孩。轻轻地我走了，正如我轻轻地来，我挥一挥衣袖，不带走一片云彩。

十

17日一大早，我们装车出发。先是越过安多县，然后进入了辽阔的可可西里地区。数千公里的公路上，几乎看不到居民。路上的美丽风景我是一眼都不舍得错过，团团白云自由飘荡，在一望无际湛蓝的天空随着风改变形状，凝聚、拉扯、升降、融合……我们就这样成了它们最忠实的观众。

正在我们讨论会不会遇到藏羚羊时，突然，一只灰青色的藏羚羊从我们

的车前蹿过，到了一处水草丰茂的地方悠闲地啃起草来。我们连忙下车走近细看，它却异常警惕地望着我们。我看清楚了，藏羚羊的头上确实是没有角。正当我们想更近一点与它合影时，它却跳着欢快的脚步跑远了。开车走了半个小时，我们在路边又遇到了由六只藏羚羊组成的一个团队。这一次，我们不想打扰它们，只是远远地看着。它们也远远地看着我们若有所思。

离格尔木还有120公里时，天又黑了。我们只好在昆仑山脚下的一个小村子里入住一晚。昆仑山上几乎没有什么树木，除了山顶有雪之外，其他地方都是光秃秃的。山脚下小村子的旁边有一个生产纯净水的工厂，经过询问，原来那就是在东莞超市售价最为昂贵的昆仑山纯净水的生产工厂。

18日上午，我们顺利赶到格尔木，再接下来，沿着青海高速公路一路急驰来到青海湖。说起青海高速公路，与普通高速公路相比较，有四大怪：一怪，高速公路没有完全封闭，经常会看到有摩托车，农用三轮车在上面行驶；二怪，迎面来的高速公路与我们正在行驶的这一条相距很远，有时相距竟然达到两三百米，中间则是荒漠黄沙；三怪，高速公路上没有紧急停车带，而且，相对行驶的两条高速路可以互联互通；四怪，每隔六七十千米，就有一个收费站，这些收费站，不说费用多少，光是不断停车，就能把你给烦死。

快到傍晚的时候，我们经过青海湖。青海湖与西藏的纳木错湖、羊湖相比，不仅大得多，也咸得多，我曾专门将车开到湖边，捧了一把水，用舌头舔了舔，当时我的整个舌头几乎都要被咸掉了，直到过了一个多小时，我还不停地呕吐。如果说西藏的两大圣湖是温婉可人的江南少女，那么青海湖就是粗犷苍凉的塞北大汉。对于后者，我是一点儿也不喜欢。

8月19日，驾车经过西宁、兰州，在快到天水的时候，由于前面遭遇塌方，我们与大量的货车一起堵在了高速公路上。旁边村子里的村民不失时机地托着各种食品、水果向我们叫卖。甘肃天水的苹果我是知道的，味道还不错，我不想买现成的，而是想亲自去果树上摘。与卖苹果的主人商量好后，就由他们的小儿子带领我们去果园。说好了一元钱一个，我和儿子来到树下，看到哪个大，我们就摘哪个，儿子可过了一把亲自摘苹果的瘾。这家小儿子和我的小孩差不多大，还直对我们说："这个苹果好大，快摘，那个苹果最大，赶紧摘！"太可爱了。

20日，驾车直奔湖北老家，休整两天后，装满了家乡亲人所送的各种礼物和满车叮咛，又是一路直达东莞。

就这样，我的"西游记"在转完了几乎半个中国后顺利结束。

第六节　泰国之旅的思考

一、时差与时间

2017年10月3日，跟随旅行团队，从香港登机，飞往曼谷度假。

中午十二点起飞，三个小时的行程，由于曼谷与北京有时差一个小时，所以下飞机的时间是曼谷的下午两点，好像多拥有了一个小时，但其实，当从曼谷返回香港时，多拥有的这一个小时，是会还回去的。

在这个世界上，不同的人，拥有的家庭背景、人脉资源、智力财富、容貌美丑等方面，会有诸多不同，但在时间方面，却是绝对公平。每过一天，都是二十四个小时，谁也不会多拥有一分钟。

时间对每一个人来说，虽然绝对公平，但在会利用时间的人来说，却是可以无形增加的。比如一些善用时间的精英，在等车、乘车的每一分钟里，是一刻也没有闲着的啊。一位作家曾说，决定生命长度的是老天爷，但拓宽生命宽度的则是自己。

深以为然！

二、缓慢与满足

曼谷街道上行驶的车辆与中国大陆相比，最大的不同并不是靠左行驶，而是这些车辆从不鸣笛，也几乎没有车辆会变道加塞。

为此，全程地陪泰籍华人导游陈sir解释：泰国人最常挂在口头的一句话是"哉炎炎卡"，中文意思就是"不要急，慢慢来"。正因为泰国人的这种普遍心态，导致泰国上上下下、时时处处都透着"缓慢和满足"。

中国人倡导的是时不我待，泰国人追求的是进退随缘；中国人常说，快点快点，要不然就来不及了，泰国人常说，别急莫慌，能做多少就做多少。

因此，曼谷一条车龙堵两个小时也无一个司机鸣笛谩骂。

三、特有与普遍

旅游业是泰国的经济支柱，特别是来自中国的游客，所带来的消费收入可能要占到整个旅游业总收入的一半以上。

和国内的旅游一样，在游览各个景点之间，就是到一些豪华商店购物消费。导游说，泰国的商品价格低、质量好。我曾专门比较过，部分商品的价格确实比中国大陆的高档商场要低一些，但也并不绝对。

每进一个购物商店，看到的都是来自中国的游客，听到的，都是普通话。就连商店里的售货人员，也是用不太标准的普通话热情招揽顾客："银行卡、支付宝、微信，都可以付款。"

此种场面，与国内购物没什么两样。

泰国特有的景观，与国内相比，较为稀有的是大象、三轮车、海滩、人妖。

50泰铢（约合10元人民币），就可以坐在大象的鼻子上拍照，如果事先再喂几支香蕉，大象会特别高兴地用长长的鼻子亲吻你的脸颊。

有特色又比较好玩的景点当属巴堤雅海滩了。蔚蓝的天空、湛蓝的海水、明媚的艳阳、细腻的海沙，不管玩到何时离开，都会有意犹未尽的感觉。

第七节　我的旅美游记

一、签证经历

2016年1月底，学校刚放寒假，我们一家三口到公安机关办理护照，待到2月下旬，护照就已经制作好了。

出境旅游的第一个国家，定在哪呢？我们一家反复讨论，终于定在了美国。

申办国外签证，对于普通公民来说，有点神秘。想靠个人能力达到，几乎是不可能的，除非自己的外语水平绝佳，对整个申签流程异常熟悉。一般来说，是通过旅游公司来申报，但服务费用较高，还有一种情况是在网上选取一家信誉、实力都挺好的公司，让他们代为申报，服务费用较为合理。

我自然选择了后者。按照美国大使馆的规定，旅游签证可十年内多次往返，每个出境人的签证审核费用是160美元，按照当时的兑换汇率，相当于1000元人民币左右，如果拒签，不予退还。我选择了1149元一个人的标准，额外的服务费低，而且还承诺，如果使馆拒签，可以退还全部费用。当然，这是他们在对你的申签资料先行审核之后，觉得十拿九稳才会接单为你服务的。

接下来的两周时间，按照代办公司要求的申签资料，我们开始了详细的准备工作。房产证、行车证、身份证、户口本、行程单、银行流水、存折、各种相片等，不一而足。

等到资料差不多准备齐全的时候，代办公司打来了电话，通知3月14日上午10点，在美国驻广州总领事馆正式面签。代办公司的服务人员告诉我们，回答签证官提问时做到真实、自信即可。

3月14日一大早，来到领事馆附近，找到代办公司的负责人，拿到我们的预约单。怀着兴奋而又忐忑的心情，跟随人流在使馆门前排队。使馆有规定，除了纸张、文件等，其他一切用品都不许带入。这个政策可乐坏了使馆附近的报刊亭，一个手袋20元的保管费，让他们每天都能赚一笔。

进入使馆过安检、做护照登记、十指打模之后，就到了最后一关——签证官最后的问询。

问询的窗口有8个，每个窗口后面都坐着一个签证官，有黑人，有白人，也有黄种人。排队等待面签的人被使馆服务人员随机分配到不同的窗口。

我们被分配到一个20多岁、长相清秀的美国女签证官窗口。排在前面的，是位想去美国旅游的小伙子，看着他回答了几个问题后，直接被拒签了。我心里更紧张了，悄悄地把银行卡、存折本、房产证等能够证明我们有经济实力去美国旅游的物品，放在了透明袋的最上面。

终于轮到我们了，平复了一下情绪，慢慢走上前去。

递过三个人的护照，刚说完"您好"，签证官就问我："去美国做什么？"

我答道："旅游。"

"去多长时间？"

"一个月。"

"这是第几次出国？"

"第一次。"

"为什么要去美国？"

我指指旁边的儿子："孩子今年读高一，想在暑假时去美国旅游观光。"回答问题惜字如金，决不节外生枝。

"How old are you？"女签证官面对我儿子问道。

突然来了句英文，正在我仔细思考是什么意思时，儿子抢先回答："sixteen."

"What's your job？"

又是一句英文，我正搜肠刮肚，不知所措时，妻子在旁边回答："We are teachers."

女签证官点点头对我说："把你的工作证给我看。"

工作证？我突然想起来了，单位里发过一个员工证，但没有带来，怎么办？犹豫了一秒钟，我想，在职证明应该可以的吧。我从资料袋里抽出在职证明，缓缓递了过去，心里怦怦直跳。

数秒钟之后，她将在职证明还给我，微笑着说："祝贺，你们通过了。"

我长吁一口气，道谢完后，慢慢走了出来。

在走出大使馆大门的时候，我心里想，面签说起来挺吓人，其实还蛮友好的。

妻子说，我们去美国旅游，促进了他们的经济，拉动了当地的消费，他们应该求之不得呢。是啊，如今我们可以到很多国家旅游，是因为中国强大了，中国人民富裕了，中国人能够为他们的经济提供一些助力了。

就这样，我们一家三口顺利拿到十年内多次往返美国的旅游签证。美国，我们马上就要来喽。

二、丁胖子广场

2016年7月25日，按照半年前就已经制订好的计划，我们一家三口踏上了期待已久的旅程。

比较了众多的航线机票价格，我们选择了东方航空公司，由香港起飞，到上海转机，然后直飞洛杉矶。

顺便说一句，我们出行订的机票、租车，都是在网上提前三个月予以敲定。这样，价格最优惠，同时也很有保障。

从东莞到香港国际机场，常选的到达方式有两种：一是在航空候机楼坐大巴车过关，直达香港机场，票价220元。二是坐狮子洋公司的免费大巴到虎门港口，然后乘海轮直抵香港国际机场码头，票价300元。后一种方式，属于借境路过，航空公司会有120港元的退税。二者目的地完全一样，但前者属于入关，后者属于借境，在退税方面有很大不同。为了在整个旅行过程中，海陆空的交通工具都尝试一遍，我们自然选取了后者。

到了机场，在东航柜台前，领取了登机卡，托运了行李，就开始过安检了。

儿子的背包在过安检时，"嘟嘟"地响了，我不由紧张起来。翻包查看，原来里面有一罐八宝粥。任何液体或者流体状物品都不能过安检。没办法，只有扔掉。

上海转机非常顺利，登上波音777，再过12个小时，就可以到达美国的领土了。上海与洛杉矶，分属两个国家的特大城市，它们可能在意识形态、经济环境、自然风景上有很大的不同，但借助现代交通工具，用12个小时的时间，就可以到达11000公里的远方。

经过12个小时的飞行，我们乘坐的航班于洛杉矶当地时间7月25日18：00降落。在上海出发时是7月25日21：00，给人的感觉，好像是走在了时间前面，其实原因是从上海到洛杉矶，要穿过国际日期变更线，在26日凌晨穿过的一瞬间，日期会从26日调整到25日，再加上时差的原因，导致给我们的感觉是穿越了时空。不过，在返回上海时，从日期的角度上讲，所多拥有的时间是会还回去的。

在降落之前，透过舷窗，看到地面阡陌交通，屋舍俨然。

在洛杉矶出关时，有三道程序。

第一关，会有一个自动申报仪器，与国内的取款机类似。我们要在仪器的屏幕上，填写各种出关资料。

第二关，是国土部入境处的一个工作人员，审核一些资料，然后给一个在美国停留的时间期限。一般情况下，只要如实申报，合法入境，入境处官员都会给一个为期6个月的时限。但也有些特别情况，这名官员会直接拒绝入境，并原机遣返。我的心情一下子紧张起来，在伸出右手四指打指模时，试了好几次才成功。入境处工作人员对我伸出大拇指。我故作轻松地对旁边站着的妻子和孩子说，这是夸奖我右手四指伸得规范，指模打得好。谁知他继续对我伸出大拇指，还夹杂着一些听不懂的英语。我笑着对他说："谢谢您的夸奖，我的指模打完了。"在这名工作人员第三次对我晃动大拇指时，旁边懂英语的妻子对我说："伸右手大拇指，扫描指纹。"我这才明白他的意思。还好，这名工作人员丝毫没有介意，对我微笑点头。

第三关，就是把开出的所有资料交给下一名工作人员审核，然后挥手放行。就这样，我生平第一次踏上了异国领土。

出机场后，很快就找到了接机的阿强。1个小时后，我们被送到通过Airbnb网站找到的住宿地，位于靠近洛杉矶的La Puente的刘姐家。

刘姐是广东佛山人，在国内事业有成，数年前移民美国，是一名雕刻家。现在在洛杉矶买了一幢独立屋，将多余的房间出租，而且还提供免费的炊具供租户使用。

26日一大早，吃完早餐，我们步行前往最近的公交车站。第一天的行程，准备游览洛杉矶华人聚集最为密集的圣盖博和丁胖子广场。

问了好几名行人，我们才搞清楚如何坐公交车。圣盖博附近有一个闻名的华人超市——夏威夷超市，在国内能买到的生活用品，在这个超市几乎都可以买到。超市不大，绕场一周，就几分钟时间。每件商品的价格，如果换算成人民币，比国内商品的价格略高一点，但也有部分商品，比如肉类，比国内略低一点。买好一周要用的生活用品和食物后，我们又坐公交车来到传说中的丁胖子广场。

只要是来美的华人，没有人不知道丁胖子广场的。说是广场，其实也就一个室外停车场及周边的数百家店铺。几十年前，这里只有一个台湾人开的小餐馆，叫丁胖子餐馆。后来，华人越来越多，逐渐在周边聚集，形成了超市、商店、旅馆、职业中介等门类齐全的生活区。在这个区域，你看到的、听到的全是中文。

丁胖子广场附近，有一个有名的职业中介所，叫彩虹职业中介。绝大部分中国人，来到美国找的第一份工作，就是通过这个中介，然后通过自己的辛苦劳动在美国生活下去。

信步街头，走了不到200米，就找到了这家中介所。站在门口还没看完招工信息，就被一个精明强干的中年女人请到了店内。自我介绍之后，才得知她叫虹姐，在这里从事职业介绍十几年了。经她的手，成功介绍工作的华人，已达数万人。

虹姐问我："第一次来美国吗？什么签证类型？有没有工作身份？"

我如实回答："昨天刚来美国，通过旅游签证进来，没有工作身份。"

虹姐又问："你以前做什么工作的？想找一个什么样的工作？"

我来美国旅游，并不想找什么工作，但还是迎合地回答："以前在大陆当数学老师，刚来美国，什么都不懂，不知道适合干什么。"

虹姐接着问我："你懂些什么，你知道些什么？"

我想了好一会儿，才说："教初中数学二十多年了，凡是数学教学方面的事情，我都知道。我知道，在解方程时，移项要变号；我懂得在不等式两边，同时除以一个负数时，不等号的方向要改变。"

虹姐皱了皱眉。

我接着又说："我还知道在求函数解析式时，一定要经过'设、代、求、写'四个步骤。我懂得……"

虹姐打断了我："大哥，你真幽默。像你这样初次来美国的人，不管你以前是做什么工作的，不管你以前地位有多高，都必须从零开始。"

看我不再言语，她接着又说："没有工卡的华人，在美国只有先打一份黑工，如果不怕辛劳，肯吃苦，最开始几个月，每个月可以挣到2000美元左右。熟练后，办理了身份，有了驾照，可以涨到3000美元以上了。"

我问道："像我这样的情况，可以从事什么样的工作呢？"

虹姐看了我一会儿，翻开手里的资料册，说："如果你愿意，可以先到餐馆打工，餐馆包吃包住，大部分来美无身份的华人，都是先走的这一步，或者到装修公司干小工，不过，这个工作对体力有要求。"

我装模作样地思考了一会儿，说："我刚来美国，时差还没倒过来，等过两天，我再来看看吧。"

虹姐递给我一张名片，说："刚来的华人，都要经过这一步的，你回去后，好好考虑，如有意，再来找我。"

继续徜徉在丁胖子广场附近的街道，看着身边经过的每一个行色匆匆的华人同胞，不禁心想，他们中的每一个人，该是经历了多少颠沛流离和磨难坎坷啊。

今天一整天，都在华人聚集区游览。街道还算干净，但街道两边的房子大都低矮，最高也不过两层，给人的感觉，就是一个房屋稀疏的村庄。快到傍晚时，我们心里默默想，难道美国第二大城市洛杉矶，就是这样一个不起眼的大农村吗？

三、好莱坞星光大道

旅行的第一天，在洛杉矶的大农村逛了一整天。第二天，无论如何，都准备到市中心去转一转。

洛杉矶是整个美国，甚至是整个世界，电影工业最为发达的一座城市，好莱坞就坐落在市区的西北部。

吃过早餐，步行十分钟，来到公交车站，194路公交车将我们带到一个换乘车站Monte Station。接下来的半个月时间里，194路公交车将成为我们的亲密伙伴，为我们的出行发挥重要作用。

借助于谷歌地图导航，询问好几次周边的行人，转了一次公交车，又转了一次地铁，我们终于来到了好莱坞的星光大道上。在接下来的十来天时间里，我们问路几乎达百次之多，不管是白人，还是黑人、华人，我们的问询总能得到非常友好、详尽的解答。有好几次，被问询到的人暂时放弃自己的行程，将我们领到很远需要转乘的公交车站，令我们十分感动。

星光大道，其实就是在好莱坞大道的两边路面上，印制上很多的五角星，在每一颗五角星上面，都标记着一个曾获得过电影大奖的演员或者导演等从业人员的名字。

星光大道上，有一个区域，中国游客最为密集，就是中国戏院。中国戏院门前有一块空地，空地上铺满了正方形的水泥板，水泥板上刻着在国际电影节上拿过各种大奖的华人明星的名字以及他们的手脚印。正门口，最显眼的地方，刻的就是大导演吴宇森的大名。

星光大道与丁胖子广场区域大为不同，这里到处是摩肩接踵、川流不息的人流。形形色色的游客，有的频繁走进街边的名牌店铺疯狂购物；有的仔细辨认五角星上的名字，然后与自己心仪的明星名字合影留念。我们则特别喜欢看街道两边的各种明星模仿秀，这些模仿明星的人，虽然只是业余爱好者，但他们表现出来的演技与气质，丝毫不比真正的电影明星差。

在洛杉矶街道行走时，我们遇到的每一个人，都彬彬有礼、乐于助人。有一天晚上，我们坐上了反方向的公交车，旁边的一位黑人兄弟得知我们要去的目的地后，立马告知我们。当我们着急准备下车时，这位黑人朋友连说："No, no." 一番交谈，才知道，当时公交车正行驶在郊区，周边人烟稀少，此时下车，怕不安全。他建议我们继续坐在车上，当停在下车点且街道对面刚好有一辆公交车返回时，黑人兄弟让我们赶紧下车去上对面的公交车。当时这位黑人朋友比我们还着急，立即跳下车，跑到马路对面的公交车上，边挡住车门，边对我们喊："Come on, come on!"

星光大道的道路两边，有很多旅游公司，开着敞篷巴士，招揽乘客进行好莱坞环游。我们发挥了中国人的砍价能力，将47美元的价格砍到了25美元。

敞篷巴士带着我们，开上比弗利山。山上到处都是好莱坞大明星的住宅，导游兼司机一边在盘山公路上开着车，一边用激昂的语调高声向我们这些游客介绍路边的豪华别墅分别都是谁家的。比弗利山坡上，有些地方种植着稀松的植物，有些地方直接就是光秃秃的沙土，与中国大陆的很多青山绿水，完全不能比。仅仅就因为这个地方离好莱坞的影视棚近，所以大明星才寄居于此。

下午，洛杉矶的地铁把我们带到市中心。市中心面积不大，方圆两公里的样子，到处都是高楼大厦，充满着现代都市气息。昨天，我们还误以为洛杉矶只是一个地广人稀的大农村，现在，到了此处才得知，洛杉矶市区与国内的北上广深一样，高楼林立，行人匆匆。

洛杉矶市中心的街道较为狭窄，街上车辆稀少。因为市中心的停车费高昂，再加上还要收取拥堵费，大部分洛杉矶人如果要到市中心办事，都是将车停在郊区的停车场，然后坐公交车转乘到市中心。

四、洛杉矶的公交系统

洛杉矶的公交车，每次上车都需要投1.25美元，有些小公司的公交车或者乘坐地铁，更是要投1.75美元。一天下来，交通费每人都要花十几美元。在换乘车站，一位值勤的警察告诉我们，可以买7美元的日卡或者25美元的周卡，这样，在相应时间内，可以无限次免费乘车。我们就买了周卡。

中国大陆的公交车，不管什么时候上车，车内几乎都是满满的乘客。洛杉矶的公交车，座多人少，不管在哪个公交车站，不管什么时候上车，基本上都有座位。甚至，还会看见有的年轻人，有座位也不坐，而宁愿站着的情况。

洛杉矶的公交车上，很多设施都体现了以人为本的理念，只要乘客有需要，哪怕是一个人，公交公司都会设法满足。

比如，有人骑自行车出行，而且是不能折叠的自行车，突然不想骑了，想坐公交车，怎么办？好，满足你，在每辆公交车的前部，有一个可以展开的自行车架，将自行车放在上面锁紧即可。

比如，一位坐电动轮椅的老大爷想上超市购物，但没有子女陪同，怎么办？

好，满足你，在每辆公交车的门口，设置有一块可以翻转打开的铁板，让轮椅无障碍自由滑行上下车。而且，在轮椅上下车的过程中，司机会离开座位，全程辅助老大爷，将轮椅固定在车厢里。残疾老大爷下车后，要过到中间有隔离带的公路另一边，怎么办？好，满足你，凡是有隔离带的公路，一定会设置可以垂直上下的电梯和过街天桥。

又比如，如果有乘客担心公交车上突发安全事故时，车门不能及时打开或者找不到安全锤，再或者来不及用安全锤敲碎玻璃，怎么办？好，满足你，在公交车每个窗户边，都设置了一个锁止开关，能瞬间打开窗户逃生。

在洛杉矶乘坐公交车，只要仔细观察，处处都可发现以人为本的细节。

7月28日上午，吃完早餐后，我们制订了今天的行程，先到洛杉矶市政厅参观，下午到洛城西部圣莫尼卡海滩游览。

洛杉矶市政厅，建于1927年，高达27层。

经过安检后，乘坐电梯，直达顶楼。顶楼是一个大厅，正前方，有一个演讲台，是市长宣誓时才使用的。整个大厅，高阔空旷，庄严肃穆。

大厅外面，是一圈走廊，可以360度看到整个洛城街景。

美国各级政府的行政官员，都是由民选产生。作为代表选民利益的市政厅，有义务为每一位选民开放。作为在美国合法入境，并正常消费纳税的游客，也享有参观市政厅的这种权利。站在22楼市长办公室门前，虽然没有见到洛杉矶的市长，但我们仍然伫立许久，感慨良多。

快到傍晚的时候，我们坐上地铁，来到了洛杉矶最有名的海滩——圣莫尼卡海滩。

去往海滩的路上，是人山人海，如果不考虑游客的肤色，这个海滩与国内的任何一个著名的景点，完全一样。我敢断定，洛杉矶大街上之所以行人稀少，是因为全城的人几乎都涌到了这个海滩。

在栈道上绕场一周后，我们也下到了海滩的沙地里。与国内的海滩相比，没什么两样。

沙滩松软细柔，海面波光粼粼。远处夕阳西下，整个海滩沐浴着落日余晖。

五、洛杉矶的学校

我和妻子都是教育工作者，来到美国，自然要看看美国的学校。

我们先来到住宿地附近的一所社区公办中学。学校面积不大，楼层仅两层，而且，还像一个大厂房一样地拥挤在一起。除了校区的一块绿草地给我们留下印象之外，其他硬件建设，完全不值一提。

晚上回到住处后，刘姐的一位朋友吴姐，听我们说社区的中学校园环境不好，就对我们解释：公立学校的校园建设、教学质量与所在社区有密切关系。社区高档，业主素质高，对孩子学习重视，社区学校的教学质量就高，相应地，校园建设环境就好。吴姐所住的是洛杉矶比较高档的社区，当然，房价也是非常高的。那附近有一所公立高中，在洛杉矶排名第九，明天可以带我们去参观。

第二天，热情的吴姐开车带着我们一家人，来到这所排名第九的高中。学校依山傍海，风景确实优美，周边社区里入住的基本上都是教授、医生、律师等高收入阶层。若只论学校周边的居住环境，无疑是顶级的，但仅就学校里面的校舍建筑而言，真是其貌不扬。上网搜索，发现洛杉矶市有两所著名的私立学校，很值得一观。一所是位于市中心的教会学校Pilgrim School（皮尔格雷姆中学），一年的学习费用在6万美元左右，另一所是洛杉矶市教学质量排名第二的一所私立中学。

皮尔格雷姆中学属于教会学校，位于好莱坞附近，面积不大，在校园内转一圈，5分钟绰绰有余。进到里面，不过就是一条干净的走廊，外加走廊两边各个大小不一的教室，连续上几层楼，都是如此。洛杉矶市中心寸土寸金，以至于整个学校面积非常小，我们在校园里转了好几圈，都没有找到能让孩子们运动锻炼的操场。准备离开时，回眸一瞥，唯有位于校园靠里面角落里的一座高耸的教堂给我们留下了深刻的印象，庄重、古朴、典雅。

另一所学校是私立中学Polytechnic School（多元工艺学校），教学质量在洛杉矶排名第二，学费一年3万多美元，位置稍微偏僻一点。这所学校与我们国内的学校，在面积规模、结构布局、内部设施上都比较接近。

和中国大陆一样，7月至8月属于暑期放假时间，上述几所学校里的学生都很少。为了解美国学校里的学生真实上课情况，我们通过一个朋友找到了一所私立小学的校长Pam，她所工作的学校，也已放暑假，但仍有部分小学生在校内学习生活。Pam年纪与我们相仿，

但精明强干，气质优雅。在Pam校长的带领下，我们参观了小学生们正在上课的教室以及他们的运动场所。

孩子们围坐在课桌边，在老师的带领下，时而跟着老师学习简单的数字与字母，时而一起观看电视机里面放映的动画。我们问Pam校长，老师现在是在教他们些什么知识呢？Pam校长告诉我们，这些小朋友才入学不久，主要学习简单的字母，另外，大部分的时间，对他们进行一些生活常识的教育，比如，在什么情况下可以过马路，如何与别人打招呼，如何向他人求助等。

美国的学校，还有一类，中国留学生和家长们应该如雷贯耳，那就是语

言学校。语言学校有两种，一种是政府或者慈善团体举办的，专门免费教母语为非英语的成年人英语的机构。另一种语言学校，专门为中国留学生服务，在入读美国学校之前，为留学生们夯实语言基础的学校，这种学校，需要缴纳不菲的学费。来自中国的留学生，入读一学期后，就可以到免费的公立高中读书。如果刻苦攻读，就会与其他美国孩子一样，考上一所美国的大学。这样，就相当于用较少的金钱得到一块融入美国的敲门砖。不过，这样做的"后遗症"也非常明显，就是孩子如果没有出现特殊情况，需要连续留在美国7年以上。

对于胸中有目标，心中有理想的孩子来说，在美国独自生活7年，能极大地锻炼自身处世生存能力。我们在这个语言学校遇到好几个来自中国的小留学生，个个阳光开朗、自信乐观，充满了青春活力。

六、洛杉矶的人

洛杉矶是美国的第二大城市，这个城市是一个大熔炉，它将白人、黑人、黄种人和谐友好地融合在一起。在洛杉矶的一个月时间里，看到过也亲身经历过很多友好互助的事例。

一次，在地铁站等车，突然传来一阵嘈杂声。一个黑人，拖着一只受伤的左脚，从这头走到那一头，并不时大声喊着。他在生活中遭遇了不公正对待，可由于自身经济基础、文化水平所限，不知该如何维权，只好在地铁站里采用这种过激的方式申诉。很快，来了两位带枪警卫，在一旁盯着他，并叫他赶紧离开。搞不清状况的乘客都在旁边围观，只有几位黑人乘客，分别从钱包里拿出几美元的零钱塞到他的手里。

还有一次乘坐地铁，一个坐轮椅的黑人朋友眼看就要上车，但车门马上就要关闭了。车厢里站着的乘客里，有一位，双手迅疾地插进车门之间，硬是用力掰开车门，让坐轮椅的黑人兄弟上车。

有一次，为了去一个华人超市，询问了好几个行人，都不知道该如何走。直到又问询到一个台湾人，才告知我们这个超市还很远，如果走过去需要二十多分钟，并主动提议，让我们坐他的车，由他送我们去。

儿子想在美国找一个寄宿家庭，与真正的美国人共同生活一个星期，亲自感受一下美国家庭的日常起居。在Pam校长的帮助下，儿子得偿所愿。当然，这是需要另外付费给寄宿家庭的。

安排完儿子的事情后，Pam校长邀请我们夫妇到她家共进午餐。我们也好想去看看，美国人的餐桌上到底吃些什么样的食物，就愉快地答应了。

一次午餐，体会到了美国普通家庭的待客之道：热情而又不蜜腻，周到而又不包办。

星期一上午，Pam校长邀请我们为他们学校的孩子讲两节中文课，我们非常高兴地答应了。事先分好工，身为数学老师的我，当然是教孩子们认识中文数字一到十。作为英语老师的我妻子，由于语言交流的优势，就给孩子们讲如何运用文明礼貌用语。

数字一到十，用英语读和写，这些孩子个个都会。用汉字写和读，可就洋相百出了。我专门设计了一个小包袱，在教完"一、二、三"之后，考考他们，"四"用汉字写，是画成四横，还是写成"四"呢？结果所有的孩子都说要画成四横。

望着天花板愣了好一会儿，我才去纠正他们的错误。

心底默默祈祷，可能经过一段时间后，这些孩子会渐渐忘记我今天教给他们的汉字。但是，只要有一个孩子能够记住，"四"，并不是画四横。那么，我的这次教学就是有意义的。

在读从一到十的汉字时，我借助于手势，才勉强让他们搞清楚了每个汉字的声调。教完之后，进入互动检测时，发现数字"四"与"十"对这群孩子来说还不是最难读的，数字"六"对他们来说最为难读。又花了好几分钟，反复练习，他们才慢慢稍稍掌握。下课后，这群孩子们在图书角里找到几本最为简单的中文儿歌识字书，从前往后逐一翻看，遇到数字，就拿来给我看，并由我判断他们读得对不对。那一瞬间，还是感觉自己蛮有成就感的。

下一节中文课，我妻子孙老师为他们讲解常用礼貌用语，更是笑话百出。"你好"与"您好"，尽管讲了很久，孩子们会读了，但还是不知该用于何种语境。更要命的是，刚教完后面的，就忘记了前面的，让我在旁边偷笑了好久。

七、圣地亚哥的航母

凡是在洛杉矶生活过半年以上的人都有一种认识：在洛杉矶没有车，就相当于是没有脚。8月9日下午5点，我们终于有脚了——网租的小汽车总算可以去提车了。

美国的交通规则与中国大陆的差不多，也是靠右行驶，也是红灯停绿灯行，也是转弯车辆让直行车辆。略显不同的是一定要注意车让人，只要有人在道路上行走，不管这个行人是否违规，车方都要让行人，在有"stop"标志的路口，不管什么时候，不管道路上有无其他车辆，汽车都要停稳等待3秒后，在确保安全的前提下，方可通行。

下午5点30分，我们开着租来的小汽车，行驶在洛杉矶的街道上。由于天色尚早，决定直接开车到附近的环球影城看看。

环球影城是洛杉矶好莱坞的一个标志性景点。这个景点与深圳欢乐谷、广州欢乐世界等旅游景点一样，有很多游乐设施。许多著名的电影、电视剧也在那里取景，如果运气够好的话，还有可能让你看到电影的拍摄过程。不过，环球影城票价不菲。

将车停好后，坐上接驳车，来到影城的外围。虽然只是在外围，蜂拥的人潮仍然裹挟着我们，来到一块大屏幕下，屏幕上正在播出欢乐游客的实时影像。一大群美国孩子，随着强劲的音乐节拍，毫不顾忌地扭动腰肢，旁若无人地尽情舞蹈。相比自由奔放的美国人，我们这些低调内敛的中国游客就只会望着屏幕傻笑了。

10日一大早，决定开车前往旅游名城——圣地亚哥。

圣地亚哥在洛杉矶的南面，我们到那里是两个多小时的车程。那里最有名的旅游景点是已经退役的航空母舰——中途岛号，它是第二次世界大战期间美国建造的最大的航空母舰。

驶上美国的高速公路，才发现有很多与中国不同的地方。一是美国的高速公路没有收费站，可以自由进入免费通行；二是高速公路极宽，单向都在六个车道以上；三是最左边标有菱形标志的车道为快车道，当一辆小汽车里乘坐的人员为两人以上时，可以驶入这个专用车道快速行驶。

车程行驶到一半时，经过一个风景非常优美的小城——尔湾。据网上资料介绍，这个小城天空特别蓝、草地特别绿、道路特别宽。

中午时分，到达中途岛号航母景点停车场。岸边是有名的胜利之吻雕塑。二战胜利后，光荣凯旋的战士，看到街边走过的年轻美丽的护士，抱起来就吻。当时全体国民都在狂欢，以至于根本就没有人去追究这位勇敢的士兵性骚扰。与胜利相比，所有的越规都退居第二。

参观完航母后，已是下午时分。驱车两个多小时，回到洛杉矶，小汽车上的油表报警灯亮了。找到一个加油站，87号的普通汽油（相当于广东92号汽油），加满到跳枪，花费24.04美元，按照1比6.7的汇率，折合成人民币为161元。还算便宜。

八、美国的一号公路

8月11日一大早，装上所有的行李，再加上我们还没有用完的米、油、菜等厨房用品，与房东刘姐挥手告别，驾车前往旧金山。

旧金山本名San Francisco（圣弗朗西斯科），当地华人取前两个音节San Fan，音译为"三藩市"。不过在华人圈里，叫得最响的名字还是"旧金山"。

旧金山是以科技、金融、旅游为支柱产业的城市。它有一所全球排名第二的大学——斯坦福大学，在这所大学周边几十公里的区域里，形成了举世闻名的高科技区——硅谷。

从洛杉矶到旧金山，有一条风景优美的公路，左边是太平洋，右边是落基山脉，这就是美国有名的一号公路。一号公路，全长六百多公里，时而笔直通畅，时而蜿蜒盘旋，时而身处低谷，时而置身山顶。公路两边的景色时而海天一线，时而壁立千仞，时而苍翠欲滴，时而一片金黄。

在一号公路边上，海滩多达几十处。我们一路上选了几处游客比较多的海滩，转弯进入，停车欣赏。每一处海滩，不管是大海，还是天空，都是一片蔚蓝，蓝得纯净，蓝得彻底。到后来已经造成了视觉疲劳，以至于再见到风景优美的海滩，我们都懒于下车了。其中，在一个海滩上，我竟然发现了一辆老爷车，正在停车修理。我用最蹩脚的英语上前打招呼："Hello,This car, old...years？"修车司机回过头来，带着骄傲的神情告诉我："Sixty five!"我还不确定，在手掌心画了一个"65"的数字向他求证。"yeah!"司机微笑回答。

唯有惊叹！

傍晚时分，来到卡梅尔小镇。据宣传资料介绍，卡梅尔小镇是一个可以让时光停止的地方。我们驱车一圈，时光倒没有停止，我们的心跳差点停止。路边随便找了一家旅馆询问住宿价格，一间非常普通的房间，居然要250美元，而且还不含税和小费。

我们终于知道，在美国临时找住宿旅馆，价格是多么昂贵了，特别是在旅游景点。和中国的丽江、凤凰一样，卡梅尔小镇也就几条横竖交叉的街道，街道两边布满了各种酒吧、商店等。又冷又饿的我们经过商量，决定继续向前开几十公里，到蒙特雷县城去进餐和住宿。

直到深夜十二点，我们才在蒙特雷找到一家24小时营业的麦当劳。所有的汉堡、薯条、比萨等垃圾食品，全都成了美味。吃饱喝足之后，我们继续开着车在大街小巷找汽车旅馆。这些汽车旅馆虽然比卡梅尔小镇便宜一点，但也价格不菲。又继续找了好几家汽车旅馆，价格都差不多。看到时间已经快凌晨两点了，现在入住，也只能睡四五个小时，却要花费人民币一千多元，很不划算。经过商量，决定开车回到麦当劳的停车场，然后在车里随便睡个囫囵觉。

将汽车座椅打平，将四门玻璃略开一条缝，裹上所有的被单、浴巾，我们在车厢里沉沉睡去。

第二天早晨，从汽车里走出后，竟然发现对面的车位上也有一个美国家庭，和我们一样，在车里睡了一夜。这家人，两个大人，两个小孩，四辆自行车。交谈之后得知，他们准备今天上午到附近的风景名胜区"十七里湾"骑车游玩。

九、十七里湾

既然风景名胜就在附近，我们也就跟着，准备到"十七里湾"游览。

如果某位游客来到美国西部，只能游览一个景点，我不会向他推荐圣莫尼卡海滩、环球影城、圣地亚哥航母，也不会向他介绍尔湾、一号公路、卡梅尔小镇，更不会向他举荐旧金山的九曲花街、渔人码头、谷歌总部，而是会以全家之力，向他保举"十七里湾"。

十七里湾，像一座森林。里面有高尔夫球场、高档豪华的别墅群，还有纵横交错的公路，共计十七英里，合二十七公里。不管是驾车兜风，还是骑车游览，抑或徒步欣赏，都会让你沉醉其中，流连忘返。

第一次零距离接触高尔夫球场里的青草。细、密、尖、柔、嫩、平、绿，就是它最主

要的特点。粗略估算，要想种植并维护好这片草坪，费用不下百万美元。

过了高尔夫球场，峰回路转，汽车将我们带入了一座森林。森林里有枯死多年的残枝，也有郁郁葱葱的乔木。像是进入了原始森林。当我们以为十七里湾就是一座原始森林时，突然，林木深处隐现一幢幢幽静雅致的豪华别墅。当我们以为十七里湾是顶尖富豪休闲娱乐与住宿生活的豪华社区时，突然，曲径通幽的公路，把我们带到风景优美的海边。

往前继续行走片刻，就到了海边的沙滩。远处海面上，一群不怕冷的美国人，看准起伏的海浪，踩上踏板，试图冲上浪尖。

虽然只在十七里湾待了几个小时，但我们已经深深喜欢上这里。既然不能长期留下，那就让我永远带走这里的一瓶沙子吧。

就这样，驾车漫步，下车观赏，十七英里的道路，我们沉迷了整个上午。一家三口，一辆汽车，总共十美元的门票，超值！

下午，终于靠近旧金山的市区。旧金山是一个狭窄的半岛，半岛与美国大陆之间，有一片内海，内海周边就是著名的旧金山湾区。斯坦福大学、谷歌总部、facebook总部都在这个区域。

旧金山半岛整个市区的房价及住宿价格十分昂贵。我们事先在airbnb网站找了好久，才在远离半岛市区的内陆的一户美国家庭，找到了较为便宜的住宿房间，一晚上需要370元人民币。好在有车，距离远点，没有什么影响。

穿过海湾大桥，继续行车半个多小时，在导航仪的指引下，我们找到了住宿的房子Edita家。

Edita双手略有残疾，但她热情好客。待我们安顿好后，她跟我们讲解厨房、电器等的使用方法。而且还告诉我们，住宿期间所有的米、面、油、菜、水果等，全都免费提供。事先不知道还有这么优惠的住宿方案，看来，我们从洛杉矶带来的米、面、油、盐，只有继续带到下一个城市纽约去了。

在Edita家住的五天，每天都充满了新奇与感动。厨房里有一个垃圾桶，没有把手，也没有脚踏，不知如何打开。正当我一筹莫展时，桶盖突然自动开了，原来是当手扫过它的红外线区域时，桶盖就会自动打开。我像一个好奇的孩子反复测试时，旁边站着的Edita，望着我微笑。

十、旧金山的市区

8月13日，吃过早餐，我们直接驱车奔赴旧金山市区。

对华人旅游者来说，旧金山市区最有名的旅游景点是金门大桥、渔人码头、九曲花街、唐人街等。为了在一天之内看完这些旅游景点，我们先从陆地绕到金门大桥，然后通过金门大桥，进入旧金山半岛。

金门大桥通体红色，非常显眼。与东莞的虎门大桥一样，都是双向六车道，两座主桥墩巍峨高耸，直入云端。

渔人码头所在的滨海大街区域，从这头行车到那头，硬是找不到一个停车位。只好透过车窗看看码头广场上穿梭不息的人流和远方海面上豪华游艇的桅杆。

九曲花街是每一位到旧金山市区的游客，必去游览的著名景点。如果开车，更是要亲自走一遍连续转弯九次的长满鲜花的街道。

旧金山市最开始建立在几座山头上。这几座山头与下面的平地之间，有高度倾斜的街道，有些街道倾斜的角度高达45度以上，不管是向上开车，还是向下行驶，都会胆战心惊。上坡时，如果前面的汽车停住了，更是惊恐万分。技术不太好的话，唯有打911电话报警求助。

九曲花街所在位置，山坡倾斜的角度更是高达60度以上。本来是无法行车的，但聪明的旧金山人民想出一个办法，在这个倾斜60度的山坡上，左右盘旋九次，充分降低坡度。为了让驾车人消除紧张心理，在盘旋街道的两侧种满了各种鲜花，姹紫嫣红，四季开放。

驾驶小汽车的司机，人人都想从这里通过，连一些驾驶着电动三轮车的游客，也爱在这条花街上行驶。

我们驾着汽车，想驶入这条花街时，还遇到了一点小麻烦。当我们将车开到花街入口处准备右转时，路边值勤的警察不让。搞不懂怎么回事的我们，将车停在一个临时停车场，向旁边的游客询问。原来，这条花街在进入时，只允许从对面街道直行进入。游客不仅告诉了我们答案，而且还送给我们一份大礼。他们一家三口，买了市区游览车的三日通票，现在不想游玩了，就把还有半天期限的通票送给了我们。

驾车兜一个圈，从对面街道直驶进入九曲花街。我们在右边行驶时，眼睛却看着左边的道路。在两分钟的时间里，开心而又紧张地转过九道弯，才到达下面的平地上。

下一站，便是旧金山的唐人街了。

旧金山的唐人街是全美国面积最大、华人最多，也是最具有中华传统文化特点的华人社区。

我们去过洛杉矶的唐人街，入街口就一个简单的门廊，门廊上盘旋着两条单调的巨龙。进到里面，三三两两分布着几家服装店、百货店和药材店。如果不是店老板向我们介绍这是洛杉矶的唐人街，我们是真不敢相信。零散、冷清。

后来在纽约时，我们也去过曼哈顿的唐人街。根本就没有什么标志性的大门，走着走着，突然，车辆、人群变得拥挤不堪，路边到处都是摆摊小贩。抬头望去，随处可见中文招牌，表示已经到了纽约的唐人街了。

旧金山的唐人街，倒是海外华人的一面旗帜。在几条街区的范围内聚集了数万华人同胞，每一条街道虽然狭窄却井然有序，人流虽然拥挤却礼让有加。街道两侧，不仅有大量华人游客逛街购物，还有很多欧美家庭参观游览。

在唐人街的入口处，有一个标志性的城门，既像苏州亭台，又似南粤牌坊。城门口悬挂孙中山先生手书的四个大字"天下为公"。

街道干净整洁，行人礼貌有序。沿着旧金山唐人街区域的各条街道逛下来，心里感叹：在异域他乡，只有此地，最得神州精髓，最具中华韵味。

旧金山的气温比洛杉矶低多了，穿短袖T恤在白天都很冷。我们一家三口在唐人街的一家服装超市各买了一件外套，才算抵住了冷气侵袭。从另一头步出唐人街时，看到了在大街上行驶的叮当游览车。

游览车和普通汽车一样，都在街道上行驶。如果前进的路上有车辆或者行人，司机就会用力拉起手刹，摇响铃铛，发出"叮当，叮当"的声响。因此，华人游客最爱称它为叮当车。叮当车的票价还挺贵的，每上车一次，收费七美元。我们拿出友善的外国朋友送给我们的通票，向司机询问，是否可以乘坐。当司机给出肯定的答复时，我们立即决定，要把穿梭在旧金山市区的各条线路的叮当车一一乘遍，直至天黑。

一日看尽长安花，应该就是这种感觉吧。

十一、优胜美地

由于前一天在旧金山市区玩得太晚，14日上午，我们一家三口都睡了一个懒觉。当我们吃完早餐的时候，已经到了中午。

只有半天的时间，我们就计划到位于旧金山东部，离住宿地二百多公里的一个单独景点"优胜美地"去游览。事后想来，这真是做出的一个愚蠢至极的决定。

我们是这样计算的，两百多公里，三个小时开车足够，再游玩三个小时，然后返回，说不定还可以在天黑之前赶回来吃到一份可口的晚餐。

瞧，我们的行程计算得有多好。但我们没有算准去优胜美地的路途上，沿路风景对我们的诱惑力；我们没有算准，优胜美地森林那广阔的面积和无数条公路；我们没有算准，阳光下、树林间、青草上、岩石旁的各种难忘与不舍。如果上天能够再给一次机会，我们一定会在清晨出发，并且带上所有的被套与食品。

优胜美地，英文名字为"Yosemite"，是一处国家森林公园，有群山，有深谷，面积超大，风景冠绝。

加州海岸附近，虽然紧靠太平洋，但降水非常贫乏。所看到的山坡，要么是光秃的沙土，要么是枯黄的衰草。但身处美国大陆深处的优胜美地，却是雨水充沛，生机盎然，处处绿色。去优胜美地的路途，就是窗外景色由金黄变为浓绿的过程。

优胜美地国家森林公园的大门。连人带车一起，总共需要30美元的门票。

当我们买票入场时，已经是下午五点多了。询问了准备离开的游客，才知道这处公园，如要开车走遍，至少需要两天。几乎所有的游客都是携带了帐篷与食品，在公园里面的宿营地安营扎寨两到三天才离开。公园里面虽然也有餐饮店和住宿旅馆，但价格高昂到让你怀疑人生的程度。

由于自己备课不足，导致现在身处困境。没办法的情况下，我们向准备返程的游客请教，如何在天黑前的两个多小时里，最大限度地欣赏到优胜美地的美丽风景？

被问到的游客拿起地图，告知我们，风景区内，第一必到点为优胜美地最下面的山谷，开车巡游一圈需要一个多小时。第二必到点为观石平台，可以看到两块大巨石，一块石头，就是一座大山，开车过去，只走单程，需要两个小时左右。

借助于谷歌地图软件，再加上苹果手机上的GPS定位，我们立即与时间赛跑，向第一必到点快速行驶。

顺便说一句，用手机上的谷歌地图软件再加上GPS定位，随时可以知道自己身在何处，距目标点还有多远，应沿何路线行驶。就算是在密林深处，没有手机信号，没有网络信号，仍然能非常准确地指导我们走什么路线，向何方向转弯。后来再到纽约与华盛顿，谷歌地图软件用熟练后，我们到任何地方，几乎不用向任何人问路了。

下车拍照，上车赶路。就这样，45分钟时间，我们就把优胜美地的山谷转了一圈。

驾车从山谷返回后，我们又马不停蹄地向第二必到点观石平台前进。如果能抢在天黑之前，赶到观石平台，拍上几张心仪的照片，就是最大的胜利。但日渐西落，仿佛在告诉我们，这是不可能完成的任务。

半个小时之后，不得不打开的汽车大灯告诉我们，这确实是一件不可能完成的任务。我们现在的要求，已经不再是赶到观石平台，而是降低到想找到一个有餐饮店的住宿地。

又前进了几十公里，地图显示，到了宿营的地方。可我们将车开向一侧的小路，转了十几分钟，也没有看到任何一个人和任何一辆车。相反，不时出现的提醒游客"有熊出没，注意安全"的标牌把我们给吓得六神无主。

正当我们惊慌失措的时候，一辆汽车开了进来。上前询问，发现是一对爱好野游的青年男女。我们问他们，就你们一辆车在林间到处乱窜，难道不怕野兽与歹徒吗？他们举起身边的手枪与猎枪说，有这个。

跟他们交谈后得知，再往前行驶半个小时，有一个停车场，里面停了很多汽车，比较安全。我们于是抖擞精神，继续向前开去。

终于看到了路边的停车场，而且还停了十几辆小汽车。我们忐忑不安的心才开始得到一丝缓解。停好车后，我们准备就在车厢里休息一晚，待到第二天早晨再出发去观石平台。

十几分钟之后，突然感觉不大对劲。旁边停的这些汽车，没有一丝声响。我们下车一一查看，竟然发现这些车里一个人都没有。发动汽车，打开远光灯，沿停车场行驶一周，旁边的树林里，也看不见一个人影。鸣笛，只听见回声。

清冷的月光，静谧的森林，再加上我们一家三口沉重的呼吸和疑惑的目光，整个场面恐怖至极。旁边呆坐的老婆说："你刚才鸣笛了，会不会把熊招来，听说有的棕熊力量大得可以把车掀翻……"

我已经听不清她在旁边说什么了，想到自己没有做任何准备，中午才出发的错误决定，我整个人已经自责得处于崩溃的边缘。

稍微犹豫了两三秒，立刻决定，原路返回，先到景区大门再说。怀着担忧与恐惧，一路急驶。一个多小时后，快到夜晚11点时，我们总算到了景区大门。

整个景区大门静悄悄的，一个人影都没有。拿出手机，除了GPS定位还在工作之外，其他任何信号都没有。这下我们彻底疯了。

我们逃似的出了景区，又是一路急驶，走到外面镇子上的一个加油站时，才稍稍心安。询问售货员才得知，优胜美地景区面积太大，游客不太多，所以，很难碰到人。景区大门深夜没有人，是因为一到下班时间，所有的雇员都会准点下班，没有人会额外加班。至于景区内停车场上的汽车空无一人的情况，是因为开车的那些游客，背着行李探险去了。可能是去徒步行走，可能是去登山冒险，也可能是去野外生存。

吁，这些无聊透顶的老外，让我们一场虚惊。

已是深夜，我们已经没有心情重新回到景区了。于是决定连夜开车返回住处。

夜间在公路上开车，真是一种享受。首先，车辆稀少，平坦公路任我行；其次，道路上的反光标志异常醒目，灯光照过去，跟白天一样；最后，车道与车道之间，有间隔均匀的凸起标志，如果车轮不慎压上去，马上会发出刺耳声响提醒。这是很人性化的公路。

深夜两点半，我们才回到住处，倒身上床后，立即就进入了梦乡。

第二天醒来，带着没有看到优胜美地两块大石头的遗憾，我们上网搜索浏览了一下图片，以飨相思。聊胜于无吧。

十二、硅谷

旧金山有两所全球有名的大学，加州大学伯克利分校和斯坦福大学。尤其是后者，综合实力全球排名第二。在斯坦福大学的周边几十公里的范围内，形成了美国最有名的高科技产业区——硅谷，谷歌公司总部和Facebook公司总部都位于此。

斯坦福大学里，每年都有数不清的大学生还没有毕业，就怀揣梦想，辍学在硅谷创业。每名创业的大学生，都梦想着自己也能创立像谷歌或者Facebook那样的公司。

斯坦福大学没有校门，任何人都可以步入参观。学校正前方是一大片绿地，绿草如茵，美轮美奂。

进入教学区和生活区，发现没有什么高楼，最高的楼房不过三层。整个学校高耸的钟楼最为显眼。

漫步在斯坦福校园里，见到的人都温文尔雅、气质不凡。如是学生，则全身洋溢青春气息；如是教师，则浑身散发睿智光芒。

民国时期的清华校长梅贻琦先生曾说过："夫大学者，非谓有大楼也，而乃有大师也。"深以为然。

以斯坦福大学为中心的硅谷区域，谷歌公司最为著名，我们也不能免俗地前往参观。到达之前，我们还在心里想，谷歌公司一定坐落在城市繁华的中心，周围一片高楼大厦，烘托谷歌大楼的伟岸形象。

　　但现实却是恰恰相反，下面，请看世界著名的高科技公司谷歌总部的周边环境以及它的办公大楼。

　　谷歌总部办公区域，从这头走到那头，两分钟足够，所有的办公大楼，没有超过三层的。如果不是随处可见的谷歌logo，我们真怀疑自己是否真的正站在谷歌公司总部。另外，还要特别告诉各位朋友一个惊人的事实，就在谷歌总部的边上，居然有一条臭水沟。

　　在谷歌总部参观游览时，公司的文化气息与休闲氛围给我们留下了深刻印象。

　　在网上看到资料，谷歌最初的两位创始人布林和佩奇上班时，都是脚踩滑板车呼啸而来，放荡不羁。公司的所有技术人员，在工作感到劳累的时候，都可以在上班时间到一楼的咖啡厅喝一杯，以寻求灵感。可能就是工作上的自由才让他们诞生出创新的火花，从而创造出这样一家知名的公司。

　　因为只能参观大楼外部环境，不能感受内部工作氛围。因此，当我们走出谷歌公司后，已经没有去看其他高科技公司的兴趣了。

　　返回住处时，经过旧金山区域的伯克利市。加州大学伯克利分校就位于

此。这也是加州大学的总部，只是因为后来，在洛杉矶又开了一间分校，所以位于伯克利的加州大学，就被华人学生称为伯克利分校了。

就校园环境与校园面积来说，伯克利分校与斯坦福大学比较起来，略逊一筹。但这所大学的师资力量、学术成就，可一点儿也不逊色。伯克利分校的综合实力在全球经常保持在前五名的位置，有些专业领域更是位居世界第一。

16日上午，直睡到日上三竿，我们才起床收拾行李，装满汽车，准备前往旧金山机场还车，并乘机到洛杉矶，再转机到纽约。

告别时，我们悄悄问热情善良的Edita夫妇，为什么没有看到他们的孩子？Edita告诉我们，他们没有孩子，所养的两条狗，就是他们的孩子。

没想到，美国还真有这样的丁克家庭。

短短五天，让我们与Edita一家结下了深厚的友谊。在住宿网站上，我们一定要给Edita家庭全五星好评。

晚上11点的飞机到洛杉矶，第二天早上8点半再转机到纽约，相当于是在旧金山机场与洛杉矶机场，都要待6个小时左右。在无聊的等待中，我突然发现，我们的行程犯了一个不可饶恕的错误。

从洛杉矶到旧金山，开车走一号公路，是正确的，但为什么要坐飞机返回洛杉矶呢？完全可以继续开车走高速公路回到洛杉矶机场。5个小时就可以到达，根本就不需要在机场耽搁这么久。我在最开始制订行程时，犯了一个思维定式的错误，以为来与回要走同一条公路，来的时候要两天，回时就不能再花两天时间在路上了。殊不知，返回洛杉矶时，有高速公路可走，不需要通行费，时间可自由选择，还不用将行李搬来又搬去。

唉，自己怎么就没有想到这一层呢？害我们白白浪费了两千多元的机票钱，外加大把的时间。

想到"智者千虑，必有一失"，很快，我就释然了。

祸不单行，福无双至。又有一个新的损失，让我懊恼不已。

美国的航空公司在托运时，每件行李要收取25美元的服务费。如果超过22.5千克，更是要收取100美元的高额服务费。我们有三件行李需要托运，仅服务费就要75美元，而且，从旧金山到洛杉矶，再从洛杉矶到纽约，每一次都要如此收费。

我们的所有行李，论价值，都没有75美元，而现在，只是交给美国航空公司的行李托运费就要3个75美元。此刻，该是我们抱怨美国服务，一点儿也不人性化的时候了。

经过不断地沟通，我们了解到，每人可以手提两个小包登机，不用交服务费。但我们的两个大箱子，超过了一定体积，无论如何也要托运。

紧张思考，立即决定，扔掉一个略旧的大箱子，然后，将所有的行李尽可能地转入其他小箱包随身携带。

就在登机现场，我们一家三口紧急行动起来。所有东西，尽量塞入我们的背包，只留下必须托运的液体类物品和一些不太重的衣物，凑齐22.5千克，装入一个崭新的大箱子托运带走。这都是第一次坐美国飞机，不了解规则而惹的祸。

十三、美国的航空公司

在旧金山登机时，我们遇到了有生以来最严格的一次安检。所有的行李，外加鞋子、外套、皮带、钱包全部都要通过安检设备。然后，站在一个四周都是金属的小房子里，高举双手，两根像金属条一样的东西，沿每一位乘客的身体旋转两圈，如果没有任何问题，才予以放行。

特别是17日的早上，在洛杉矶机场准备飞往纽约时，我们随身携带的6个箱包，过了一次安检设备后，警察不放心，又将其中的两个背包再次通过安检设备。就在我们略感疑惑时，几个佩枪警察把我们叫到一旁，当着我们的面打开背包，一一拿出里面的物品。

里面有一个小袋子，装着以前在洛杉矶没有吃完的米、盐、土豆、白菜。另外，有一个装料瓶，装着旧金山十七里湾海滩上的沙子。一位技术人员拿出三个玻璃器皿，分别取出一些米、盐和沙子的样品，往里面滴了几滴液体，搅拌、研磨、拍打，折腾了十来分钟后，旁边的警察问我们，为什么要带这些东西上飞机。我们马上解释：我们是来自中国的游客，到美国旅游，这是在洛杉矶没有吃完的食物，不想扔掉，准备带到纽约继续食用，节约、环保。

说到此处，美国警察才对我们挥手放行。

坐美国航空公司的飞机之前，我们还在心里想，飞机上的服务一定非常好，里面的空姐一定都是金发碧眼的貌美女郎。可现实的情况让我大失所望。

数小时的空中飞行，只发了一次点心与饮料。要想靠着这些点心填饱肚子，绝无可能。空姐倒是有，但都在50岁左右，还有些黑人大伯为乘客提供服务。与上海东方航空公司俊男靓女的空乘相比，美国航空公司的服务差得太远了。不过这也印证了美国航空公司对飞机上的服务人员没有肤色、容貌与身材的要求。

20世纪，黑人著名民权领袖马丁·路德·金，在一次讲演大会上说："我梦想有一天，我的四个孩子将在一个不是以他们的肤色，而是以他们的品格优劣来评价他们的国度里生活；我梦想有一天，这个国家会站立起来，真正实现其信条的真谛：我们认为这些真理是不言而喻的——人人生而平等；我梦想有一天，有朝一日，那里的黑人男孩和女孩将能与白人男孩和女孩情同骨肉，携手并进。"

看到航班上各种肤色的空乘，我想，马丁·路德·金的美国梦正在慢慢实现。尽管前途会有重重坎坷，但正如这位民权领袖所说的那样："公平和正义，犹如江海之波涛，已在汹涌澎湃，定会滚滚而来。"

美国是一个联邦制国家，每个州的时间根据各自时区独立制定，纽约与洛杉矶就有3个小时的时差。达美航空的班机飞行5个多小时后，17日下午6点，降落纽约肯尼迪机场。

机场外的计程车，将我们带到位于法拉盛区域的一户华人家庭公寓入住。

近年来，大量的华人蜂拥到法拉盛工作和生活。走在法拉盛街头，说中文的同胞到处可见。街道两侧的店面招牌，基本上都是中文。一个不会说英语的国人，如果只是在法拉盛生活，丝毫不受影响。

与洛杉矶相比，纽约略显冰冷。地铁和公交车上，很少有人搭讪交谈。街上行人匆匆，好像每个人都有巨额的生意合同等着自己去签署。在街头问路，要么就说不知道，要么就是随便指完路后，丢下仍然迷糊的你。好在我们已经完全学会了使用谷歌地图，需要问路的情况很少。

刚安顿好行李，华人房主就来告知我们，厨房用品只能煮饭、煮菜，不能煎炒，因为油烟太大，不好擦洗抽油烟机；脏衣服拿到洗衣店去洗，以免滴湿地板；在房间里行走，一定要穿软底拖鞋，以免声音太响，楼下的房客投诉……

与旧金山的Edita家相比，这里有太多的禁令束缚。没办法，既然身在矮檐下，那就只有低下头。

一天后，我们与房东女主人反复交流，才额外开恩。每天晚上可以炒一个菜，但要把抽油烟机擦拭干净；洗衣服后，一定要拧干，而且只能在自己所住房间风干，下面一定要垫上纸巾。

如果不是纽约有曼哈顿和自由女神像，我们这一辈子也不想到纽约这个地方来了。

十四、曼哈顿

18日清晨，我们制订了当天的行程。来到纽约，首先要去的地方必是位于曼哈顿岛的时代广场、9·11遗址、华尔街、自由女神像。

我们每人买了一张31美元的周卡，可以在纽约市无限次乘车。洛杉矶，没有汽车寸步难行；纽约，有汽车寸步难行。纽约的街道大多狭窄、拥堵。特别是在曼哈顿岛上，汽车行驶的速度比人行走的速度快不了多少。而纽约的公共交通非常方便，地铁和公交车24小时运营。

连接法拉盛与曼哈顿的7号地铁线，很快就把我们带到了位于曼哈顿42大街的时代广场。时代广场的街道，就是一条步行街，而且很窄。如果不是周边高楼大厦上成群的、不断闪烁的、超大面积的广告屏幕，我们真是怀疑走错了地方。

顺便说一句，在时代广场尽量不要乘坐观景巴士，因为一旦上车，就会产生依赖心理，只想舒服地坐在上面，走马观花地观看曼哈顿的高楼大厦。至于高楼大厦后面的历史遗迹，就没有机会去触摸了。

游览完时代广场，四通八达的地铁又将我们带到新世贸中心，也就是9·11遗址。9·11遗址，也叫世贸中心。在那场惊天悲剧之前，这里一直是世界的贸易和金融中心。但所有的一切，都从2001年9月11日的那天早上，开始发生变化。

那天，世贸大厦的双子塔楼，像一对形影不离的恋人，静静地矗立在曼哈顿岛的南端。两座大楼里有数千人正准备开始新一天的工作。和往常一样，天气风和日丽，波澜不惊。但这样的平静被恐怖袭击瞬间打破，几名恐怖分子操控燃油满满的飞机，径直撞向了世贸大厦，惊天动地，火焰冲天。两个小时后，北塔与南塔先后坍塌，漫天烟尘笼罩着整个曼哈顿区，三千多人尸骨无存，整个世贸中心区域，成了人间炼狱。

如今，倒塌下来的钢材，做成了像鸽子翅膀一样的纪念大厅。离纪念大厅不远的地方，是两个巨大的正方形水池。24小时不间断地流淌着水柱，好像是老天爷的眼泪汇聚于此，为15年前无辜牺牲的亡灵哭泣。

两个大水池的四条边上，雕刻着所有遇难者的名字，这些名字，还包括在1993年，发生在世贸中心停车场的一次恐怖汽车炸弹袭击中遇难的6个人。

后来，纽约市政府在9·11遗址的旁边另建了一座世界贸易中心——自由塔。在自由塔下面的广场上，到处都是荷枪实弹的警察。

参观完毕后，当我们准备离开时，抬头回望自由塔刺向天际的楼顶，一大片乌云仍然笼罩着这片区域。

利用谷歌地图导航，我们从9·11遗址步行10分钟，就到了全球经济的杠杆支点——华尔街。

华尔街是与百老汇大道垂直的一条狭窄小街，说它狭窄，一点儿也不失实。不能通车，只能行走。街面上全是百年前铺就的古朴地砖。

华尔街最著名的大楼就是纽约证券交易所。无数人在这里一夜暴富；无数人在这里一夜间一无所有；无数人在这里伸出爪牙；无数人在这里睥睨天下。

在纽约证券交易所的斜对面，是华盛顿纪念堂。美国的开国国父雕像一年365天，一天24小时，从不休息地矗立在门前的石阶上，注视着掌握数亿人命运的纽交所以及对纽交所爱恨交加的芸芸众生。

走进华盛顿纪念堂，大厅最中间的一块圆形石板最引人注意。两百多年前，华盛顿将军带领着美国开国先贤，从这块古板上走出，站在大厅外的石阶上，发表著名的独立宣言。室外的光线，始终透过上方的穹顶照射整个大厅。哪怕周围一团漆黑，穹顶仍能透出光明。

美国独立战争胜利后，有人上书功高盖世的华盛顿先生，让他就任国王。华盛顿婉拒，并在出任两届总统后，再也不愿担任第三届总统。与身居高位相比，他更愿意回归田庄。

沿着华尔街走到尽头，是小得不能再小的曼哈顿公园，公园的边上，就是大西洋的内海。再沿华尔街返回，远远地，通过高楼之间狭窄的缝隙，看见一座尖顶的老建筑——三一教堂。

寸土寸金的华尔街，竟然会允许在这儿修建一座教堂。一开始，我是很不理解。看看周围高耸入云的大楼，我慢慢想明白了。被残酷的金融市场榨干最后一个铜板的失败者，总想找一个地方，向上帝哭诉；举着不见血的利刃屠杀众生的掠夺者总要找一个地方，向上帝忏悔。

想想还是挺有意思的。在上帝的殿堂里，在神父的座位前，一个人说："主啊，原谅我，我刚才忘却了善良品行，靠阴谋和诡计又挣得一笔带血的金币。"旁边另一个人说："主啊，救救我，我刚才没有忍住欲望的引诱，输掉了最后一笔养家的资金。"

不管是富有的金融世家，还是贫苦的底层大众，不管是在灯红酒绿的繁华都市，还是在广袤无垠的乡村农庄，他们都需要教堂，也都建有教堂。无论贫穷还是富有，无论高贵还是低贱，在上帝面前，众生平等。

沿着百老汇大道向前行走100米，就是华尔街铜牛。男男女女都喜欢与之合影，铜牛的旁边，是一个休憩的小公园。穿过公园，就是到自由岛的码头。每人18美元的门票丝毫挡不住虔诚的游客想亲自瞻仰自由女神的热情。

自由女神在每名美国人心中的分量极大。来到塑像跟前，看到自由女神目光坚毅地望着远方，左手抱紧立国宣言，右手高擎自由火炬。数百年来，大量的移民从欧洲跨海而来，最先看到的就是自由女神像。女神高举的火炬，曾经呼唤并照耀过无数的人身怀理想，来到这片热土。

傍晚的时候，我们登上渡轮，返回曼哈顿岛。

临别回望，阳光透过重重乌云，将清冷的光辉洒在起伏的海面上。

曼哈顿岛从北往南，依次分为上城、中城、下城。上城有中央公园、大都会博物馆等景点。中城有时代广场、联合国总部等景点。最南端的下城有9·11遗址、华尔街等景点。

中央公园，长方形，走一圈，至少需要一个小时以上。出则繁华，入则宁静。在生活节奏异常紧凑的曼哈顿，能有一个面积超大的公园，真是一件想想就非常惬意的事情。

中央公园靠右侧有一幢古朴的建筑——大都会博物馆。这个博物馆里，收藏着全世界各个地方的文物与名画。

博物馆的门票收费制度挺有意思的。票面标价25美元，但作为散客，在买票时有一项权利。只要你向登记处随意捐赠一笔费用，用来保护里面的文物，就可以免费得到一张参观门票。

我们一家三口，得到三张门票，仅仅花费了三美元。

进到里面，转到二楼，看到来自中国的文物，感觉人也亲切，物也亲切。

逛完景点，我们坐上地铁，返回法拉盛。

十五、联合国总部

高楼大厦，每个大城市都有，但联合国总部，只有纽约才有。

二战胜利后，在美苏英三巨头的提议下，决定成立联合国，以制定并协调战后世界新秩序。中、法立即响应并加入，成为创始成员国。后来，越来越多的主权国家陆续加入。随着国际形势的变化，20世纪70年代，中华人民共和国取代了中华民国，90年代，俄罗斯取代了苏联。到目前为止，联合国几乎成为涵盖了世界上所有主权国家的最大的国际组织。

联合国最开始在选址的时候，由于当时美国的绝对实力，再加上洛克菲勒家族愿意主动捐献纽约的一块位于海边的黄金地域，因此，联合国总部就设在了纽约。现在，涉及全世界所有国家领导人的大型国际会议，基本上都会放在纽约召开。

8月20日一大早，7号地铁线将我们带到联合国总部附近的一个地铁站点。出站走不到五分钟，就看见联合国标志性的大楼。

联合国的大门与周边的街道，和我们未见之前所想象的样子一点儿也不相同。除了安保措施较严之外，其他方面，平常得不能再平常。

凭护照，到旁边的一个小办公室预约，就可免费拿到一张进入联合国总部参观的门票。

进出联合国总部的大门有好几个，都面向大街。有专供各国领导人及联大代表的外交车辆出入的正门，有供秘书处职员上下班的小门，有供参观游客进入的侧门。不管是哪一个门，如果不事先介绍，还以为是中国一个普通乡村的村委会大门。

经过严格的安检，我们进到总部里面的小广场。广场上放置着一些很有启迪意味的雕塑。最有名的雕塑，是将枪管扭曲缠绕的左轮手枪，寓意是铸剑为犁、偃武修文之意。不要战争，呼唤和平当然是人类应该发出的终极呼唤。

从一楼大厅往下走一层，就是联合国的礼品店。这个倒是我们没有想到的，可能是秘书长潘基文也有经济压力，不得不在联合国里面做点小生意，来赚一点零花钱。商品还是很精致的，就是价格超贵。跟随大流，我们也买了一点小礼品带回国。

十六、白宫

8月22日早晨，在纽约皇后区BUDGET租车公司，提到了前一天晚上预订的小汽车。开车返回住处，装上我们所有的行李，前往华盛顿。

在纽约租车，是临时起意。当我们将纽约的景点游览得差不多时，还有一天的空闲时间。本想在最后一天的行程里，坐公交车去华盛顿。但上网查询价格，一家人坐公交车的交通费用与租一辆小汽车的费用差不多。当然，最关键的还是怕公交车在行程方面出现意外，就赶不上第二天中午起飞的飞机了。

临时租车的租金很贵，是提前三个月租车的两倍多，而且，所提供的车辆还仅是一辆两厢车，好在能装下我们所有的行李。

跟随地图指引，我们开车通过异常拥堵的曼哈顿，穿过一座海上大桥，来到与纽约仅隔一个内海的新泽西州。直到中午，驶上高速公路后，车速才明显加快。

在新泽西州，望向纽约的曼哈顿岛，新世贸中心附近的高层建筑群清晰可见，但就一海之隔，这边大陆的土地上，却是地广人稀，冷落萧条。

下午4点多钟，导航仪显示离白宫还有十多公里，但我们在周边却看不到任何的高楼大厦。这是美国的首都华盛顿吗？我们甚至怀疑起手机导航是否准确了。

又行驶了数分钟，透过车窗，直到看见国会山的圆形尖顶，我们才确信，这里真的就是美国的首都——华盛顿市。

天啊，美国的总统竟然住在这样一个"小县城"里，让人唏嘘。

到白宫周围时，观看周边的楼房，没有一座大楼是超过10层的。绕着白宫周边转了一大圈，才找到一个收费停车场，放心将车停好。

怀着激动而又兴奋的心情，我们向白宫走去。周围的安保人员明显多了起来。穿过一段供游客步行的街道，我们终于看到了白宫的北门。美国总统的车队进入白宫，都是由北门进来。我们真是不敢想象，供总统车队进出白宫的大门，非常低矮狭小。

白宫院墙边，站着数个表情轻松但目光如炬的安保人员。还有数量众多的旅游者和我们一样，不停地拍照留念。

跟随人流，我们绕着白宫外面的栏杆转了一个半圆，来到南门。

从白宫南门望进去，就是在电视新闻和各种电影里，见

得最多的白宫的南草坪。总统如果乘坐直升机海军一号，就是降落在南草坪上。外国领导人访问白宫时，一般都会被邀请，在南草坪上散步。

拍了一些照片后，转身向外，我们开始向白宫南面的国家广场走去。又是一大片嫩绿草坪，脚踏上去，非常松软。远处，是华盛顿标志性的方尖纪念碑。

美国国家广场上的方尖碑与我国天安门广场上的人民英雄纪念碑差不多，都是纪念近代史上为国捐躯的烈士而修建的。方尖碑的东面是国会山。国会山是美国国会议员们开会办公的地方。方尖碑的西面，是美国历史上最伟大的总统之一，林肯先生的纪念堂。纪念堂的前面，是在电影《阿甘正传》里出现过的大长方形水池。

取到车后，已经是晚上9点。准备返回纽约时，突然想到华盛顿还有一个景点没有看到，就是离白宫15分钟车程的国防部的办公楼——五角大楼。据说，这是世界上面积最大的一幢单体办公楼。

在绕五角大楼一圈的过程中，还经历了一次有惊无险的难忘遭遇。就是前文提到过的，在夜晚开车没有开车灯，被警车闪着灯追上，拦住后十分严肃地提醒我们开车灯，因为语言有些不通，让我虚惊一场。

夜间连续赶路，到了深夜2点钟时，离纽约肯尼迪机场还有一百公里左右。考虑到人的身体与注意力已经到了极限的时刻，我们找到一个服务区，停车休息。凌晨6点多钟，又继续开车，一个多小时后，顺利将车还到机场旁边的租车公司。

十七、返程

当地时间8月23日中午，我们在纽约肯尼迪机场顺利登上达美航空的班机，直飞洛杉矶。

近五个多小时的飞行，最高处离地面一万二千余米。如果没有云层遮挡，地面上的城镇、村庄、农田、山川，都一览无遗。

整个美国大陆，从东到西，有平原绿地，有河流湖汊，有高峰山峦，有荒漠丘陵，真是一片沃土。

傍晚到洛杉矶后，我们的心情非常兴奋。一方面是因为可以回家了，另一方面，终于可以乘坐服务周到的国内航空了。免费托运行李，飞机上有较为可口的餐饮，空乘人员都是服务细致、交流无障碍的俊男靓女。

洛杉矶时间午夜一点，东方航空的班机载着我们，经过13个小时的飞行，于北京时间早晨六点到达上海浦东机场。然后再从上海转机到香港。

在香港机场取到行李后，发现托运的旅行箱有一个角被撞凹进去了。从洛杉矶到香港，全程由东方航空托运行李，不知是在哪一段被撞坏的。我们抱着试试看的心态，找到服务柜台，反映情况。

服务人员只是向我们问询了一下，箱子是多少钱买的，就对我们说，按照规定，最高可以赔付300港元。手续办理异常简单高效。

相比机场的贴心服务，我们在出香港海关时，可被折腾得够呛。一家三口，带着大量的行李，上下车、过安检，再上下车、过关口，再上下车、验证放行。整整折腾了三遍。想想终于是回到了祖国，我们也只好平复牢骚情绪。

可能在以后的日子里，我们很难再找到机会，借旅游寻找诗与远方。多年以后，如果在梦中，还能梦到这些模糊印象，那么，这次旅行应该就是最有意义的了。

最后，回答朋友们最为关心的一个问题，我们一家三口，去美国自由行一个月时间，总的花费是多少元？

经过全面地估算，总费用为六万多人民币。

第五章

风中芦苇

第一节 林书豪

在今年的NBA赛场上，冉冉升起了一颗篮球巨星——林书豪。

2月份，林书豪凭借自己连续四场首发比赛中砍下的场均27.3分、8.3次助攻和2.0次抢断，带领尼克斯队取得四连胜，荣膺NBA东部周最佳球员。在接下来的三场比赛中，林书豪的表现也异常抢眼。2月14日，在对阵多伦多猛龙队的比赛中，在离比赛结束不足一秒的情况下，林书豪投入了一记三分制胜球，帮助尼克斯队击败对手。林书豪成为NBA历史上第一位在自己前5场首发比赛中均获得至少20分并送出7次助攻的球员，连奥巴马都对他称赞不已，想邀请他举行一场三对三的篮球赛。

林书豪在赛场上的奋力拼搏让人感动铭记，但更让人感动的，是他永不放弃的奋斗经历。

林书豪，祖籍福建，父母是中国台湾人，出生于美国，身高1.91米。对于我们普通人，这样的身体素质是非常好的，但作为一个NBA球员，这样的身高却显然不够。一些黑色人种的球员说：亚洲除了特别具有身高优势的篮球明星之外，还有适合NBA比赛的技术球员吗？

林书豪在球场上的表现给出了响亮的回答。不过，他的成长之路却极不平坦。

他在2010年7月与金州勇士队签约，加入NBA，但接下来的经历却磨难重重。在金州勇士队，他四起四落，不断被下放到NBA发展联盟的雷诺大角羊队，然后又被母队召回，接着又被再次下放，再次召回，直至被勇士队裁员。2011年12月，林书豪在休斯敦火箭队短暂逗留后也被除名。最后林书豪签约纽约尼克斯队。

在破茧成蝶前的每一个时刻，林书豪凭着自己对篮球的喜爱，不断战胜自己先天的身体素质方面的不足。他的父母亲非常喜欢NBA球赛，但他们的身高却只有一米八左右，面对父母遗传的不具备优势的身高因素，他不屈服于现实，而是靠着父母对他的支持和他自己的苦练让自己的身高蹿到了1.91米。但这个身高在篮球教练眼里，却并不出色，而且他还是亚洲血统。在他未成名前最苦闷的时候，他宁愿每天训练结束后睡到队友的沙发上，也不放弃他从儿时就萌发的篮球梦想。经过不计其数的勤学苦练，积累内功，他终于厚积薄发。2月5日，在对新泽西篮网的一场比赛中，他在内线勇猛地拼抢，在外线无私地传球，再加上练就的一手精准投篮，在历经了将近两年的漫长等待后，终于以完美的表现征服了全场的观众。赛后，林书豪感慨地说："即使没人相信你了，你也不能对自己绝望。"

引人瞩目的除了他熟练的篮球技艺外，他的学习成绩也是一流，高中毕业时，他将自己优异的学习成绩和一张刻有自己打球视频集锦的DVD，送往了常青藤联盟的8所大学，最后哈佛大学向他伸来了橄榄枝。在哈佛大学，他除了认真学习各门功课之外，就是进行他最喜欢的篮球运动，并慢慢地走向了职业篮球之路。

林书豪在NBA之路上能走多远，尚不能断言。但是，只要他继续保持"坚持不懈，勇往直前，永不放弃"的精神，他将来不管做什么事，一定会取得属于自己的成功。

同学们，我们有很多人的天资并不聪明，就像林书豪的身体素质并不出众一样，但只要不放弃梦想，始终坚持，不懈努力，相信有一天，你也能在学习上取得最后的成功。"十年寒窗无人问，一朝成名天下知"，只要我们背负着父母的期冀，承载着老师的信任，凭借着自己的努力，证明自己的那一天必定会在历尽风雨之后很快到来。

如果你还没有"薄发"，那一定是因为你"厚积"得不够。同学们，不管我们目前的学习基础如何，也不管我们最近一次考试的成绩是多少，请永远都不要放弃自己，因为林书豪为我们做出了最好的榜样。

第二节 飞蛾之伤，飞蛾之殇

一阵新雨，暑热渐消。

晚自习是两节连堂课，正好可以做一份中考数学模拟试卷。

做至半酣，教室里一片骚动。一只斗大飞蛾飞进教室，前后左右，胡乱飞舞，上下内外，不时出没。它对同学们不分男女，无视身高，更不管同学们品性高低、成绩好坏，一视同仁。一会儿在这个同学头顶翻飞，一会儿到那位同学上空盘旋。胆小的同学"哇哇"乱叫，胆大的同学用书驱赶。几位爱干净又爱矫情的女同学离开座位，四处走动，以避飞蛾；几位不爱学习调皮好动的男同学也离开座位，来回穿插，追逐观看。

一片热闹！

这种情况如若继续，今天的模拟考试算是彻底泡汤。

我站在讲台上，几声断喝之后，教室里总算安静下来。又命令所有的同学不许抬头，不许下位，考试才得以继续。

可能是这只飞蛾发现没有观众关注自己，飞不得劲，也可能是它确实飞累了，想歇会儿。它停留在了一面墙上。

机不可失。我命令旁边的同学用书拍死它。几个男生装模作样拿起试卷和书本，蜻蜓点水似的点按墙面。旁边一个女生说，这也是一条生命，不能打死。

或许是这只飞蛾不想让我们大家陷入意见分歧，振翅一飞，又在教室上空上下翻飞、神出鬼没。

自作孽，不可活。在同学们的骚动与惊叫中，这只飞蛾飞入了呼呼转动的风扇之内，"咔咔"数声响，飞蛾匍匐在风扇的角落一动也不动。

整个世界清静了。

数分钟后，"啪"的一声，飞蛾从风扇里掉了下来，落在教室的地面上。

它的翅膀折断了，但还没有死，仍在顽强地向前爬行。

除了少数几个同学看着飞蛾若有所思之外，更多的同学要么"咯咯"娇笑，佯装避让，要么离开座位，伸头探望。

我对几个男同学说，去拿扫把和垃圾铲，把飞蛾打扫出去。几个男生磨磨蹭蹭，互相推搡。

旁边有一个女同学取出数张纸巾，盖在飞蛾身上，用手拈起，走至窗前。缓缓推开窗户，轻轻松开纸巾，受伤的飞蛾被放出窗外。关上窗子后，这位女同学将纸巾揉成一团，放入桌旁的垃圾袋中。

几个男同学怅然若失，好像失去了一个令人开心的玩具。

"堂堂男子汉，抵不过一个女同学。"直到我声如洪钟呵斥出这句话，教室里才又恢复了安静。

第三节 冬至的饺子

今天是2020年的冬至，一大早，就吃到了热乎乎的清蒸水饺了。"清水飘芙蓉，元宝落玉盘，饕餮世间味，最是此物鲜。"

昨天晚上，孩子们集中在饭堂包饺子，在观看孩子们包饺子时，立马就发现了心灵手巧的女生，包的饺子珠圆玉润、褶皱分明。相比之下，男生们包饺子就只是图个热闹了，要么歪瓜裂枣，要么肚腹全开。"有才何须多开口，万般滋味肚中藏"的道理，这些只擅长吃饺子的男同学们，肯定是不太懂的。幸好听饭堂岑主管说，学生包的饺子，并不是放在开水锅里煮，而是放在蒸锅里蒸熟了吃，就算饺子馅暴露于外，也不会有丝毫妨碍。

那就放心地用欣赏的眼光，看孩子们自然随意地包着饺子，并在包饺子的过程中叽叽喳喳、喧闹取笑吧。

同学跟着老师学习包饺子，刚开始是模仿老师包饺子的动作，学着拿起饺子皮，放上馅，两手捏巴捏巴，虽然不太好看，但毕竟是将馅儿完全包裹在里面了。然后是一次次地尝试，动作越来越熟练，包出的饺子越来越接近老师包出来的样品了。模仿能力强，学习上也一定能让老师们放心。"知易行易，知行知一"，对这些聪明颖悟的孩子们来说，完全是可以做到的呀。

看这个女同学，不需要看老师的示范，就带着身边好几个女生，用她所掌握的动作与方法，教旁边的同学们包。包好的饺子放在食品盘里，大小相同，形状一致，纹路整齐，就像一列列等待检阅的战士。两个月前，初中部的学生举行三操比赛时，同学们的站姿，像极了这些包好了的饺子，安静整齐，精神抖擞，积蓄力量，等待欣赏。

再看这个男同学，虽然包饺子的动作不是太熟练，但每一步都仔细小心，连取肉馅也是轻轻地用勺子舀少许，放在皮的中间，慢慢匀着将皮捏在一起。细心、节约、沉静、专注，不就是我们一直希望孩子们养成的核心素养吗？饮食与生活也是有教育意义的呢。

同学们端来的盘子里，发现了好几个鲜红的肉馅完全裸露于外的"饺子"。不，这不是饺子，而是一朵含苞待放的玫瑰花呢。是哪个孩童将错就错，是哪个少年如此创意。原来就算没有成为饺子，还可以成为一朵更美的鲜花。一个孩子，只要努力，就算考分不高，也可以成为社会的有用之才。老师追求的，不就是这样得天下英才而教之，有教无类，因材施教，自我完善，有所成就吗？

孩子们包好饺子后，不能立即吃，要等到第二天早上，到窗口排队领取享用。期待、内敛、沉稳、包容、分享、团结、互助、有序、温馨、守纪，就这样，在包饺子和吃饺子的过程中，美好的品质被潜移默化地种植在了孩子们的心田。

冬至这天，由于地球绕太阳公转和黄赤交角的原因，北半球的白天最短，黑夜最长。过了这一天后，白天将会越来越长，天亮得也越来越早。冬练三九，夏练三伏，就算在冬至这天，孩子们仍然在规定的时间里起床，按照每天运动一小时的规定进行早锻炼。在白天最短的冬至，全校师生坚持起床锻炼，往后白昼渐长、阳气渐生的日子里，还有什么困难是大家不能克服的呢？

由于寒气入侵的惯性，冬至往后，天亮得越来越早，但平均气温还要持续在一个较低的位置上。往后一个多月的日子里，天气甚至会越来越冷。但寒冷入侵挡不住白昼变长，一时阴冷挡不住气温回升，置身冬天挡不住心有阳光。总有一天，冬雪会消融，春天会到来；总有一天，衣衫变单薄，微笑会荡漾；总有一天，疫情会远离，神州应无恙。

冬至已至，未来定来。默默盼望，共同期待。

第四节　我理想中的学校

写下这个题目后，我就觉得，应该改为《我梦想中的学校》会更好。习近平总书记鼓励中国人去大胆地梦想，作为一名在一线从事教学工作快二十年了的平凡普通教师，应该遵从习近平总书记的倡导，大胆梦想。现在，就随我这个普通人一起，进入梦想空间吧——我理想中的学校。

1.学校的面积可以不大，但每一寸空间要合理利用，学校必备的基础设施要科学、合理地分配在这些空间。要保证不论在什么时候，行走在校园里，到处都是干净整洁，绿意盎然。

2.校长既要有前瞻的眼光，更要有务实的理念。他一方面要让老师们明白自己未来十年前进的方向；另一方面，要体谅一线老师在具体教学中的难处。校长要向一线老师那样，从事一份参与评比排名的具体的教学工作。如果校长脱离教学一线，那么，他对老师们的种种发号施令不能说是缘木求鱼，但至少会脱离实际。

3.学校中层干部也要和一线老师一样从事一份具体的一线教学工作，其他诸如监考、判卷、写教案等常规工作也要全程参与，这样，他们在对校长与老师们的上传下达中，才能更好地从实际出发，制定出切实可行的制度措施。

4.老师之间的关系要亲密和谐。老师们可以因相同的兴趣爱好结为伙伴，但不能形成以物质利益和低俗爱好为载体的小团体。每一个老师都心胸开阔、虚怀若谷，不求老师们都铮铮铁骨，但愿老师们都正直无私。

5.一线老师的工资待遇可以与校长有较大差距，但不能与当地的物价水平差距甚远，要让老师们在付出自己辛勤汗水后能拿到一份满意的薪金，让他们在教育学生的过程中没有后顾之忧，还要让他们看到自己将来更好的收入预期，让他们愿意在这一行中无怨无悔，持续前行。

6.学生形形色色，各种各样，但有一个共同培养目标，就是让每一个学生都能成为一个文明守纪、尊重他人的真实的人。在学习上，为想学习、有远大目标的学生提供平台去学习，对学习目标不明确但仍然对未来心怀期盼的学生，去关爱关注他们，去严格要求他们，促使他们进步，帮助他们成才。

7.给有个性的老师和有个性的学生适当的生存空间和发展空间，只要他们不违反法规和职业道德，也不妨碍他人，就应该让他们与其他所有老师和学生一样，有共同进步的机会和评优评先的可能。在评优评先时，多关注客观成绩贡献，少在意主观情感亲疏。

8.学生们在上课时一定是尊重课堂、尊重老师、尊重知识的。老师们开会时一定是尊重学校领导、遵守会场纪律、服从职业操守的。领导们更是学富五车、锐意进取、处事公正、宽容待人、身为楷模的。

……

第五节　棋盘上的四种战士

一、车

"车"是象棋棋盘上威力最大的主力，他的一举一动，直接关乎主帅的安危和最后的战局，若按离主帅距离远近的平均值来算，他的位置最为偏远。联想到历史上的那些博学多能之士，极少数居于庙堂之高，大多数处于江湖之远。自秦汉以来，不管盛唐弱宋，还是大明大清，莫不如是。

是金子，总会闪光。好在当权者还是知道，自己要想更好地生存发展，对于"车"这样的主力，一定要快速使用起来。虽然不可能第一着就出"车"，但最好也要在三步之内予以动用。棋谚有云："三步不出车，纯粹是输棋。"

"车"有两只，如何动用，又大不相同。民间象棋爱好者在下棋的时候，常喜欢一只快速开出，或巡河守边，或过河骚扰。另一只在主帅的授意下，不慌不忙，待一边士象上好后，再从从容容贴身开出。第一只"车"在前线左冲右突、浴血拼杀，力求开创一片天地。这一只却吃好睡好、养足精力，再上场夺功。

聪明的主帅总是会调动员工的积极性。有时为了防御需要，士象要进行转换，再或者，将两只"车"的用处进行轮换。所以，第一只"车"也许有可能在最危急的时候，来一个单骑救驾。得车如此，夫复何求？但历史总是惊人的相似，待风平浪静后，不管是哪只"车"，只要你生而为"车"，你就必须上场杀敌。而主帅，身居幕后，操控全局。

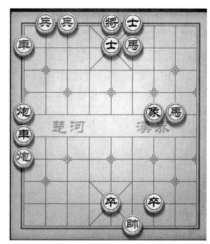

二、炮

据好事者考证，"炮"应该为"抛"，因为"炮"的主要功能，是将大石头放在一个抛物器上，然后借助强大的势能使这块大石头远远飞出，从而伤敌。不管是"炮"还是"抛"，有一点与现在的火炮有相似之处，那就是发射时都排山倒海，雷霆万钧。由于这个原因，"炮"具有天然的领袖气质，在实战对局时，几乎有一半的起着是"当头炮"。

"炮"在对局中能攻能守，速度奇快，他既能像"车"那样横冲直撞，又可以在合适的时候隔子杀敌。在进攻的时候，炮镇当头加上车控肋道，几乎就等于胜利在望。如果"炮"能攻入底线加上两车拍门，此时敌方唯有以车砍炮，力争和棋了。在防守的时候，他可以与同伴一起组成担子炮，两翼挡敌；也可以侧翼保马，力争无忧。

如果只是让"炮"起防守的作用，肯定属于低级水平。真正的高手会用

"炮"去进攻，去控制对方。"丝线牵牛"，一个"炮"就能让对方的车马动弹不得，这个效率发挥得多高啊。如果能够炮镇当头，让对方的象士将都不能动弹，那更是大占优势。控制对方的身体，是低级控制；控制对方的言行，属中级控制；控制对方的思想，那必定是高级控制了。

"炮"虽然能攻善守，但它有一个最大缺陷，怕身处窄巷。一旦成为窄巷炮，进不能隔子打出，退不能生根固守，他的生命就危险了。就算不身首异处，恐怕也难逃追赶，痛失先手。

"炮"应该与士有着极深的渊源。你看，"炮"经常在士角生根，或者与士互保。到了残局时，由于子力减少，能作为炮架的子越来越少时，"残局炮回家"，这时，炮更是躲在士与王的后面，一方面求得保护，另一方面还可主动出击，有时说不定还有重大收获呢。

三、马

象棋中的"马"应该等同于古时战场上的骑兵。在冷兵器时代，骑兵的速度是最快的，否则，成吉思汗与努尔哈赤的子孙也不可能在十数年间，仅率数万铁骑就能踏遍中原建立政权。但在象棋棋盘上，"马"的速度与"车""炮"的速度并不能相提并论。

"马"从成为一名战士的第一天起，就背负着各种排挤、限制。比如蹩马腿；一次只能前进两格，而且还不能在同一条线上；开局伊始，常受到对方车的攻击。但"马"从无怨言，总是最大限度地保护自己，巧妙地与敌人周旋对抗。等到残局时，"马"就像走完长征的红军战士一样，个个都是革命的精英，他的重要性和攻击力也越来越大，残局马胜炮嘛。如果要评选感动棋盘十大人物，非"马"莫属。

对于强加于己的各种不公平待遇，"马"从不抗议谴责，而是"聚精会神搞建设，一心一意谋发展"。入则龙盘虎踞、苦练内功；出则凌波微步、轻灵飘逸，"马"让对方和己方的任何棋子，都不敢轻视。

"马"与"炮"一样，都是能攻善守的优秀战士。如果偏重于防守，可用单提马；侧重于进攻，则选盘头马；如想攻守兼备，非屏风马莫属。在早期介绍一些象棋大师的资料上，总爱说"某大师棋力高超，屏风马运用精熟"。每当我在用屏风马攻守失当，陷入被动的时候，就常想，那些下棋高手到底是如何精熟地运用"马"的呢？难道他们真正懂得了"马"的忍辱负重、乐观战斗的特点？生活中的那些身残志坚的普通人，还有那些暂时失败但从不放弃梦想与努力的平凡人，他们可能不会下象棋，也不懂象棋的走子规则，但他们一定像"马"那样，默默努力，百折不回。

"马"也有很多的缺点。开局时，"马"忌轻浮冒进，如果离开了车炮的掩护而孤军深入，一旦遭遇敌人的绊马索，进入了敌人的伏击圈，那么，"马"就只有杀身成仁，以身殉国了。残局时，"马"忌陷入边角，虽不一定"马"逢边必亡，但失势失先，影响战局，那是肯定的了。不过，就算马被敌人追赶不能安然脱险，他也会视死如归，不惜牺牲自己去摧毁对方的士象防线，为己方的后续进攻做好准备。

到了残局还活着的"马"，一定是一匹优良神马，虽然他的步伐缓慢，但他无惧无畏，与敌人贴身肉搏。不管是"马"控面，"车"控线杀，还是马后炮杀，还是其他杀法，"马"通常只是一个助攻，很少能成为最后射门的得分手，但这丝毫不影响最后胜利时"马"的兴奋心情。积极进攻而又心胸宽阔，为了团队的胜利而甘当绿叶，这种情怀，让人钦佩。

四、兵

棋盘上的兵卒，数量最多，双方各有五枚，但是力量却是最小，每次只能移动一格，而且不能后退，在未过河之前不能平移。

国际象棋的棋盘上，也有兵卒，而且数量更多。行走规则与中国象棋棋盘上的兵卒差不多，但有一个最大不同。一只兵卒，只要努力冲到底线，就可以升变成除了"王"之外的任何一个棋子。而中国象棋棋盘上的兵卒，一旦冲到底线，效力和威力就大不如前。大多象棋爱好者是不愿将自己的兵卒冲到底线的。

两只小兵，冲过河界，联起手来，组成一对铁兵，其威力相当于一个马。退可连环互保，进可摧城拔寨。对于象棋高手来说，一旦棋盘上有一对这样的铁兵，而且这样的铁兵还控制着中心区域，那就基本上是宣告了己方的胜利。

象棋高手与我们业余爱好者相比，最大的不同就是，他们总是重视棋盘上的每一兵每一卒。当双方的大子、强子拼杀殆尽时，决定棋局胜负的，就是兵卒的数量和兵卒的位置。

中国象棋是一个锻炼脑力、娱乐身心的老少皆宜的游戏，隐含着很多策略与智慧，值得深入探究。

第六节　远方的哭声与近处的哭声

《奇葩说》第六季里有一期辩题：如果美术馆着火了，你只能救出一幅世界名画或者一只猫，你会怎么选？

主张救名画的一方认为，世界名画比猫的生命更重要，因为名画的背后是无数人的努力，它代表的是精神信仰。正方著名辩手黄执中说，猫在大火中可以哀嚎哭泣，引起注意，名画也想哀嚎，但却只能静静挂在那里。那幅名画类似于遥远的哭声，是否能引起你的注意关键在于你的理解和认知。

其他正方辩手从艺术价值、精神信仰、人类不朽等角度，也都主张应该救画。现场的观众几乎一边倒地支持着正方辩手。

轮到李诞发言时，他表明自己要救猫。

李诞说："世界名画烧掉了，艺术就不存在了吗？未来和远方的人就会哭泣吗？并不会！艺术的价值是人们赋予的，远方的哭声，是你们想象中的哭声。为了一个想象中的哭声，就能把身边的一个活生生的生命牺牲掉？有很多人在想，怎么牺牲小的去救大的，怎么牺牲近的去救远的……可是，当近处的哭声你都不管，怎么去管远处的哭声？历史已经告诉我们，正是那些为了所谓宏伟的事业，为了一些远大目标，不计后果地牺牲别人，牺牲'小猫'的人，频频地让我们这个世界陷入'大火'。"

听完这些辩言后，现场观众的思维似乎才开始打开，纷纷转变立场，赞同李诞救猫的人占到90%以上。包括我，也对李诞口服心服。

辩题没有标准答案。救画或者救猫，每个人做出的选择都不一样，但当我们仔细倾听，敞开心怀，一定可以打开一扇新的认知大门。

第七节　东华初中的成功密码

北有衡水，南有东华。

东莞市东华初中，可称作是广东基础教育界的一颗明珠。多年前，曾有幸在东华初中工作过。离开东华后，也一直在关注东华的发展。个人觉得，东华初中有如下的成功密码。

一、一流的规模

东华初中从2002年建校发展到现在，从开始的每个年级46个班到目前的106个班，每个班的学生人数56人至60人，且分为两个校区。东华初中的教学楼采用连廊式结构，全部连为一体。每间教室两侧是双向走廊，每个教室里可以轻松摆放下10列桌椅，教室内外的空间十分大气。每个年级都有一个标

准运动场，还有专门的教学楼、男女生宿舍楼以及专属饭堂。全初中部的学生有18000多人，老师人数1000名左右，真正的规模宏大。

二、一流的业绩

建校第二年，中考成绩就位于东莞市第一。连续18年来，东莞市中考的各项数据分析，东华初中均遥遥领先。只要是关注过东华初中中考的人都会知道，每年东莞市中考的前10名，甚至前20名，都几乎被东华的学生包揽。各科平均分、总平均分，几乎全是第一，而且比市平均分高出一大截。其他各科竞赛，国家级、省级、市级的荣誉不计其数。

三、一流的理念

预习梳理、合作探究、夯实积累、拓展延伸的3＋X灵动课堂；享受成长、体验成功的教育理念；成长比成功更重要、成人比成才更重要、成事比成绩更重要、有德比有才更重要、过程比结果更重要、今天比明天更重要的德育践行；心中有祖国、眼中有目标、肩上有责任、身上有正气的育人思想；善美之德、达观之心、坚毅之力、多元之才、创新之思、追梦之志的目标追求；都向外界传递着东华人厚德务实的办学理念。

四、一流的文化

东华教师团队的互助文化、合作文化、竞争文化、拼搏文化、团队文化、锻炼文化、阅读文化、笔耕文化，在每一个级组和每一个科组，都能得到不折不扣地执行。教研会上，年轻教师踊跃发言；周测之后，老师们批阅试卷直到深夜；在听课的同时，部分教师忙中偷闲地批阅作业；同一级组老师间毫不保留地互助合作、整个年级科组老师坦露心扉进行思维碰撞；级组与级组之间暗暗角力；班主任在宿舍守护学生休息到晚上11点，勤奋敬业；学校提供给每位新加盟老师教育书籍……所有的这一切，都在表达着独有的东华文化。

五、一流的师资

东华初中的教师应聘，都要经历四重考验：

1.审查简历，看有无某一方面的耀眼成绩。

2.做中高考试卷，看分数能否脱颖而出。

3.班主任能力笔试，看有无自己特色的带班理念。

4.领导集体面试，看口头表达与心理抗压能力是否过关。

如果要招收应届毕业生，也都是到名牌师范大学招收那种五官端正、自信阳光、热爱教育、多才多艺、吃苦耐劳、追求高远的大学毕业生。

六、一流的教研

东华初中各科组老师们的教研活动决不走过场，而是真刀真枪地探讨争论。分工备教、集体订教、个性补教的三案定教制度，中心发言人制度，每周一位老师超前一节上示范课制度，备课组先沟通、学科组再汇总的教学研讨制度，艺体课老师们的真抓实干制度，注重实绩的名师评选制度，经过整合、融合、糅合，形成东华强大的一流教研现状。

七、一流的特色

与衡水中学相比毫不逊色的快乐大课间，每周固定时间点开设的海量校本课程，学生在各种舞台上的个性展示，由学校教师自己开发的韵律操、团体操、特色课程等，让东华学生的学习与成长都深深烙上东华的印迹。

八、一流的口碑

在东莞市，绝大部分小学毕业生，以能升入东华初中读书为荣。东华初中的入学招生报名测试，80%的小学毕业生都会去一试锋芒。每到周末，在东莞的大街小巷、公园绿地、饭店商场等地方，到处可以看到身穿东华校服的小学生和中学生。学生以及家长，都以自己或者自己的孩子是东华的学生为荣。

九、一流的管理

实行双线管理模式——科组管理与级组管理。学校校级行政分工到各年级担任驻级领导，每个年级再划分为10个左右的小级组。小级组之间，竞争比赛，争先创优。年级与年级之间，展示特色，争创佳绩，董事会和校领导凭绩评优，凭绩提拔。每个年级组和每个小级组的老师们，在级长、级组长、科长、科组长的带领下，团结拼搏，拼命努力。除校长外，其他所有副校长、中基层干部，都带班上课。评优提干，优先从中考科目的优秀老师中去选择。

十、一流的待遇

学校董事会公开承诺，东华的老师工资比东莞市公立学校的老师高10%以上。此外，还有超高学期奖、巨额中考奖奖励制度；工作餐免费、上下班校车接送制度；极低租金提供单身寝室、极低成本价购买宿舍使用权制度；每年免费体检制度、每学期假期外出旅游制度；工作10年员工发铜饭碗、15年员工发银饭碗、20年员工发金饭碗制度，这些制度齐全合理而又得到科学执行。

所有的这一切闪耀亮点综合起来，大概就是东华初中的成功密码。

（以上内容如果言中，纯属东华初中实在优秀；如果言错，全是笔者个人瞎子摸象，望大家海涵。）

第六章

教海拾贝

第一节　小诗自珍

必定

你有滴水之恩，
我必涌泉如海！

你若回眸一瞥，
我定痴心不改！

你如为我而来，
我必爆灯以待！

你若不离不弃，
我定生死相爱！

你有拍我双肩，
我必听你安排！

你若身为孙权，
我定甘当周泰！

是你

突如其来的是雨，
无处不在的是你。
付出的巨细点滴，
永远都不会被忘记。

日子一天天离去，
兑换成一代代的双翼，
岁月偷去的美丽，
盛开在孩子们的心里。

成长之路的瓦砾，
细心切割为沙粒，
知识世界的奥秘，
带着同学们去寻觅。

身上没有傲气，
更加不会去屈膝。
遭遇再大的委屈，
依然对明天鼓励。

为了更多的人欢喜，
扛住所有压力不放弃。
胸中的斗志随风起，
映红着奋进的战旗。

就这样

风在吟唱，他昔日去到过的地方，
云在默想，他曾经看见过的新娘。

树在摇晃，想诉说自己的梦想，
人在奔忙，想遗忘所有的忧伤。

就这样，一天又一天的轮回里慢慢成长，
就这样，一个又一个的目标中奋力远航。

山在遥望，源自于心底的诗与远方，
水在流淌，细嗅着沿途的芬芳花香。

路在伸长，一路同行努力开创，
心在思量，如何追寻物我两忘。

就这样，一副又一副的重担往肩上硬扛，
就这样，一次又一次的意志跟老天逞强。

如果我还没回来

如果清明节我没有回来，
那一定是遇到了工作障碍，
计划没完成报表正更改，
谁也不能接替除了我之外。

如果端午节我没有回来，

那一定是因为生活很无奈，
车票很昂贵口袋却悲哀，
独自在异乡尝粽香释怀。

如果中秋节我没有回来，
那一定是出了人祸天灾，
人员被隔离火车全停开，
唯有寄望月儿把团圆期待。

如果春节我还没回来，
那一定是在边界对抗魔怪，
一身帅军装手握强盾牌，
圆睁着双眼警惕着边塞。

RAP不遮

人生一场难免好事多磨
千锤万击仍信手中执策

兄弟相交看重目光清澈
黄赌毒偷一定不要轻涉

工作创业追求情怀相和
挥洒汗水只求力量不涸

成事在天全凭机缘巧合
谋事在人学习高人路辙

心有猛虎仍爱蔷薇在侧
鲜花盛开只取心仪颜色

行走天下唯愿小人不惹
忍无可忍定会打你骨折

爱恨情仇洒脱畅快分隔
是非恩怨远离束之高阁

心中欢喜自然每日有歌
沧海一笑快活谁奈我何

第二节　玉米往事

早晨，和晨练的学生一起去食堂打早餐，发现领取莲蓉包、豆沙包、蛋黄包、花卷、馒头的窗口，排着长长的队伍。打面条的窗口排的队伍更长了。还有部分学生领食了蛋黄包、莲蓉包后，又到打面条的窗口排队。

取食玉米的窗口，排队人数却极少。

可高兴坏了我。走上前去，不用排队，就可以拿到嫩嫩的、香香的、甜甜的、饱满的水煮玉米。啃着玉米棒子，回忆起小时候与玉米有关的几件往事。

读小学一年级时的一个周日，还没到午饭餐点，肚子早饿得咕咕叫了。幺叔从外面走进来，边走边啃着一根水煮玉米。我走上前去想要讨一截尝尝，可幺叔连忙跑开，边跑边说，好不容易才从三奶奶家里偷拿了一根来吃的，不能给你。我在后面追着要，他在前面躲着跑。一不小心，赤脚踢着地上的一根竹签子上，血流如注。奶奶知道后，大骂了幺叔一顿。

　　奶奶跑到田地里，掰回来两根长长的嫩玉米，煮给我和幺叔美美地吃了一餐。虽然脚受伤，一个月行动不便，但第一次吃到嫩嫩的水煮玉米，值了。后来，奶奶从田里掰玉米棒子给我们煮着吃的事情，被妈妈知道了，妈妈一顿埋怨与数落。田地里的玉米可都是待其成熟后收回来，掰成玉米粒卖掉换钱，用来买过年时全家穿的新衣服的。

　　读小学五年级时，村子里的几个小伙伴，看着野外田地里成片的玉米林，嘴馋得不行。"生苞谷"有一次偷偷从自家田里掰下一根嫩玉米，不敢回家煮，直接去掉苞叶和长须，张嘴就啃着吃。我们这些小伙伴就给他取了个"生苞谷"的外号。后来，他妈妈了解了事情原委后，在家里把生苞谷一顿好打。

　　又一个周末，我们聚在了玉米林旁边，生苞谷对我们说，嫩玉米真的很好吃，大家到我家的田里偷几个来煮着吃吧。大伙说，要是被你妈发现了，你不又要被暴打一顿。生苞谷说，不要紧的，我妈妈打得一点也不疼。在难以决断之际，我提议，偷我家的吧，我家田里的玉米多，不过要将整株玉米连根拔起，将土抹平。掰下玉米后，将玉米秆放到生苞谷家的玉米地旁边的沟里。这个提议瞬间通过。大家立即行动，每人两个嫩玉米。因为双喜的爸妈不在家，我们就一起拿到他家里煮着吃。有一个小伙伴说，放点盐在热水里，味道更好。尝试后，果然发现在嫩嫩甜甜的味道之外，还带着点咸咸的感觉，味道好极了。吃完后，都后悔没有多掰几个回来。

　　后来，生苞谷的妈妈发现了沟里堆放的玉米秆，回家对生苞谷"严刑拷打"，英勇不屈的生苞谷硬是说不知道。他妈妈在田地里查看了很久，没有发现任何端倪，此事也就不了了之了。但那天下午，黄黄嫩嫩的玉米棒子，还有我们那群小伙伴们的恐慌与快乐，就这样一直留在了岁月记忆里。

　　玉米在饱满之后成熟之前，有一个阶段，玉米须是黄黑色的。此时，如果掰下来烤着吃，那真是满嘴生香。每当这个阶段，我与妹妹就特别盼望起大风。大风过后，会有一些玉米秆被吹倒，虽然爸妈会到田地里扶正，但总有些玉米秆是扶不起来的。这些秆上的倒霉玉米，就成了我与妹妹小时候眼巴巴的渴盼了。

剥掉玉米叶，去掉玉米须，仅留最里面的一层苞叶，将两只玉米分别插在火钳的两枝上，坐在柴火灶口，待添柴旺火之后，将插着两只玉米的火钳伸进灶里，边烤边转动。没有任何紧张与担心，没有任何恐惧与慌乱，在爸妈的指导下，待外面薄薄的苞叶刚好烤焦，里面的玉米粒带一点焦黄而又未变黑的当口，取出来，啃着吃，格外美味。如果用手把玉米粒一排排地掰下来，一粒一料地往嘴里喂，细细咀嚼，慢慢品味，香甜直入心底。我每次问爸妈，要不要吃半截时，他们却总是说，不喜欢吃这样的烤玉米。当时，我还傻傻地想，可能玉米只有小孩子们才喜欢吃的吧。

多年之后，与朋友们在忙碌的工作之余，聚在一起，在专业的烧烤设备上烤玉米吃。虽然烧烤技术有增无减，但总烤不出儿时的那种味道了。所谓此情可待成追忆，只是当时已惘然，大概就是这个意思吧。

看着饭堂摆放玉米的窗口排队的学生寥寥无几，我又去拿了半截啃着来吃。边吃边想，唉，现在的孩子，怎么就不爱吃玉米呢？

第三节　你们若安好，便都是晴天

近日，在浏览《读者》杂志时，发现一个好书名——《你若安好　便是晴天》。上网查询之后，才知这是作家白落梅写民国才女林徽因的一本书。

《你若安好　便是晴天》，从书的名字就可看出作者流露出的满腹才气。由于我屡次以工作繁忙和俗世生活的喧嚣为借口，直到如今，我也没有买来这本书认真阅读。不过，每次想到这个标题时，就想起了生活中那些亲密的人。

儿子的智力中上，在小学前五年的学习中，一直不落后但也不突出。到六年级时，我们全家想奋力一搏，争取让他在小升初时考上名校的公费重点班。能进重点班是很多小学生及家长都梦寐以求的荣誉，因为一方面它能为学生提供优质的学习环境，另一方面，还能节省五万余元的学习费用。

这一年的时间，我们全家人付出了多少，已经无法统计，只记得这一年来，孩子做过的试题、看过的书籍加在一起有半人多高。当最后结果揭晓时，孩子离重点班分数线还差几分。悲痛欲绝已经不能形容我们当时的心情，我几乎要陷入绝望。看着孩子近视的眼睛，我甚至开始怀疑人生：为什么不是一分耕耘，一分收获，为什么老天总负苦心人？那一个星期，我近乎崩溃。孩子在我的情绪感染下也战战兢兢，不知所措。

冷静下来后，儿子告诉我，他还可以到另外两个学校去考重点班，也许可以考上。看着孩子平静乐观的神态，我突然感觉到，孩子面对这么沉重的打击，居然还能挺得住，还这样自信乐观，这难道不是最让人高兴的事情吗？考不考得上公费重点班，又有什么要紧呢？我在心里悄悄地说：孩子，不管经受什么样的打击，只要身体依旧健康，心理自信乐观，就是成功。

孩子，你若安好，便是晴天。

妻子在学校当英语老师，前几年，她带的是一个重点班，学生爱学，她工作起来也很勤奋，教学成绩、师生关系都很好。很多学生到了高中后，都来信说很感谢她在初中为他们打下的良好的英语基础。

去年，她带的是一个普通班，有很多孩子的学习成绩和学习习惯都不太好，妻子是一个认真负责又要强的老师，如有学生在一周内学习不过关，到了周五时，她就会把学生留下来单独辅导。可能是留下来的学生确实不爱学习，也可能是师生沟通出现了一些问题，结果，就被几个学生联名写信告到了校长那里。校方也要考虑学生的意见，所以，校长在经过一番权衡后不再让妻子担任班主任职务了。

还好，妻子的心态很平和，她还乐观地表示，不再担任繁重的班主任工作后，更有精力管自己孩子的学习了，这是一件好事啊。我很高兴妻子在这样的情况下还能保持淡定的心态。

妻，你若安好，便是晴天。

我的母亲一生生活坎坷，历经磨难。幼年丧父，中年丧夫，还好，老年没有委子。身为儿子的我看到母亲在农村老家一年辛辛苦苦，到年底却存不了任何余钱，就在自己工作的城市为母亲找了一个小本生意做。这个小本生意虽然挣不了什么大钱，但母亲却很知足。她多次对我说："现在做的工作比起在农村种田，轻松多了，而且，一个月挣的钱比在老家一年挣的都要多，我很满足。"凭着她善良、勤劳的性格，很快就在那条街上有了一席之地，而且与整条街的邻居相处得都很好。

妈妈，你若安好，便是晴天。

从老家出来工作好多年了，虽然在外面工作很辛苦，也面对着许多不如意的事情，但比起老家来说，还是显得轻松多了。家乡的亲人邻居们，你们还如以前那样，每天最为炎热的正午，依然在田间劳作吗？你们还是带着满腹的希望，盼望着一季微薄的收成吗？家乡的同事好友们，你们还是如以前那样，每日辛勤工作，知足常乐吗？在太阳东升西落的日子里，你们还是如以前那样，不疾不徐，内心充盈吗？

家乡的亲朋好友们，真心希望你们都过得好。

你们若安好，便都是晴天。

第四节　给才踏上工作岗位的儿子的一封家书

儿子：

你好！

爸爸想了很久，好像还从来没有给你写过信。感谢中铁二局公司组织的"读家书，谈家风"活动，让我有机会给你写一封家书。

你结束大学的学业，即将踏上工作岗位，而且这个岗位还是由你自己应聘争取来的，是一家位于深圳的好公司。所以，爸爸想跟你谈的第一个词就是"珍惜"。

爸爸刚参加工作时，没有任何选择权，直接被一纸调令，派到家乡的一所农村中学教书，虽然环境有些差，但爸爸在上班时，异常珍惜这个宝贵的工作机会，学习思考，阅读感悟，实践悟道，一步一步地成长提升。

一代更比一代强！到了你这一代，参加工作时的学历、能力、视野、见识等，都比爸爸当年强太多了。但你不能骄傲自满，而是要好好珍惜拥有的机会与平台，努力学习，勤于实践，做好工作，感悟生活，不一定要在地位与名利上取得进步，但一定要在眼界与见识上不断攀升。

你能在风华正茂的年龄走上工作岗位，是背后无数人关注关心、支持帮助的结果。因此，爸爸想跟你谈的第二个词是"责任"。

你考上大学的时候，社区奖励了你一万元，这是国家对你的经济鼓励。在大学里接受教育，基本上没有支付昂贵的学费，这是国家对你的经济支持。你能在深圳的大企业里工作，这是国家对你的就业保障。从这个角度来说，你要努力工作，要完成对国家的责任反哺。

在安全和平的社会里，我们可以自在地外出吃饭娱乐，可以获得与自己劳动等值的报酬，我们尊敬他人同时也被他人尊敬，这是社会对我们的馈赠。作为社会的一分子，我们要文明守信，遵规守纪，这是对社会尽到的一份责任。

在家庭里，你从出生到此刻参加工作，一直被爷爷、奶奶、外公、外婆、父母亲呵护着，引导着。为了让爱着你而且你也爱着的家人欣慰自豪，你要懂事上进。这是对家庭应负的一份责任。

在你成长的过程中，不论是生活上还是学习上，经历过很多挫折，但你一直都在父母的关注与鼓励下，一次次地挣扎提升。为了让自己所付出的那么多汗水不白流，就算在以后的工作和生活中，遇到再大的坎坷与波折，你也要永不言弃。这是对自己的一份责任。

建筑施工行业，爸爸完全不熟悉，你既然选择了这个行业，并且在这个行业找到了一份好工作，那就要接纳这个行业所有的优点与缺点。所以，爸爸想跟你谈的第三个词是"接纳"。

接纳这个行业要经常加班，接纳建筑施工过程中的嘈杂环境，接纳要经常与建筑工人打交道，接纳与对手公司之间、同行之间的各种竞争。当感觉自己快要撑不住的时候，可以跟自己的好兄弟倾诉，可以跟家人交流，但是当第二天的太阳又升起的时候，你要化身坚不可摧的战士，重新披上厚重的铠甲，绽放灿烂的笑容，开心面对又一天的生活。

在刚开始工作的头几年里，你可能会被公司外派到全国各地不停奔波，你会有很多独处的私人时间与空间，在这样的时刻，你要学会慎独。接下来，爸爸想跟你谈第四个词"慎独"。

一个人在独处的时候，爱好什么、追求什么，将直接决定将来事业发展的高度和对社会做出贡献的大小。独处的时候，玩玩游戏是可以的，但不要痴迷。网络永远是为我所用，而不是我为网络所迷。可以多关注建筑行业方面的资讯，可以多感悟生活中的美好，可以多阅读自己喜欢的书籍，总之，让自己在独处时的时间过得有意义、有价值。

世界是有磁场的，你独处时的境界与追求，也一定会吸引有着同样价值观的人生伴侣。爱好相同、价值观相同、欣赏品味相同，就可以为自己营造稳固的婚姻与家庭，这也是为社会的稳定、社会的财富增加做出正向的努力。

一个人在独处的时候爱好阅读的话，会让自己身处喧嚣的尘世还具有文人的风骨。在清醒独处的时候，你要始终别忘记，你是通过读书，通过高考，通过校园招聘而找到的工作。你在万籁俱寂的独处时光里，始终不要忘了自己的文人风骨，这样，你在遭遇质疑或者打击的时候，就会"卒然临之而不惊，无故加之而不怒"。

孩子，在你参加工作的第一天里，爸爸想跟你交代的事情太多。除了希望你珍惜拥有，重视责任，学会接纳，慎独自处之外，还想交代你自信乐观、内敛敬畏、沉稳谦卑、勤奋博取等。

纸短言长。

总之，希望你在顺境时，可以得意但不要忘形；身处逆境时，允许悲伤但不可丧气。这样，人生才会在历练、忍耐、等待、盼望中，不断走向解放与自由。

孩子，你上大学的第一天，爸爸曾经有感而发过一个朋友圈："虽然从此天各一方，但是务必相互思量；虽然往后山高水长，但是注定忧思难忘；虽然不再月月相见，但是必定日日相牵；虽然不能视线相连，但是一定梦中相勉；虽然开始飞翔天间，但是始终祷告虔诚。"

现在，四年的时间过去了，在你即将参加工作的当下，心中的感触依然如故。

此致
祝：工作顺利！前程似锦！

父字：华
2022年7月8日

第五节　念念不忘之前车之鉴

最近，看了几本李镇西老师的著作之后，突然感觉自己开始慢慢悟出教育的真谛——爱和宽容。联想自己以前懵懂的教育经历，由于自己过于在乎面子、利益、名声等，做出了一些违反教育规律的事，甚至酿成了教育事故。

一位作家曾经说过："知错能改是这个世界上仅次于从不犯错误的最好的美德。"借学校开展师德征文的机会，好好梳理一下自己近二十年来，由于对学生缺乏爱与宽容，引发的一些前车之鉴。

一

我刚参加工作的时候血气方刚，总以为凭着满腔激情就能把教学工作搞好，对于班级里的部分学习成绩不好而又懒惰的学生，我总是采取高压政策。在这种针锋相对的师生关系中，渐渐地，有一个学生对我的敌对情绪越来越严重。这位同学叫刘某启，是一个身材高大、身体强壮的初二男生。在一节数学课上，他已经几次回答不出来问题被我责骂了。责骂之后，他就更不听课了，有时还用眼睛偷偷地瞪我，眼神里流露出愤恨。

也怪自己当时年少冲动，面对此种情形，我不仅没有想办法去缓解怨恨，而且还想寻找一个机会好好"修理"他。机会来了，或者，更准确地说，一个让我彻底失败的案例正在形成。下课的时候，同学们在班长喊了"起立"后都迅速地站了起来，但是他却趴在桌子上一动也不动。我当时生气极了，觉得自己的面子受到极大的挑战。于是，我拿着三角板教具走到他面前，照着他的肩膀打了下去。

不知他是因为确实感觉到疼痛还是一直在等待时机，他立马跃起身，挥拳朝我打了过来。我当然不甘示弱，就与他在座位旁边扭打起来。旁边的同学们都在大声喊"别打了，快放手"。还有几个女同学都吓哭了。有一位班干部看到情况不对，马上跑到办公室叫来了班主任。就这样，我们被分开了。盘点战果，他的额头上多处肿起，我的脸上也挨了好几拳。可更让我受伤的是，我的教师形象受损严重。

这个班的班主任老师很有教育智慧，对着学生做了一番工作，又叫来了他的爸爸，一个来自农村的勤劳善良的中年汉子。他的爸爸听完事情的完整经过后，一点儿也没有责怪我，反而大声地训斥自己的孩子，还一再对我说，请我以后对他的孩子要继续严加管教。在班主任老师的苦心教育和家长的严厉威逼下，刘某启对我说："对不起，不该惹老师生气。"记得我当时还装模作样地"哼"了一声。

多年过去，刘某启同学，不知你现在在哪里工作，如果能遇到你，我要当面向你道歉。这件事，彻彻底底、完完全全是老师的错误，相反，你爸爸的大度宽容和你的懂事克制让我至今汗颜。

二

2001年，我被调到城郊一所中学工作。这所学校的学生大多是城乡接合部的农民或者做小生意的家庭里的孩子。这些孩子一日三餐有的在校内就餐，有的返回家吃饭。

为了减少同学们回家吃饭在路上来回奔波的时间，学校领导就让各位班主任老师努力做工作，争取让同学们都买饭票在学校食堂就餐，而且还把向学生卖饭票的数量作为班主任老师年终绩效奖的一个重要指标。

学生是否会减少在路上来回奔波的时间，我没有关心。相反，我特别在意的是，如果能让班里的每一个孩子都在食堂就餐，在学期结束时，我的年终绩效奖就增加二百多元。在利益的驱动下，我软硬兼施，威逼每一个孩子进餐时间都不能回家，都必须从我这里买饭票。

有一个女同学叫陆某玲，看起来面黄肌瘦、弱不禁风。每次开卖下一个月的饭票时，她总是极不情愿。我问她中午不能回家，如何解决吃饭问题，她回答从家里带午餐过来吃。几次三番之后，我也就对她睁只眼闭只眼了，只是要她遵守规定，中午不能回家，在食堂吃完饭后必须回到教室午休。

有一天中午进餐时间，我来到教室，发现陆某玲同学在啃一袋干脆面吃。我生气极了，一方面是为这孩子竟然吃没有任何营养的垃圾食品而生气；另一方面是为这孩子宁愿吃垃圾食品也不买食堂的餐票而生气。我当时立即以迅雷不及掩耳之势走到她面前，夺过她手里的干脆面，扔到地上，又踩上一脚。

望着地上的干脆面，她伤心地哭了。我不依不饶，把她父亲请到学校。后来才得知，她的父亲双手残疾，失去了劳动能力，全家只靠她妈妈种田维持生计。陆某玲每天可以从家里拿到五角钱来维持一天的生活。可五角钱连食堂的早餐钱都不够。

所以，她要么每天买两个馒头带到学校，要么买一袋五角钱的干脆面带到学校。被我踩碎的那袋干脆面还是她早上没有吃完剩下来的。

陆某玲同学，踩碎了你的干脆面，老师对不起你。老师更对不起你的是，面对你生活中的困境，老师当时由于经济也相当拮据，竟然没有向你伸出任何援助之手。如果时空可以倒转，如果一切可以重来，我一定会赔你一百袋干脆面。不！老师会直接负担你整个学期在校就餐的生活费。

三

2011年，我所教的班里有一位女同学，名叫彭某琪。从外表看，她与别的同学没什么两样，上课时，一双眼睛盯着黑板一动也不动，做作业、考试时，和其他同学一样，坐在座位上奋笔疾书。不过，当你把她的试卷和作业本收起来批改时，才发现，她虽然每道数学题都做了，但全都是错误的，而且，她写得总是答非所问。

当我发现这种情况后，很多次，我把她叫到办公室，对她讲-2+3是等于1，而不是等于-5。直到她在我的面前点头明白后，我才放她回教室。可是第二天考试时，她在做-2+3这道计算题时，仍然写了等于-5。为了纠正她这个错误，我甚至在办公室的地上用数字标上了-2，-1，0，1，2，3，然后告诉她，-2表示向后退两步，+3表示向前进三步，最后到了1的位置，所以结果是-2+3=1。

过了几天，又一次考试，遇到类似的一道数学题，-8+8，她居然等于-16。面对她的顽固，我只好偃旗息鼓、甘拜下风。以后的每次考试，她基本上每道数学题都做，但是没一题做对，经常考试得零分。

下周就要期末考试了，我专门把彭某琪叫到办公室，对她说，数学填空题和解答题，一题都不要做，把全部时间都用来做十道选择题，争取做对几道，多考一点分，不要让班级的数学平均分被拖得太多。她想了一会儿，就点了点头。

临考前，我又把她叫到办公室，再次对她面授机宜："数学试卷中十道选择题，每一题你都认真去算，但是，得到答案后，你一定千万记住，不要选你算出来的那个答案，你要从另外三个答案里选一个填上去。"望着她惊诧的目光，我再次对她强调：千万不要选你算出来的那个答案，千万！

在考试时，她到底是如何计算和选择的，我不知道，我只知道，当成绩出来时，她得了15分，一个她以前很少达到的分数。她得15分，与以前相比，可能就能让班级平均分提高0.3分左右。我高兴极了，并且为自己这个聪明伎俩沾沾自喜。只是，当彭某琪同学转身离开时眼睛里闪过的一丝泪光，让我发现她似乎并不像我这样高兴。

快到初二下学期期末考试了，这次考试班级的数学平均分对我来说特别重要，直接决定着我能否跟班上初三。在考前复习时，我把彭某琪同学叫过来，继续对她面授机宜，让她在考试时如法炮制。

在考前几天，班主任老师告诉我一个消息，彭某琪同学决定转学，不在我们这里参加期末考试了。我听说之后，欣喜若狂，十分开心。

又过了几天，彭某琪的妈妈来学校帮她收拾课本，来到办公室，对我说："琪琪小时候，有一次发高烧，错过了最佳治疗时间，后来送到医院后，打了一个加急针，结果造成了后遗症，导致大脑不太好使。现在，她在家里休养，不停地念叨着同学们和李老师。说自己数学没有学好，给李老师丢脸了，很对不起。"

当时我是怎样回答彭妈妈的，我已经忘记了，我只记得，当时自己心如刀绞。

经历了足够的生活磨难，看惯了太多的人生起伏，如果能有机会再把你叫到办公室，我一定会说："彭某琪同学，该说对不起的人是我，是你还一直念叨的李老师。"

有一部电视剧的主题歌，我特别喜欢，里面有这样几句话："当我想起你的时候，才知道什么是悔悟，可是那岁月的激流，怎么能把昨天留住？当一切都过去的时候，才知道什么是成熟，那是所有希望的种子，已经在生命中破土。"

"往者不可谏，来者犹可追。"那些在我教学过程中一直被我忽视的同学们，请原谅你们的李老师，因为他现在时时刻刻都在经受道德的噬咬；那些在我的教育经历中受到不公正对待的同学们，请宽容你们的李老师，因为他此时心里所想就如电影《无间道》里刘德华所说的那句经典台词："我想做一个好人。"

念念不忘，必有回响。所有的有幸与你们一起度过一段教育时光的同学们，如果李老师的教育过程曾给你们的学生经历造成过不适，如果这种不适如一阵清风吹过，没有给你造成不良影响，如果这种不良影响丝毫没有影响到你现在仍然阳光、开朗、积极、向上的心态，那么，对你们曾经的李老师来说，就是最好的回响。

我祈祷！我希望！

第六节　春风化雨，润物无声

——结合我校工作实际浅谈如何对学生进行德育教育

华南师范大学附属阳春学校自2018年9月1日开办以来，短短一年间，初中部学生人数突破940人，开设班级数达22个班，其中，今年的初一新生招收12个班。目前学校所能够提供的学位已经供不应求。除了招收的学生数量呈几何级增长之外，学生的文化成绩、德育表现也迅速提高。在阳江市的期末抽测、阳春市的综合能力竞赛中，阳春华附的学生成绩骄人，多次独占鳌头。学生的行为习惯和精神风貌更是口碑外传，各界称颂。几乎每一周，阳春华附学校的校园里，都有社会各界的人大代表、政协委员、政府及教育部门领导、各校校长及兄弟学校老师，来参观交流、指导工作。所有远道而来的客人，都对阳春华附学生们的良好组织性、纪律性、精神面貌、综合气度称赞不已。

在2017年教育部颁发的《中小学德育工作指南》中，为了让中小学生养成良好的政治素质、道德品质、法治意识和行为习惯，形成积极健康的人格和良好的心理品质，促进学生核心素养提升和全面发展，专门设置了六大实施途径。阳春华附学校在开办初期，就积极

围绕这六大实施途径，在总校长李爱新先生的主导下，制定了"高德、高分、高能"的教育理念。现结合我校工作的实际情况和中小学德育工作的六大实施途径，浅谈我校是如何抓牢抓实学生的思想品德教育与学校的德育管理工作的。

一、课程育人

学校在创办初期，就严格按照国家规定的教育大纲，开齐开足各门课程。除了重视传统的语数英和体音美课程之外，学校还开设了特色的心理情商、书法教育、陶艺制作、博士课堂、家长课堂、走班选修等多种课程。在走班选修课中，由学校的老师们自发填报，再加上校外聘请专业老师到校辅导的形式，开设了30多种选修课，比如：钢琴、古筝、管乐、鼓手、合唱、舞蹈、书法、绘画、篮球、足球、乒乓球、羽毛球、棒球、围棋、象棋、朗诵、阅读、主持、话剧、辩论、电脑、陶艺、烹饪、航模、文学社、英语角、机器人、无人机，等等。每天一到16：40，所有初中部学生都走到各个不同的教室，进行各种选修课的学习。虽然学生人数众多，选修课的种类繁多，但整个校园丝毫不显忙乱，老师、学生依序到不同的地点上课。

就在这种有序流动、自由选择的过程中，同学们学会了尊重与妥协、民主与规范、优选与放弃、组织与纪律等良好的德育习惯。

二、文化育人

在文化建设方面，阳春华附的校园处处都让石头说话，让墙壁表达。一进校园，"志存高远，知行合一"八个大字非常醒目，在学校教学楼的墙壁上，印上了各种宣传标语和校训校风等。在一些开放式空间，制作了开放式书架，上面摆放着学校购买的图书和学生自主存放或者捐献的书籍。每个班级教室窗台下的墙壁，也让同学们自己设计了各种各样的活动展示、成绩目标、努力措施、亲情感恩、热爱祖国等方面的教育展板。

在每周一早上的升旗时间，对同学们进行热爱祖国的教育，在每周五下午的放学时间，对同学们进行守时和秩序的文化教育。所有的这一切，都在对同学们潜移默化地渗透着积极的教育与影响。

三、活动育人

阳春华附初中部每学期都要组织三次大型活动，在每一学年的上学期，会先后组织三操（手语操、广播体操、跑操）比赛、英语节活动、体育艺术节（运动会和合唱比赛）活动；在每一学年的下学期，会先后组织读书分享比赛、球类（篮球、足球）比赛、师生才艺大赛。

通过这些活动和比赛，让同学们在班主任和老师们的带领下，刻苦训练，积极拼搏，全力争胜、看淡胜负。在比赛过程中，班级的荣誉感、凝聚力，同学们的精神风貌、综合气度，得到了很好的培养与展现。通过各种活动，德育处及各班班主任找到了教育学生增强组织纪律性的抓手，找到了激励学生奋勇争先的方法。同时，通过这些活动，还将家长朋友们引入对孩子们的教育合力中。阳春华附学校组织的各项活动，都允许各班家长报名到场观看。在体育运动会上，有学生与家长都报名参加的亲子跳绳比赛；在球类比赛中，家长朋友们主动为班级的篮球队、足球队赞助球服、充当教练；在合唱比赛中，家长朋友们积极给本班学生排练队形、化妆打扮甚至上场齐唱。通过这些活动，学生、老师、家长一起配合，共同形成教育合力。

四、实践育人

阳春华附学校的学生，每学期都要参加众多社会实践活动，每年的4月5日，学校团委组织初中部的青年学生代表，到烈士陵园祭扫。每年的重阳节，德育处组织同学们到社会福利院帮助孤寡老人打扫卫生等。此外，在开办的一年里，学校还组织同学们到当地的历史文化景点——阳江市南海一号宋代沉船打捞区学习宋朝时的各种风土人情，组织同学们到广州、珠海、深圳等先进发达地区的博物馆、文化馆、主题公园等地方，参加各种社会实践活动。通过这些实践活动，让同学们热爱我国悠久的历史文化，关爱家乡的草木人物。通过学校组织的这些实践活动，师生之间、学生之间互相帮助，互相提醒，共同战胜一个又一个的困难，获得一个又一个成长与成功的良好体验。

除了上述组织学生走出去参加各种社会实践活动外，学校还采取引进来的策略。一年来，学校邀请过阳春市公安局、消防局、地震局等单位的领导和专业技术人员，到学校对同学们讲解各种防护知识。通过这些实践活动，我校学生处理复杂问题的能力大大增强。

五、管理育人

每天，德育处组织政教员和德育评分老师，进行六项常规评比考核。文明礼仪、三操路队、清洁卫生、自习晚修、饭堂就餐、宿舍就寝六个方面，都有专门的值日老师带领学生会干部检查评比，并将评分情况张榜公布。每天一评分，每周一表彰，每月一授旗，每学期一颁奖。到学期结束时，每个班级六项评比的评分情况，再综合学生期末的学业成绩，评定出优胜班级与优秀班主任。

对同学们的管理实行一天三会叮嘱制度。早上早锻炼前，德育处总结前一天出现的问题，叮嘱当天要注意的事项；中午每周一歌前，各班班主任到班级对同学们总结上午的情况，提醒下午需要注意的方面；晚上的夕会暮省，则由每班的值日班长对同学们总结当天班级出现的问题和取得的佳绩。

一天三会叮嘱制度，让同学们的行为习惯、思想表现时时有人提醒，处处相互叮嘱，形成了良好的育人氛围。

六、协同育人

在阳春华附，每位教职员工，都是教育管理者。每个班级配备一名班主任和一名副班主任，在各种大型活动中、在周末的放学路队上，班主任与副班主任互相配合，共同将班级事务管理得井然有序。除了班主任与副班主任外，其他的老师全部都是德育评分老师，在各种活动集会中，在教学区与生活区的转场过程中，在饭堂宿舍的就餐就寝中，德育评分老师严格监督而又温情管理，公正公平而又温馨提示。凡是来到阳春华附学校就读的孩子，很快就能够按照学校制定的各项德育标准达到行为规范。

除了教学一线老师对同学们全员管理外，生活区的生活老师、学校的饭堂员工、打扫卫生的阿姨、执勤的门卫保安等，都在自己的岗位上，对同学们进行着身教、言教、心教、科教的全员育人教育。上下同心，其利断金。在全体阳春华附人的协同配合下，育人的实效、教育的高效，在每一个华附学生的身上，得到了最大的显现。

阳春华附学校开办一年来，在董事会的坚定支持下，在以总校长李爱新先生为班长的行政班子的正确领导下，在全体教职员工的努力工作下，同学们的思想、行为、习惯、成绩等，都取得了巨大的进步。只要学校、家庭、社会互相配合，共同作用，综合运用《中小学德育工作指南》的六大实施途径，春风化雨的管理，就一定会取得润物无声的效果。

第七节 2020年广东中考作文下水文
《给小明表弟的一封信》

看到今年的广东省中考作文题《给小明表弟的一封信》，一时兴发，也试着来写一篇应景中考作文。

想自己以前读初中时，最怕的就是写作文了。面对老师规定了时间与字数的作文要求，我总是抓耳挠腮、搜肠刮肚，也写不出300字来。记得有一次，语文老师布置我们写一篇作文上交，我拼凑了一晚上，才完成了任务。但发下来的批语只有四个字"鬼画桃符"。虽然我羞红了脸，作文水平却丝毫没有长进。初中毕业时，那位语文老师语重心长地对我说，你什么时候才会开窍呀。

参加工作之后，遇到空闲时间，开始阅读各种书籍。教学的、新闻的、历史的、访谈的、抽象的、魔幻的，等等，甚至在某一段时间里，连象棋的棋谱我都找来阅读参详。

直到现在，我才对3500个常用汉字，如何排列组合效果最好，有了一点点的似觉领悟但又说不出来的粗浅感觉。

希望我当年的初中语文老师看到这篇作文后，不再批我"鬼画桃符"了，那我就觉得终于让语文老师放心了，因为我终于达到了初中生作文水平了。

如是，幸甚！

给小明表弟的一封信

亲爱的小明表弟：

你好！

今天早上，刚长跑了三千米，从公园回来，就收到了你的信。好久没有与你聊天了，今天上午有空，就与你认真交流一下。

你说你马上就要中考了，中考结束后准备让你妈妈给你买一个最新款的华为手机。你还要我赞助你300元，用来买一些玩手机游戏的装备卡。并且，你已经制订了整个暑假的游戏通关计划，力争用一个月的暑假时间，将游戏玩到最高级别。

看完你的计划，我首先要祝贺你，终于度过了初三中考复习的漫长时光，可以快乐而又轻松地拥有一段完整的暑假了。

在这段暑假时光里，你当然可以自由支配时间，随心所欲地做自己想做的事情。但我觉得你在即将步入高中学习之前，即将在自己的人生观、价值观、世界观建立之前，作为一个大你12岁的表哥，有必要对你劝慰一下，至少让我与你共同交流一下：一个人应当如何度过闲暇时间才是最有意义的？他助与自助、他律与自律对于一个年轻人的意义是什么？

记得两年前，我们一起观看2018年世界杯足球赛，对于我俩都共同喜欢的明星C罗，你十分崇拜。有一场比赛是，面对对方球队的如潮攻势，C罗领衔的葡萄牙队三度落后，危难之中，C罗勇敢站出来，凭借一人之力，头顶足踹，再加上他的一记完美任意球三度搬平。当时你看到心中的偶像完成帽子戏法，高兴地在我家的沙发上翻起了跟头。但你知道吗，C罗当时已经33岁了，对于足球运动员来说，已经属于大龄，但他在足球场上没有一点疲态。记者采访他时，他说他是靠着每天早上6点按时起床，在运动场上跑步10千米，在健身房做1000个俯卧撑才保持着这样的强健身体与良好状态的。在一次健身公益活动中，组织者递给满身大汗的他一瓶冰镇可乐，但他拒绝了，只是要了一瓶常温的纯净水来解渴。坚决不喝碳酸饮料，是C罗对自己的日常饮食的严格控制！

你想买大家都认可的华为手机，但你知道华为公司的总裁任正非是如何自律的吗？任正非每年都有一多半的时间，坐着飞机全世界各地巡讲。按照公司的规定，总裁级别的领导可以坐头等舱，高级管理人员坐商务舱，其他一般人员坐经济舱。但任正非从来不坐头等舱，总是按一般人员的标准为自己购买经济舱的座位。有一次，因为要与外国某合作公司的高管一起坐头等舱到总部参观，不得已购买了头等舱的飞机票。但在报销差旅费时，他叮嘱工作人员，只按经济舱的费用来报销，多出的部分由他个人承担。正因为任正非在物质享受方面超常的自律，他与他领导下的华为企业才一步步壮大。

以上所举的两个例子，你可能觉得距离太远。那么我就再举一个年龄与你相差不大的，也是你的偶像的明星——易烊千玺的例子。小易同学比你大三岁，他一边在大学念书，一边面对着应接不暇的商演活动。就算这么繁忙，他仍然每天抽出固定的半个小时，在书房里练习他最喜爱的瘦金体书法。当你看到易烊千玺漂亮的签名时，你可知道，这是他在自律中付出了大量的时间与汗水才做到的呀。

这样的名人自律的例子，我还可以举出很多，如果你不感到厌烦的话。我想告诉你的是，生活中，我们都应该学会自律。只有自律，我们才可能取得自己想要的进步。

如果你想让我赞助你300元钱，用来买游戏装备卡，我可能要与你的妈妈好好商量一下。但如果你想在这个暑假里，买300元的书用来阅读，我会毫不犹豫地付款给你。因为，和你的爸爸妈妈一样，和最关心你的大姨与大姨父一样，我也是最关心关注你成长与进步的人，我希望你能在身体锻炼、享受生活和精神追求上，做到自助与自律，这样，就算我们达不到C罗、任正非、易烊千玺那样的成就与高度，我们也可以让自己心怀开阔、心态积极、心理健康、有上进心。

好了，我要去公司加班制作一个财务报表了。总之一句话：你若精彩天自安排，你若自律成功自来。

此致！

代问三姨和三姨父好！期待与你暑假见面。

爱你的小华表哥

2020年7月20日

第八节　课前精心准备，课堂教学层层推进

——我是如何准备并参加一节区级数学比武课的

一、课前精心准备

区教育局为了提高各科教
师的教学水平，促进教师的专
业化发展，展示优秀教师的课
堂风采，举行了一次教学大比
武活动。首先各校各科老师经
过海选，各选出一名优秀老师
参加大比武的复赛。每所学
校的行政领导直接报名参加复
赛。我作为学部校长，同时也

是一位多年的数学老师，自然报名参加数学组的大比武复赛。数学组的复赛
地点在兄弟学校——春华学校进行。为了保密与公平，所有比赛老师都是临
时告知分配上课的班级。我有缘分配到的是该校的一个普通班806班。

由于学校工作繁忙、事务繁多，一直到开赛前5天的周末，才有时间考虑
这节课的备课与设计。

我找到本节课的课本仔细阅读与分析。两道例题，一道计算难度较大的
随堂练习题，再加课后的三道作业题。所有的题目都是以古诗文形式呈现的。
因为这是以中国古代《孙子算经》里面的一道经典数学题《鸡兔同笼》引出
的如何用方程思想来解决数学实际问题。

按照我近些年准备公开课的习惯与经验，先百度搜索了5个讲解这节课的

课堂实录视频，逐一观看。有一个内蒙古的女老师和一个浙江的男老师，对这节课的讲解，给了我很多的启发。按照张三丰教张无忌太极拳的方法，我睡了一个午觉将其全部遗忘。下午坐在办公桌前静静思考，本节课应该把重点放在哪里？把难点放在何处？设计几个什么样的课眼？如何照顾全体学生？

心里慢慢有了眉目后，就从数学网上下载了五个与本节数学课相关的课件借鉴取舍。好的数学题留下备用，太过繁杂的课件页面全部删除不要。然后自己再重新制作一个全新的课件。

我的初步设想是，本节比武赛课，全部用古诗来命题，用方程思想来思考，列出方程组后就进行下一题。课堂教学重点放在如何读懂题意、如何找等量关系、如何设未知数、如何列出方程组。至于方程组的计算求解，则不是我这节课的重点。因为在前面的章节里，二元一次方程组的两种解法——代入消元法和加减消元法，已经详细讲解并训练过了。如果在列方程组和解方程组上平均用力，将会重点不突出，难点也不能突破，课堂教学效率会很低。

公开课是否需要展示目标、复习引入、课堂小结等环节，尽管我有着自己个人的看法与思考，但为了迎合评委期望，符合大众审美，我也会尽力配合，保证每个环节都不会少。因此，在课件的第一页上，除了设计好本节课的课题、授课者、授课时间等封面内容外，我还专门把教学目标写了上去。

李镇西老师曾说过，将教学目标打在课件上让学生来阅读，完全是老师的自欺欺人，教学目标应该装在老师的心中，以推进课堂教学，而不是暗示学生朝那个方向努力。教育的过程是复杂的，教育的契机是生成的，教育的效果是发散的，怎么可能让孩子在40分钟的时间里，刚好朝着老师所设想的方向前进。

但是，为了在这个环节上不扣分，我也不能免俗。我还不能免俗的是，在课件的第二页，设计了"温故知新"，在第三页课件上，设计了"情景导入"。一直到第四页，才是正题——"问题探究"。

需要这样做吗？不需要！因为去掉这些环节，丝毫不影响老师的教与学生的学。不需要这样做吗？不，需要！因为教学大比武赛课的规则里，明确说明了：目标明确，分值4分；注意新旧知识联系，分值4分。

从书本、资料、网络以及自己以前的教学经历里找到了十几道用古诗的形式命题的数学题，加以挑选，保留了10道较为重要、经典的题目。根据我多年讲公开课的经验，能完成一半的数学题就谢天谢地了。在制作课件的时候，我用到了独门绝技。在第5道数学题课件页面的右下角设置了一个只有我才知道的秘密按钮。如果实战赛课时讲完第5题，时间仅剩3分钟了，我就会用鼠标点击页面右下角的秘密按钮，课件会跳到我早就准备好的课堂小结页面上去。如果讲完第5题，时间还较长，那就点击课件页面上的其他区域，会顺序呈现第6题继续讲练。当然，我会在第6题页面的右下角继续埋伏好秘密按钮。秘密按钮一直埋伏到第9题，以备实战赛课时，课堂教学进程真的特别顺利。不过，多年的赛课实践反复证明过，这只是自己的一厢情愿。

实际授课的时候，讲到第6题时，时间刚好还剩3分钟，我用鼠标点击了右下角的秘密按钮，课件页面立即转到了课堂小结部分。公开课下课后，评委、听课老师，还有所有的学生，都以为我刚好完成了预设的全部教学任务呢。其实，他们哪里知道，我是在备课时就精心准备了所有可能出现的教学场景。

在课堂小结里，为了让本节课留下精彩的课眼，我还专门打印了六条思维总结标语，到时用小磁铁吸在黑板上加重同学们的印象。

本节课的授课难点是"以绳测井"问题："以绳测井。若将绳三折测之，绳多五尺；若将绳四折测之，绳多一尺。绳长、井深各几何？"

为了能深入浅出地讲透此题，我准备了一条绳子，还用1.5升的纯净水瓶子剪去头部当作深井。为了进一步让学生理解，我用A4白纸剪成一个深井截面图备用。

考虑到春华学校课堂上没有一体机，而是老式的投影设备，并且屏幕上的图像可能还不是很清晰，我在每页课件的页面上，都用大号字打印了字数最为精练的文字题。还在网络上搜索下载了十张与文字题相应的图片。比如，我在"以绳测井"应用题的旁边，配上了一幅古井的图片；在"一百馒头一百僧"这道数学题的旁边配上了两个和尚分馒头的图片；在"捕快夜宿荒庙里"的数学题旁边配上了一个捕快拿刀在古庙巡查的图片；等等。

在每个课件页面上，去掉所有的旁枝末节。像那些在图表中依次显示分析思路和答题过程的小动画全部去掉，只留下最精干的内容。

在赛课的前一天下午，我对着课件再次思考，发现课堂教学的结构还可以更改。于是，将课件调整为先讲"鸡兔同笼"的数学题，再练两道简单的类似应用题，接着总结用方程（组）解应用题的一般步骤，然后讲解本节课的难点"以绳测井"，最后再练习两道数学题的方式。

为了让这种传统的讲练结合模式吓唬到评委老师们，我还故作高深地分别取名为"题组练习一""题组练习二""题组练习三"等。

题组练习，最新潮流，不怕你不识货。

课件设计定型后，按照题目出现的先后顺序，再加上教学目标、教学重点、教学难点等内容，印制了80份的教学案，供每个学生与评委在课堂上使用。

教学目标在具体的课堂教学中本没什么实际用处，但这句文字是一定要印在教学目标里的："通过对祖国文明史的了解，培养同学们的人文精神、爱国精神，树立为中华崛起而学习的信心。"

有了这句话，百无禁忌。没有这句话，可能会被专业评委们在是否参透德育教育方面扣分了。

二、课堂教学层层推进

2020年11月25日早上，提前半小时到了春华学校的比武现场。前面一位老师正在赛课，学生与评委几乎将整个教室坐满。我匆匆瞟了两眼课堂，发现投影幕布上的课件页面在学生正在做练习的过程中消失不见了。可能是这位老师没有设置好自动熄屏的时间。

后来，当主办方的一位女老师让我用我自己的手提电脑连接赛课教室里的投影设备时，我立马拒绝，并提出需求，希望主办学校能够提供一台手提电脑帮我连接投影器，我把课件拷贝到主办方的电脑里去。

事实证明，我这个要求很有先见之明。到不熟悉的地方赛课，最好用主办方的电脑，这样，就解决了电子设备间的兼容匹配问题。

学生到赛课教室后，我先在黑板上板书好课题，然后问同学们，以前上数学课时，老师有没有给大家分组。有一个同学告诉我，全班54名同学，按照座位分为了9个小组，每组6名学生。

我在黑板上画了一个金字塔样的图形，对同学们说，为了方便，我将全班同学按照教室里的座位，分为3个大组。上课时，我会提出一系列的问题，希望同学们主动积极踊跃地举手回答，哪个大组有同学最先举手并被点到回答问题，就加1分。如果有哪个大组最先登上金字塔的塔顶，那么这个大组里的两个表现最积极优秀的同学，将会得到我赠送的一件礼物。

正当同学们好奇我会送什么礼物给他们的时候，我说道："非常有缘，能与春华学校806班的同学们共同学习本节课的知识，最优小组里的两名最优同学，我会送一本书给他们，正好适合八年级上学期的同学来读，《数学其实很简单》。扉页上还写了我的亲笔寄语与签名。"

有一个同学大声问："老师，这本书是你自己写的吗？"

我自豪地回答："对！就是我自己写的。"

教室里一片惊呼声。

在完全陌生的班级上课，需要的就是这种同学们的佩服心理。有了这样好的开端，我已经预感到本节课会取得较好的效果了。

上课后，按照课件上的流程，我对同学们展示了本节课的学习目标。没有让同学们装腔作势地齐读，只是让大家看了数秒钟，以免落下本节课教学目标不明确的口实。理想与现实，形式与内容，大局与实效，迎合与个性，这些方面，我还是掂量得很清楚的。

第一个环节，温故知新。结合课件上的问题，我问了同学们，前面的数学课上，二元一次方程组的解法有哪些？这么简单的问题，马上就有同学举手回答了：代入消元法和加减消元法。

为回答对的同学所在大组加了1分后，我心里想，方程组的解法此处已经复习回忆了，后面在解应用题时，设未知数列完方程组后，就可进行下一题。这样安排既有知识上的连贯，又有法理上的基础；课堂教学重点突出，效果显著。作为仅有40分钟共同学习缘分的借班赛课，我也不可能解决又要列方程又要解方程，还要保证计算无误的所有数学问题。

第二个环节，情景导入。我介绍了古代中国在科技上的文明成就，地动仪、古建筑、四大发明等。除了科技上有较大的建树外，在数学上也有较高的造诣。《九章算术》《周髀算经》《孙子算经》，都是中国古代领先世界的数学著作。

下面这句话是我特别愿意介绍给这些有缘的孩子们的："同学们，顺便说一下，《孙子算经》与《孙子兵法》不是同一个人写的。《孙子兵法》是2500年前由军事家孙武写的。而《孙子算经》成书于1500年前的魏晋南北朝时期，作者不详。"

我又接着介绍：在《孙子算经》里，记载了一道很有意思的数学题——鸡兔同笼问题。这道题后来还漂洋过海，流传到日本等国。

场面上的话交代完后，就进入了我一直都急盼着想进入的第三环节——问题探究（一）：

例1：今有鸡兔同笼，上有三十五头，下有九十四足，问鸡兔各几何？

找语文科代表来阅读题目。没想到语文科代表叙述的是经他翻译后的语句：今有鸡与兔在同一个笼子里，上面有35个头，下面有94只脚，问鸡与兔各有多少只？

尽管翻译得很对，但是把古文的韵味完全译没了。我让他重新读一遍古文原题，然后问同学们，能够懂题目的意思吗？

大多数同学都齐声附和："能明白！"

我问道："上有35头，是什么意思？"

同学们答道："上面有35个头，鸡与兔一起，共有35只动物。"

我接着问："下有94足，是什么意思？"

同学们再答："下面有94只脚。"

我继续问："每只鸡有几只脚，每只兔有几只脚？"

同学们都答："鸡有2只脚，兔有4只脚。"

很简单的问答，根本就不需要在课件上设置分步提问。

题目后面还有一句"问鸡兔几何？"我特意问同学们，这里的"几何"是什么意思？几乎所有的同学都能回答出"是多少的意思"。一个学生，就算完全没有学过古文，仅凭上下文的联系和老师提问的语气，就知道这里的"几何"，不是指几何图形的意思，而是"多少"的意思。曹操诗云："对酒当歌，人生几何，譬如朝露，去日苦多。"看过电视剧《三国演义》的学生，都知道这里"几何"两字的含义。

题目意思弄清楚后，我让同学们6人一组，就此题的解题方法展开讨论，时间5分钟。不管什么方法都可以，只要能将此题的正确答案得出即可。

没想到的是，同学们仅讨论了2分钟后，就静坐沉默了。

见此情景，我就让同学们举手说自己关于此题的解法。举手的同学很踊跃，我找到最先举手的一位同学。他站起来直接说：设鸡有 x 只，兔有 y 只，由题意可得方程：$x+y=35$，$2x+4y=94$。

到此处的授课过程已经非常完美了，我担心有部分基础差的同学不理解，画蛇添足地提问，为什么 $x+y=35$，从哪一句话而来？为什么 $2x+4y=94$，又是从哪一句话而来。

这位同学回答得很好：上有35头，说明鸡与兔加起来是35只，所以有 $x+y=35$；下有94足，而每只鸡有两只足，每只兔有4只足，x 只鸡和 y 只兔加起来，足共有 $2x+4y$，所以有 $2x+4y=94$。

回答得完美无缺，完全不需要我再多讲什么了。

我又提问，有哪位同学是用另外的方法做的吗？

有一个同学马上举手并站起来说：设鸡有 x 只，那么兔有 $35-x$ 只，根据足有94只，可列出方程：$2x+4(35-x)=94$。

用一元一次方程来解，也非常正确。

我接着问，还有用其他方法来解这道题的吗？

同学们陷入了沉默。等了半分钟，也没有人站起来说其他的方法。我在备课时预设的用小学奥数里面的列算式来解的方法用不上了。既然大家都想不到用奥数的思维来列算式求解，我也就没有必要节外生枝。

接下来我继续问：前面两个同学，一个是设两个未知数列两个方程，组成方程组求解，另一个是设一个未知数，列一元一次方程来求解，这两种方法都可以解出此题，但从更容易理解与掌握的角度出发，你们更喜欢哪一种解法思路呢？

绝大多数同学都说，喜欢设两个未知数列方程组的方法来解。

我肯定道：这两种方法其实是相通的，就像海洋里的水都是相通的一样。相比之下，设两个未知数列两个方程，从思维的角度上来说，更加简单，因为只需要顺着题目的叙述，正向思考，列出两个方程即可。

考虑到这是一道重要例题，我将这个方程组的详细解题过程在黑板上进行了板书。

第四个环节就是"题组练习（一）"了。

第1道练习题，与例题完全一样，只是换了两个数字，我让同学们设出未知数列出方程组就好。至于解方程组，放在课后进行。因为解方程组，我在备课时就已经决定，不作为本节课的教学内容。

练习1：今鸡兔同笼，上仅八个头，下二十六足，鸡兔各几何？

题目刚一显现，学生纷纷举手，像是手的森林。点了一个举手最快的学生，回答正确。

练习2：木马板凳三十三，一百只腿地上站，木马板凳各几何？

我问同学们，"木马"大家知道是什么吗？有谁见过吗？

有一个同学举手说，是木头做的马。

我笑了笑："这里的'木马'是30年前，农村里的木匠师傅做木工活时使用的一种工具，我读小学时见过这种物品。有一个老木匠师傅出了这道题让我算，我凑了好久才得到正确答案。请大家看屏幕上的'木马'图片，有三条腿着地。板凳大家都很熟悉了，有四条腿。有哪位同学举手说说此题的思路？"

好几个同学举起了手。我点了一位举手最快的同学。立马站起，脱口而出："设木马有x个，板凳有y个，可列两个方程组成方程组：$x+y=33$，$3x+4y=100$，联立成方程组就可求解。"

询问同学们都明白了后，我开始进入第五个环节：方法点拨。

通过前面3道题的解题过程，可以总结出列方程组解应用题的一般步骤是什么？

经过同学们的踊跃回答和我的有意引导，很快就总结出五大步骤：

审题：读懂题意；

设未知数：根据所问问题，直接设两个未知数；

列方程组：根据等量关系，列两个方程组成方程组；

解方程组：用加减法或者代入法消元求解；

作答：先检验答案是否符合题意，再作答，确保正确。

运用总结的解应用题的五大步骤，让同学们思考问题探究（二）。

例2：以绳测井。若将绳三折测之，绳多五尺；若将绳四折测之，绳多一尺。绳长井深各几何？

此题中，较难理解的地方主要是"三折"和"四折"。我拿出一根绳子，问同学们，谁愿意上讲台给大家演示一下，这里的"三折"和"四折"，分别是什么意思？

一个男同学主动跑到讲台前，用手比画拉扯着绳子，但一下子不太能将绳子准确地折出三折。我提醒他："你先将绳子四折。"

很快，他将绳子对折两次后，得到的就是四折。我对同学们说，将绳子四折可不是我们生活中所说的将商品价格打四折，而是把一根绳子折成四根同样长短的部分。

这位同学又摸索了几秒钟，一根绳子，在他的手里折成了三根一样长短的部分了。我不失时机地跟同学们解释：将一根绳子三折，需要适当地反复多试几次，两只手寻找将绳子三折的几个关键位置。

将绳三折测之，绳多五尺，如何理解呢？

有同学响亮地回答，有同学迫不及待地举手，还有同学在座位上若有所思。

我拿出事先剪好开口的纯净水瓶子，对同学们说：假设这个瓶子就是深井，将绳子三折后，放进去，露在外面的绳子多了五尺。将绳四折测之，绳多一尺，我也演示了一遍。

待同学们都看清楚演示过程后，就让同学们在学案上做此题。同学们做题的时候，我将纸剪的深井截面图用磁石吸在了黑板上。

在点人回答此题时，很多同学都举起了手。我看到第三大组坐在第二位的女同学好像有点愁眉不展，就对同学们说："这次，我来找一个不举手的同学回答。然后直接点起了这位女同学。"

女同学站起来回答："$3x-y$等于……"

刚说到此处，其他同学大声喊，不是$3x$！我来回答……

我让同学们安静下来，拿起绳子，对这个女同学说："你再看一遍，这根绳子全长是x尺，三折后是多少尺呢？"边说，我边将三折后的绳子拉紧给她看。

她想了一会儿，小声说：$1/3x$，我用黑板上的深井截面图，演示了一遍将绳子探入深井的过程，再次问她，三折测之，绳多五尺，说明此时的绳长比井深多多少尺？怎样用式子来表达。

终于，她回答出来了："$1/3x-y=5$。"

舒了一口气后，我继续对她说："下面的这句，四折测之，绳多一尺。是什么意思？"边说我边演示。

班级里的其他学生都迫不及待地举手示意我要回答。我对其他同学说："保密，请大家稍微等待一下，我们再给这位女同学一次机会。"

女同学思考了几秒后，肯定地说："$1/4x-y=1$。"

我走到她面前，问她叫什么名字，她小声地说："郑海容。"（音近，不一定准确。）我转身对同学们说："郑海容同学开始不太理解这道题，但在我们大家的帮助鼓励和耐心等待下，她回答正确了，这就是进步！掌声送给她。"

教室里响起了热烈的掌声。女同学也高兴地坐下了。

接下来，用方程思想直接设未知数顺向思考的方法，解决题组训练（二）里的两道应用题，一切都水到渠成了。

练习3：一百馒头一百僧，大僧三个不再增，小僧三人分一个，大小僧人各几丁？

练习4：今有牛五、羊二，直金十两。牛二、羊五，直金八两。牛、羊各直金几何？

我问同学们，练习4里，有一个通假字，大家能发现吗？几乎所有的学生都能分辨出来：古文里的"直"，通现代汉语里的"值"。

接下来，同学们争先恐后地举手回答这两道题的热闹场面，就是我一直想要达到的教学效果。

讲完这两道题的解法后，我看了看手表，发现只有4分钟了。后面的题组练习（三）和题组练习（四），都来不及讲解了。现在需要马上将课件的页面导入"课堂总结"环节。

于是，我走到讲台上的电脑旁，用鼠标点击了课件页面右下角的秘密按钮。页面立马转到了总结环节——课堂领悟。

"通过这节课的学习和前面6道题的解答，你有什么感悟呢？"我问同学们。

稍等片刻，第一大组有一个男同学举起了手。他站起来回答："我发现用方程解应用题，特别快捷简单。"

我立即肯定了他的感受，并进一步点拨："用方程思想解应用题，先把需求的问题用未知数表示，然后顺向思考，题目怎么说就怎么列式子，简捷方便，快速高效，什么应用题都难不住你。"

说完这句话后，我把事先准备好的四条打印在纸上的感悟总结张贴在黑板上：方程思想，顺向思考，势若破竹，无往不胜。

接着，我又对同学们说："不过，要想把数学学好，提高数学成绩，我还有两句话献给大家：学好语文，计算精准。学好语文是要增加我们的理解能力，计算精准，是要让我们确保计算正确得分，否则就算方程列正确了，但计算不正确也是不能得分的。"

我继续对同学们说："这些题目，可能大家小学里也见过，当时用列算式的方法去做，难度较大，只有少数具备奥数思维的同学会很快做出，现在用方程思想来解决，非常简单快捷。这就是先进的思想与技术，可以弥补我们在智力上的差距。"

讲到此处，我知道需要回环照应开头，并结束此节赛课了。

我对同学们说："我国古代，有很多了不起的科技成就，我国现代，也有很多伟大的科技发明，大家请看屏幕，上面的天宫一号，北斗卫星导航，贵州天眼，港珠澳大桥等，都证明了我们中华民族，是世界上最聪明最具有创造力的民族之一。如果我们每一个人，都认真学习，积极提高，我们都可以为国家的强大、民族的复兴贡献出自己的绵薄之力，那么，我们的社会，我们的明天将会更美好。"

课件上最后的环节，是作业布置。在布置了本节课的数学课外作业后，我用两句话作为本节课的结语："科学让生活更美好，方程让数学更简单。"

就这样，一节数学赛课，在事先没有磨课、没有试讲的情况下，借用兄弟学校的一个陌生班级，环环相扣，层层推进，互相配合，圆满完成了赛课任务。

同学们下课后，根据我在黑板上的加分记录，第一大组得分最高。我把两本签名的书籍交给班长，并让班长转送给第一大组的两位举手回答问题最积极的同学。

在收拾讲台上的教具时，好几个在窗外听课的老师向我祝贺，说我的这节课让他们耳目一新，很受启发。我高兴极了。

有一位老师对我说，能否把黑板上的小磁铁送几个给她。我说："没问题，黑板上的小磁铁，我全部都留给你了。"

赛课结束后，从评委老师反馈来的信息得知，我的这节课，以95.71分的得分，位列13名参加复赛的数学老师和行政领导中的第一名。

感谢区教育局提供的教学大比武的赛课平台，感谢关心支持的各位老师们，感谢春华学校806班同学们的积极配合。

青山不改，后会有期。

附

散文、原创小说

车与人

汽车，是20世纪最伟大的发明之一。

坐在车里，或风驰电掣，带你体验速度激情；或驻足停留，引你领略美好河山；或匀速行进，陪你感悟世间万象；或闲庭信步，伴你观看尘世人间。坐在车里，透过车窗可以看见世界，但世界隔着玻璃不会打扰到你。

车与家不同。在家里，你必须与各种不同身份的家人和谐相处，而且还必须在各种不同身份的家人面前，扮好自己的角色。而在车里，你可以率性而为、任性行事。在遵守相关路规的前提下，想左转就左转，想加速就加速，想听什么风格的音乐，完全凭自己高兴。假如一时兴起，还可以偏偏不按导航仪规划的路线行驶。听着没有任何脾气的导航仪迎合你的兴致不断调整路线，你会有一种"汽车在手，江山我有"的豪迈疯狂感。

车与办公室不同。办公室里人来人往，不受自己控制。就算在自己的办公室，你也无法知晓下一个敲门进来的是不是给你带来赏心乐事的人。坐在自己的车内，只要自己愿意，想不让谁进就不让谁进。坐在办公室里，整天思考的是任务、流程、业绩。自身思维能力的有限面对工作完美的无限，会让人不断处于挫败感中。坐在车里，只需要思考目的地如何安全快捷到达，凭习惯即可，简单纯粹，思维单一。将车停好，打开车门下车的过程中，体验的都是成功。

车与房不同。不同城市不同地段的房子，价格差距巨大，而由于工作生活的地点已定，只能去适应，没法去选择。但不管在哪个城市哪个地点，同一种车的价格差不太多。虽说豪车与普通车在价格上差距也是巨大的，但豪车与普通车相比，行驶速度都一样，遇到红灯都要停，遇到堵车也无奈。虽然房子是优质固定资产，可以增值升值，车是易耗消费品，处在不断贬值过程中，但车是精神，是寄托，是理想，是情怀，是变化，是指引，是灵魂，是未来。

　　一个成年人，一定要有一部属于自己的车。哪怕长时间不用，也要在需要的时候，随时有一部车可以带着你去到远方。

断肠情蛊

最痴情的女子，最负心的男人，最真切的经历，最感人的故事。

——题记

一

同事们都去千户苗寨的最高点观赏夜景去了，而我却待在一家吊脚楼宾馆里呕吐不止。

一学期的工作结束后，学校的同事们在旅行社的组织下，到贵州旅游。今天晚上，来到凯里市的西江千户苗寨。

一家极具苗家特色的餐馆，就是我们的晚餐地点。门口，几位苗家小伙吹着用竹子做的笙箫载歌载舞，几位漂亮的苗家少女捧着水酒依次敬客。来到二楼宴会餐厅，坐在长条桌子旁，这些少女们，又端着酒碗挨个敬酒。早就听导游说过，苗族老乡敬酒，是不能推脱的，必须一饮而尽。

才喝了三碗，突感身体不太舒服，而旁边的同事们竟然没有任何反应，一个个吃喝得不亦乐乎。趁人不备，逃也似的跑到楼下，坐在长凳上按抚胸口。

入住宾馆后，由于身体不适，我就在房间里休息，没有随同事们一起观赏苗寨夜景。

没想到苗家水酒如此劲道，竟然让我心窝疼痛越来越紧。挣扎着爬起身，好几次伸手去压住舌头强行呕吐，可就是感觉到，最后还有点什么东西，吐不出来。蜷曲在床上，盖住所有的被子，但心窝深处，仍然越来越疼。有好几次，我都疼得从床上翻到地下打滚。离同事们返回至少还有三个小时，我真有点担心，会挨不到见到同事们的时刻。

强撑着站立起来，走出房间，走下楼梯，来到服务台求助。服务台空无一人，大厅里，只有一位身材瘦小、满脸皱纹的老奶奶，看样子，有八九十岁了。老奶奶穿着苗族的服饰，坐在一张桌子旁，做着针线活。

询问过老奶奶，得知宾馆老板上楼收拾房间去了。我强忍疼痛，准备上楼挨个房间去找寻宾馆老板寻求帮助，老奶奶叫住了我。

看了看我的舌苔，又按了按我最为疼痛的心口，老奶奶向我问道："进餐馆时，你喝了几碗水酒？"

"就喝了三碗，后面还要再行敬酒时，我就先行逃离了。"

"你喝第一碗水酒时，是一个什么样的人敬你的？"

"是一位年轻苗家女孩，长得还挺漂亮的。"

"她向你敬酒时，是按顺序从桌子上拿的水酒，还是从桌子的远角拿的最后一碗？"

"不记得了，我只记得她的眼睛挺好看的，不由多看了几眼。"

"她有注视过你的眼睛吗？"

"好像是有过。"

"注视过几秒钟？"

"记不清楚了。"

老奶奶停止了针线活，低下头陷入了沉思。

抬起头，老奶奶又接着问："你喝敬酒时，戴了眼镜吗？"

"戴了的，现在眼镜放在房间了。"我答道。

老奶奶盯着我的脸边看边自言自语："是还挺斯文清秀的。"

"你是做什么工作的？"老奶奶接着问道。

"我是做教育工作的。"

"是老师吗？"

我点了点头。

沉默了好一会儿，老奶奶问我："现在是什么感受？"

我答道："感觉到全身极不舒服，尤其心窝里，一阵一阵地隐隐生疼，呕吐了几次，可总感觉有一点什么东西吐不出来。"

老奶奶默思了一会儿对我说："我有办法治好你。"

我如获至宝，拉住老奶奶的衣袖："请您救救我吧。"

老奶奶打开墙角的水龙头，对我说："快过来，对着水龙头喝一大口，等一会儿，待水与你胃里的残存食物充分混合后，再把它吐出来就好了。"

我对老奶奶说："我回房间拿纯净水来喝吧。"

刚要起身，老奶奶叫住了我："喝纯净水没有用的，只有喝与我们这里的溪水相连的自来水，才能解开你所中的毒。"

老奶奶说完目光坚定，我听完心神俱裂。

硬着头皮，凑过头去，迎着自来水龙头，大口大口地喝着自来水，直到老奶奶跟我说"好了好了，不用再喝了"的时候，我才停止。

"可能要等十分钟，也可能要等半小时，你才能吐出最后的残存食物，这样，你身上所中的蛊毒才能完全消除。

我半信半疑，呆坐在大厅里的椅子上。

见我频频看表，老奶奶说："小伙子，我给你讲一个故事吧，一个关于情蛊的真实故事。还是在10年前，也是一个像你这样斯文清秀，当老师的小伙子，遇到和你一样的疼痛，听我说起过这个故事。"

50年前，这个苗家寨子里，有一位漂亮的姑娘，名叫玲瑶，她小学未毕业就辍学了。每天下午，她上山挖到一定数量的草药后，就会到离寨子15公里远的一所镇办中学，让那群从上海来的年轻人，教她认字。

二

这群年轻人，共三个小伙子，是从上海来贵州的下乡知青。当公社书记将他们领到镇子上的这所学校时，他们脸上露出失望神情，但嘴上还喊着要响应毛主席的号召，积极改造灵魂等一些我们听不太懂的话。

他们来到我们苗家的镇子后，闹出很多笑话。他们走山路不爱高抬脚，他们把麦苗割了当韭菜吃、把草药当荠菜炒，他们把毒蛇当鳝鱼抓。有好几次，这些年轻人不小心被毒蛇咬伤，是玲瑶和她爹把从山上挖来的草药捣烂后，敷在他们的伤口才治好的。

但他们特别爱给这里的孩子讲上海的生活。房子居然不用木头来建，而且可以和对面的山头一样高；有一种车，不用牛拉，也不用烧油，只需要两根大长棍子，伸出去抵住空中的电线，就可以快速移动；还有一种火车，轮子越多，跑得越快。

所有的这一切，让这所学校的娃娃们，听得瞪大眼睛。每到下午四点时，他们按照课表教孩子们认字，说是如果能认识书本上的那些方块字，孩子们将来会知道得和他们一样多。当时在学校里入读的娃娃，全都是苗家的男孩们，苗家的女孩读到小学三年级时，就几乎全部停学了，要么在家里忙着做针线活，要么就是上山挖草药换钱买银饰。

每天下午四点钟，跟随这些年轻老师认字的孩子里，只有一位女娃，就是玲瑶。天刚蒙蒙亮，玲瑶就带着干粮跑到山上，等挖到足够的草药后，就背着背篓向学校的方向跑，以便能赶上下午四点钟的识字课。玲瑶的年龄和个头比那些男娃们都大太多了，但玲瑶一点都没有难为情。

过了一段时间，三个年轻人里的老三，从对面山头悬崖上滑下来摔死了。

年轻人中的老大，由于偷吃了公社里的几株玉米，被公社里的民兵队员带走了。

三个年轻人，只剩下老二还在这里任教。

这一切，这个寨子里的人竟然都不知晓，大家一直都以为是三个年轻人在共同教着镇子上的孩子们。

直到有一天，玗瑶喜滋滋地一个人躲在房间，念叨着什么"三克油""爱老虎油"时，她的父母才发现了一些异常。玗瑶的二舅年轻时曾经去过省城，见过一些世面，他告知玗瑶的父母，玗瑶的心里可能是有人了，因为"爱老虎油"是"我爱你"的意思。

男大当婚、女大当嫁，玗瑶心里有人了，作为父母应该高兴才是，而且经过多年的积攒，玗瑶作为嫁妆戴在头上的银饰，不会比寨子里的任何一位漂亮女孩少。

当父母询问玗瑶是看上寨子里哪一家的少年郎时，玗瑶一直闭口不答。她的母亲留心了好久，也从来没有听到玗瑶和哪个苗家小伙在一起唱过山歌。

直到有一天傍晚，玗瑶父亲看到她与一个小伙子手拉着手。这个小伙子，戴着眼镜，长得斯文清秀，高高瘦瘦。

听到这里，我不由插话："难道是学校里的那个老二？"

老奶奶说："对！就是他。"

"他叫什么名字？"

老奶奶闭住了双眼，隔了好久才缓缓睁开："还是不说他的名字吧，我们就称他为老二，要么就叫他负心人。"

老奶奶扭转头，望着对面高山上的平台，眼角似乎淌出了一些泪水。我也向外望去，那个高山上的平台，游客越聚越多。只有站在那个平台上，才可以欣赏到整个寨子的完美夜景。我的同事们，现在可能正在那个平台上拍照留念呢，而他们却不知我正在这里，继续听着老奶奶如丝如泣的讲述。

三

当玎瑶父母发现自己唯一的女儿正在与一个汉族男子恋爱时，他们几乎被吓傻了。几百年以来，苗寨里的女子从未嫁过外族人。

父母亲把玎瑶与老二请到家里，反复跟他们做工作，让他们分手。但老二和玎瑶都信誓旦旦地说非对方不要。

父亲对老二说，苗寨的女子永远都不能离开苗寨的，她们如果不饮用流经苗寨小溪里的水，会有生命危险。父亲继续对老二说："你是汉族人，而且还从上海来，将来有一天你总归是要回到上海的，而玎瑶却是不能离开苗寨的，你们如果在一起了，这个婚姻是无法持续下去的。而在我们苗寨，一个女子被男人抛弃，活在苗寨，会生不如死的。"

老二对玎瑶的父亲说："我爱玎瑶，爱她的美丽，爱她的善良，爱她的勤劳，爱她的聪慧。没有玎瑶，我也活不下去，我会在苗寨待一辈子。"

久经风霜的父母听完老二说的最后一句话后，隐隐感到一丝不安。他们转而做着玎瑶的工作。玎瑶对她的父母说："与老二在一起后，我才感觉到活着，并不仅仅只有做针线活，只有挖草药，只有打银饰。我很乐意听老二讲汽车、讲电灯。将来有一天，老二说还会把电引入我们寨子里来，有了电，晚上会和白天一样明亮。没有老二，我也会活不下去的。"

母亲想着玎瑶和老二不被看好的未来，急得跪在地上求老二离开她的女儿。但老二和玎瑶也跪在父母的面前，请父母能够成全他们。

玎瑶的父亲提出了一个办法，让老二回到镇子上的学校，让玎瑶不再到学校识字，让他们两人在三个月的时间里，决不见面。如果三个月后，老二与玎瑶的想法始终不变，父母亲就不再干涉，而且，还会在三个月后，主动为他们在寨子里操办婚礼。

老二对玎瑶的父母说："三个月后，我一定会来这里，向玎瑶求婚。"玎瑶说："三个月后，我必定在家里等着你来。"

三个月的时间里，玎瑶的父母，还有玎瑶的二舅，请了苗家数不清的帅气小伙子，来到珣瑶的房外，对着珣瑶唱着情歌，但珣瑶的窗户，却始终未曾打开过。

三个月后，老二来了。老二还领着一大帮苗家小孩子，来到珣瑶的家里。珣瑶立刻打开房门，扑进了老二的怀里。

重言重诺的珣瑶父母，尽管忧心忡忡，但还是笑容满面地为他们操办着婚礼。前来贺喜的苗寨族人，怀着复杂心情吃完流水席后，又怀着复杂心情慢慢离去。

老二仍然是每天前往镇子上的学校教书，珣瑶仍然是挖着草药，变卖之后换取银饰。日子就这样不咸不淡地慢慢过着。

六个月后，珣瑶的小腹渐渐隆起。幸福、满足的神情更是没有离开过珣瑶的笑脸。

有一天傍晚，老二从镇上回家后，对珣瑶和她的父母说："我爸妈身体不好，他们来信，想让我回一趟上海，见见最后一面。"

沉默了很久，珣瑶的父母点了点头。那一晚，从不抽烟的珣瑶父亲，拿出珣瑶爷爷曾经用过的旱烟管，抽了整整一夜。

看好了时间，选在九月初一，老二启程回上海。在送行的路上，珣瑶和老二一路走了好久好久。最后分别的时候，珣瑶对老二说："三个月内，你一定要回来，你如果不回来，我就活不下去了。还记得昨晚，我亲手端给你的那碗酒吗？那是我父母从苗寨山顶上长老庙里求回来的，庙里的苗族长老在酒里种了情蛊。一个男子如果喝了苗家女人亲手端的这碗情蛊酒，在三个月的时间内，这个男子如果不回到苗家女人的身边，他就会肠断而死。可是如果你死了，我又怎么能活下去呢。"

老二用手摇着珣瑶的鼻子，笑着对她说："放心吧，一个月我就会回来，等着我。"

珣瑶拉着老二的手，并且把这双手放在自己的肚腹，对老二说："我在苗寨等着你回来，和我们的小宝宝一起。"

就这样，老二坐车离开了苗寨。在老二离开苗寨的那一天，天空中始终飘着蒙蒙细雨。

四

一个月的时间，对于苗寨的其他族人来说，一眨眼就过去了，但对于玪瑶一家人来说，却是度日如年。

玪瑶的父母为了不影响玪瑶的心情，从不在家里过问时间过去了多久。只是当父亲一个人在房间里的时候，他会一锅接一锅地抽着旱烟管。

十月初一那一天，玪瑶告诉她的父母，她梦见老二了，冬月初一，老二一定会回到苗寨的。母亲望着玪瑶走开的背影，什么话也没有说。

流年似水。

冬月初一很快来到，但老二没有任何消息。从表面来看，玪瑶和她的父母没有什么变化，但父亲的旱烟管抽得更勤了，母亲的发根，开始出现一丝花白。

玪瑶的肚子，慢慢越挺越大。二舅和二舅妈来玪瑶家里看望他们好几次了。在最后一次来的时候，二舅与玪瑶的母亲还吵过几句嘴。二舅算是在这个苗寨里面较有文化的人了，在二舅与玪瑶母亲吵嘴时，二舅还说了什么"侠义啥的，负心啥的"两句话。

听到这里，我接口说："侠义每多屠狗辈，负心总是读书人。"

老奶奶对我说："对，就是这两句。还是你们文化人厉害，能够脱口说出这样有水平的话。"

听到这里，我的脸上一阵阵地发红。

玪瑶母亲听完二舅的这两句话后，脸色难看到极点。母亲猛地拉开门，指着外面对二舅和二舅妈说："二弟，你们快走吧，我们家再也不欢迎你们来。"

玪瑶只是一个人坐在角落里偷偷抹泪。

接下来的几天时间，寨子里的人看到玪瑶一家人几乎没有出过家门。又过了几天，玦瑶的父母照常外出干活，玦瑶照常坐在窗前做着针线活，一切仿佛什么都没有发生过似的平静。

在一个冬日暖阳的上午，玦瑶的父母像平常一样外出干活了。玦瑶背着一个背篓，挺着大肚子，一步一步地向着苗寨的山顶走去。

听到这里，我大吃一惊，对老奶奶说："难道玦瑶要跳崖自尽？"

老奶奶转过头望着我："比这还要凄惨十倍。"

老奶奶抬头望了望远方，似乎她正在注视不断攀爬台阶的玦瑶。我也抬头望了望远方，一片灯火之中，什么也看不清楚。回过头来，似乎看见老奶奶盈眶的泪水。

直到正午，玦瑶攀到了山顶，来到了长老庙，见到了长老庙里的那位苗族长老。

她问长老："情蛊酒的事是真的吗？男人喝了情蛊酒后，三个月如果不回来，他真的会肠断而死吗？"

长老告诉她："是真的！这是苗族里几百年以来，传下的一个毒誓。咒语是我的太师傅亲自传给我的，到我快死的时候，我会挑选一个苗族有缘人，将这个咒语传给他。过去的几百年里，有三十一个男人，喝了情蛊酒后，没有回到端酒给他的女人身边，这三十一个男人里，有三十个全部都在三个月的最后一天，肚腹疼痛而死。"

·玦瑶仿佛抓住救命稻草似的，摇着长老的手臂问道："还有一个人，没有死，对吗？"

长老告诉她："唯一没有死的那个男人，是一百年前的事了。听太师傅说，这个男人在回家的路途中，遇到了绑匪。绑匪派了一个年轻力壮的匪徒，带着这个男人的信物，来到女人的家里，向他们索要三百两银子的赎金。女人交了赎金后，为了在三个月期限到来之前，保住男人的性命，拿镰刀割开自己的静脉，放了一大袋鲜血。女人央求这个年轻力壮的匪徒，一定要在三个月期限到来之前，将这一大袋鲜血带给她的男人，并让男人喝下去，这样，可以延缓男人三十年的寿命。为了让匪徒答应这个要求，女人不惜多付出了一百两银子。"

珲瑶继续问长老："如果找不到这个男人的话，有什么办法，能够让他喝到我的鲜血？"

长老沉默了好久，慢慢转身，向内屋走去。

直到傍晚，当长老来到大厅时，发现珲瑶跪在大厅外面的石阶上。

珲瑶对着长老磕了三个响头，说："求求您，长老，您一定要告诉我一个答案。这个背篓里是我在这一年里所挖的草药，我全部捐献给长老庙。"

长老对珲瑶说："孩子，我听太师傅说过，是有一个法子，但难度非常大，从来就没有人成功过。"

珲瑶爬到长老的面前，抓住长老的裤脚，说："我真的需要这个办法，请您一定要告诉我，否则，今天我就从这个山顶上跳下去。"

长老默默地转过身，掩上大门，隔着门对珲瑶说了好久好久。

在长老长长的叹气声中，珲瑶放下背篓，一步一步地慢慢走下山顶。

五

日子就这样不紧不慢地来到冬月三十。老二一直都没有出现在苗寨。

整个上午，珲瑶倚在窗前，望着进出苗寨的这条山路。

中午，老二还是没有出现。珲瑶挺着大肚子，跟父母说是要到山顶的长老庙最高处，想最先看到老二走进苗寨的身影。走出家门时，珲瑶顺手拿起一把镰刀。

直到晚上，还没有老二和珲瑶的任何消息。珲瑶的父母急了，忙忙爬到山顶长老庙里找寻珲瑶回家。

当珲瑶的父母见到长老庙里的长老时，长老对他们说，珲瑶今天一天都没有到山顶来过。

默想片刻，长老立即对珲瑶的父母说："赶快叫齐寨子里的所有人，沿着小溪流的方向寻找珲瑶。"当珲瑶父母慌忙下山时，长老望着山涧里的小溪流喃喃自语："天底下真有这样痴情的女子吗？"

很快，整个苗寨的人被发动起来，人们打着电筒、燃着火把，分段寻找珲瑶的身影。

一直到晚上10点钟左右，珲瑶被二舅和二舅妈最先发现。在苗寨小溪快要进入东江的入口处，珲瑶赤身裸体，仰浮在小溪冰冷刺骨的溪水中。珲瑶的四肢分别被镰刀割出了四道长长的口子，口子里还汩汩地向外冒着鲜血。

长老隔着大门对珲瑶说："太师傅告诉我有一个办法，可以让找不到的那个男人喝到女人的鲜血，但是这个过程难度太大，几乎是不可能完成的。找一个和江河湖海相互连接着的小溪，让自己的鲜血流入溪水中。这个过程本身没有什么难的，但是你不知道那个男人是否也在一个与江河湖海相互连接的小溪里面，或者正对着某一个自来水的水龙头喝着与江河湖海相互连接着的自来水。在你正在放血并念解咒语的过程中，他只要喝一口这样的水，他就会呕吐不止，他就会吐出一直潜伏在他肚腹里的要命的情蛊。这样，他就会继续延寿三十年。但三十年后，无药可解，这个男人必须死去。因为情蛊因子早已深入他的骨髓、脑髓、五脏六腑、经历、记忆。吐出来的情蛊只是看得见的病菌，看不见的毒誓早已侵入曾经进入过苗寨，并且与苗女共同生活过的每一个男人。"

珲瑶当天下午走出家门时，跟父母说是上山顶，想最先看到她的情郎，但其实，她一走出苗寨，就顺着小溪流的方向，向下游走去。一方面，她不想给这条养育苗寨人的小溪带来任何污染；另一方面，到最下游的地方，她认为她的鲜血，能够最快地与江河湖海相连。

她知道老二有一个习惯，每天吃过晚饭后，都会打开自来水，喝几口漱漱口。她赌老二在喝水漱口的时候，会有那么一小口水，被老二吞咽下去，那么，老二就会吐出肚腹里的情蛊之毒，她的计划也就成功了。

在吃晚饭的那个时间，珲瑶站在小溪流冰冷的溪水中，割开了自己的左腕静脉。鲜血一滴一滴地流入小溪，口里反复念着解咒语，她感觉不到任何冰冷和疼痛。

在左腕静脉的鲜血流得差不多的时候，她突然想，如果老二今天晚餐的时间推迟了，或者老二今天漱口的时间推迟了，那不就是计划没有成功吗？于是，她相继割开自己的右腕静脉，割开自己的左脚静脉。在最后奄奄一息之际，她担心自己失去知觉与勇气，她脱掉所有的衣服，仰面朝上，躺在冬月冰冷刺骨的溪水中，挥起镰刀，割断了自己的右脚静脉。

就这样，鲜血从她的体内，缓缓流出，溶入溪水，流入东江，然后又通过长江与江河湖海全部相连。在意识尚存的最后一刻，她的嘴里喊着那个负心人的名字："爱老虎油，没有你，我活不下去。"

当二舅和二舅妈发现玪瑶的时候，玪瑶即将流尽最后一脉鲜血。她肚子里的胎儿，也失去了最后一丝胎动。

当老奶奶讲到这里的时候，我与她已经同时泪流满面。

擦干眼泪后，老奶奶对我说："小伙子，你刚才喝的自来水应该与你肚子里的残存食物混合得差不多了，现在试着呕吐。"

我蹲在自来水龙头旁，将食指伸进口腔，一阵干呕之后，还是吐不出来。老奶奶说："用木棍伸进你的嘴里试试。"

我连忙说："别！别！我再试试，这次一定可以吐出来。"

再次将食指狠命压住舌头，"哇"的一下，肚子里最后残存的食物与刚才喝进去的自来水，全部被我吐进自来水龙头旁的下水道里。

老奶奶指着下水道里的一个缓缓流动的东西对我说："水酒的情蛊，被转移到这上面了。"我仔细看了看，对老奶奶说："这可只是一根咸菜干啊。"

老奶奶说："水酒的情蛊，转移到这根咸菜干上，并被种在这根咸菜干上了。"

我不想与老奶奶争辩，接着问她："老二当时有去喝自来水漱口吗？他有咽下一口自来水吗？他还活着吗？他后来怎么样了？"

老奶奶望了一眼窗外，接着对我讲述。

六

当珃瑶的父母来到珃瑶流尽最后一脉鲜血的地方时，"天旋地转""悲痛欲绝""愁断人肠"这些词语，已经不能形容两位老人了。两位老人被苗寨族人扶回吊脚楼时，他们已经失去了全部知觉。

第二天，二舅和二舅妈以及其他一些苗寨族人，将珃瑶下葬在离珃瑶父母所住吊脚楼不远的一块山坡上。

整整一个星期，珃瑶的父母没有走出过房间，二舅和二舅妈操持着所有的后事，并照顾着珃瑶的父母。

一星期后，当苗寨族人再次看到珃瑶父母时，他们已是满头银发。每到吃晚饭的时间，寨子里的人就会发现，两个老人会望着山坡上珃瑶的坟茔呆呆出神，眼神特别好的苗人，还会看到两行热泪不时会在两位老人的脸颊涌现。

善良的苗家族人，依次到访珃瑶家里，对珃瑶的父母开导相劝，但不管来访人说些什么，两位老人都呆如木塑。人们私下里议论，不知两位老人，是谁会最先经不住打击。

不出人们意料，在腊月的最后一天和新年的第一天，两位老人相继过世。整个寨子第一次在过年期间，没有燃放任何烟花爆竹。外地那些每到春节就走村串乡，讨要新年礼物的龙船队、腰鼓队，一挨近苗寨入口，就被一些身强力壮的小伙子，劝返了回去。

那一年的春节，整个苗寨一片死寂。偶尔飘扬的雪花，提醒着人们，日子仍在一天一天地慢慢过着。

听到此处，我不禁有点着急地问道："老二呢？那个负心人呢？他怎么样了？"

"别急，马上就要说到他。"老奶奶对我说。

老二没有死。那天晚上，他肯定咽下过一口自来水，他也肯定吐出了种在他肚腹深处的情蛊之毒。因为，三十年后，他出现了，他来到了苗寨。

当他孤身一个出现在苗寨时，所有的人都不认识他，他一个人在整个苗寨转了很久很久。直到他被带到玙瑶二舅的面前，才被二舅慢慢认出。

当时已经六十多岁的二舅像疯了一样，抡起手里的拐杖朝他的脸上、朝他的背上、朝他的肚腹、朝他的四肢用力疯打。而他，跪在二舅的面前，一下也没有躲，一声也没有吭。

二舅打累了就骂："你这个负心人，你整整害了三条人命。不！你整整害了四条人命。你不是说三个月内一定会回到苗寨里来的吗？你不是说会一辈子待在苗寨的吗？你这个说话不算数的负心人，你这个辜负苗家女子的绝情人。相比玙瑶的痴情，你连猪狗都不如，你……你……"

二舅骂累了又打。开始，这个负心人跪着挨打，后来趴着挨打，最后躺在地上挨打。

看着伤痕累累的老二，二舅妈劝住了二舅。

听老二说，他回到上海不久，在适应上海的环境之后，把三个月内要重返苗寨的诺言忘得一干二净，或者更准确地说，他不想提及甚至想极力忘记那一段记忆。

在他父母的帮助下，他在上海找到了工作。他结婚了，有了孩子，后来又离婚了。

在当年三个月的最后一天里，他在上海到底经历了什么，他已经想不起来了。只记得那几天肚腹特别痛，看了好几家医院也没有好，直到有一天晚上，他呕吐过以后，身体才缓缓康复。

最近这一年里，他又开始感到肚腹一阵紧似一阵地疼痛，不管到哪家医院，不管吃什么药物，始终不见好。相反，每到晚上都会做噩梦，梦见玙瑶满身鲜血，向他频频招手。

自感来日不长的他，可能确实疼痛难忍，也可能是良心发现，他想回到这个苗寨，看看珲瑶以及他俩的孩子。但是，他遇到并询问的每一个老者都告诉他，珲瑶以及肚子中的胎儿，已经死了30年了，直到他现在被带到二舅的面前。

他向二舅提议，在他死后，将他的骨灰葬在珲瑶的坟前，生没有陪伴珲瑶，死了，就永远守护着珲瑶。

我不由问老奶奶："那他当年死了吗？"

老奶奶面无表情地说："死了，他的坟安在与珲瑶及珲瑶父母的坟相对的另一块山坡上。想与善良、美丽、聪慧、痴情的珲瑶待在一起，他不配！"

老奶奶向我指指对面的一块山坡，老二的坟就是那里，在他死后一年，坟上长出了一棵歪脖子树，一直朝这边的山坡伸着。

隐隐约约，我似乎在夜晚的灯火中，看到了那棵歪脖子树。

老奶奶对我说："小伙子，回到房间好好睡一觉，当你明天早晨起来时，你会完全康复的，一点儿也不会影响你第二天的旅游行程。"

在临回房间之前，我问老奶奶："您先前提到，十年前也有一个戴眼镜的小伙子，听您讲过这个故事，他怎么样了？"

老奶奶说："他很固执，听完我所讲的故事后，仍然只喝自己所买的纯净水，决不喝自来水。"

我着急地问道："那他也死了吗？"

老奶奶看着我，第一次露出笑容："当然没有死。不过，他躺在这家宾馆整整三天，哪儿也去不了。进寨子时，他也戴着眼镜，长得斯文清秀，也看了好几眼我们苗寨里一位漂亮少女的眼睛，那位少女就给他拿了桌子对角最后的一碗水酒，这碗水酒，只是被长老庙里的小沙弥下了普通的咒语。你喝的那一碗水酒，也是这样的。这里是苗寨景区，我们不是杀人狂魔。"

此时，宾馆老板从楼上收拾完房间返回收银台。老板对老奶奶说："二奶奶，二爷爷身体怎么样了，还是在卧床休养吗？这个月的房租，我会打到您的微信上的，您根本就不需要亲自跑一趟的。"

老奶奶对宾馆老板说："老头子还是那个老样子。微信那玩意儿，我们老婆子用不习惯呢。"

直到深夜，我的同事们才兴高采烈地返回宾馆。当他们看到我的时候，纷纷对我说："哎呀，你太可惜了，没有登到对面山上的最高平台，站在那里，看到的夜景太美啦。"

我在心里笑着说，你们也很可惜哦，没有听到一个最痴情、最负心、最真实、最感人的故事呢。

（全文完）